中共山东省委党校（山东行政学院）科研支撑项目（2022CX
国家自然科学基金青年项目（71803105）成果

SHANDONG BANDAO CHENGSHIQUN
JINGJI YITIHUA
FAZHAN WENTI YANJIU

山东半岛城市群经济一体化发展问题研究

相雪梅　著

中国财经出版传媒集团
经济科学出版社
Economic Science Press

图书在版编目（CIP）数据

山东半岛城市群经济一体化发展问题研究/相雪梅
著 . -- 北京：经济科学出版社，2023.5
ISBN 978 - 7 - 5218 - 4677 - 5

Ⅰ.①山⋯　Ⅱ.①相⋯　Ⅲ.①山东半岛 – 城市群 – 区
域经济一体化 – 研究　Ⅳ.①F127.52

中国国家版本馆 CIP 数据核字（2023）第 060770 号

责任编辑：周胜婷
责任校对：易　超
责任印制：张佳裕

山东半岛城市群经济一体化发展问题研究

相雪梅　著

经济科学出版社出版、发行　新华书店经销
社址：北京市海淀区阜成路甲 28 号　邮编：100142
总编部电话：010 - 88191217　发行部电话：010 - 88191522
网址：www.esp.com.cn
电子邮箱：esp@ esp.com.cn
天猫网店：经济科学出版社旗舰店
网址：http://jjkxcbs.tmall.com
固安华明印业有限公司印装
710 × 1000　16 开　15.75 印张　230000 字
2023 年 7 月第 1 版　2023 年 7 月第 1 次印刷
ISBN 978 - 7 - 5218 - 4677 - 5　定价：92.00 元
（图书出现印装问题，本社负责调换。电话：010 - 88191545）
（版权所有　侵权必究　打击盗版　举报热线：010 - 88191661
QQ：2242791300　营销中心电话：010 - 88191537
电子邮箱：dbts@ esp.com.cn）

前　　言

随着产业分工与信息化、城镇化的不断发展，在特定地域内孕育形成了拥有密切经济联系和空间梯度关系的城市群。城市群与产业集群耦合发展，逐渐成为国家参与全球竞合与国际分工的基本单元、区域经济发展的主要载体和重要引擎。同时，城市群作为中国式现代化的主引擎，正如党的二十大报告所指出的，是构建大中小城市协调发展格局的主要依托，而其经济一体化发展作为协调发展的重要范畴之一，成为城市群一体化发展的终极目标。

山东半岛城市群是我国 19 个主要城市群之一，按"优化提升""发展壮大""培育发展"三个层级看，属于"发展壮大"层级，是"发展壮大"类五大城市群之首，属于国家重点发展的城市群。这一方面是因为山东本身拥有良好的发展基础，在经济"质的有效提升和量的合理增长"等方面均表现突出；另一方面是因为山东处于我国经济全局的战略枢纽位置，山东半岛城市群的高质量发展能够带动北方和西部发展，"对整个中国经济格局都会起到关键作用"。因而分析山东半岛城市群经济一体化发展关键方面，明确这些关键方面的发展水平，借鉴国内外城市群发展的成功经验，提出推动山东半岛城市群经济一体化发展的对策建议，不仅有利于提升自身能级，推动山东省新型城镇化建设，而且有利于服务国家"两横三纵"的城镇化战略格局，支撑全国的经济增长。

本研究从相关概念和理论入手，在分析山东半岛城市群内外环境、空间格局与产业布局基础上，进一步分析了山东半岛城市群的空间关联结构、产业关联结构、两业融合发展程度、产业分工与产业一体化发展现状和水平,从城市间关联、产业间关联、现代服务业与先进制造业融合发展、产业分工与产业一体化发展等方面,定性与定量相结合系统全面研究了山东半岛城市群经济一体化发展关键问题,并借鉴国内外城市群经济一体化发展经验,提出山东半岛城市群经济一体化发展的对策建议。具体内容分九个部分分别阐述,总体上遵循由定性到定量、由直观分析到深入研究的逻辑关系。

第1章首先按历史维度对城市群、山东半岛城市群分别进行阐释,以比较视角对区域经济一体化、城市群经济一体化分别进行说明。其次从理论本身和对城市群经济一体化发展的启示两个维度,梳理总结区域分工和合作理论、区域经济一体化理论、共生理论、城市群空间演化理论,从而奠定本研究的理论基础。最后从对山东强省建设和对我国经济格局的作用两个层面阐述山东半岛城市群经济一体化发展的实践意义。

第2章分析山东半岛城市群的内外环境,目的在于明晰山东半岛城市群经济一体化发展的基础。本章首先从经济总量与经济增速、三次产业与产业结构、新旧动能转换与发展质量等三个方面对山东半岛城市群基本经济情况做说明。其次围绕新发展理念囊括的创新、协调、绿色、开放、共享五个层面介绍山东半岛城市群的内部发展环境。最后从区位、政策、科技三个层面阐述山东半岛城市群的外部发展环境。

第3章定性与定量相结合,直观分析山东半岛城市群的空间格局和产业布局。首先基于历史维度,梳理山东半岛城市群区域经济布局的演变,引出当前"一群两心三圈"的区域经济布局。其次从圈际和圈内两个方面分析山东半岛城市群的空间格局,发现山东半岛城市群三大经济圈之间实力相差悬殊、经济圈内部协作水平各异。最后分析省会经济圈、胶东经济圈和鲁南经济圈的优势产业情况,发现经济圈内存在产业布局的雷同等不利于经济一体化发展的问题。

第4~7章采用定量分析的方法,分别分析山东半岛城市群的空间关联结构、产业关联结构、两业融合程度和产业一体化水平。第4章空间关联结构研究采用构建城市网络的方法,测度城市群两两城市间的经济关联强度，一方面明确两两城市间经济密切程度，量化三大经济圈的经济关联情况，另一方面刻画各城市在城市群中的经济地位和辐射影响力，是第3章空间格局分析基础上的深入研究。第5章产业关联结构研究采用构建产业网络的方法，刻画城市群产业间强关联关系，基于各项结构指标的计算结果量化各产业在城市群产业系统中的不同重要性，明确各产业在产业系统中的不同地位，关键产业、关键产业群组、关键路径的存在为城市群产业政策制定提供客观依据，为各城市针对自身优势产业和重点产业进行产业扶持提供定量依据，是第3章产业布局分析基础上对城市群产业系统的深入解剖。第6章两业融合水平研究从互动关系分析和融合程度分析两个层面展开研究，在分析山东半岛城市群先进制造业与现代服务业互动关系基础上，分析其先进制造业与现代服务业的融合程度和融合均衡度，并进一步分原材料制造业、消费品制造业、装备制造业三类，分析比较不同类别制造业与现代服务业的融合程度；继而采用比较视角，通过与粤苏浙的比较，分析造成山东半岛城市群两业融合现状的原因；最后提出推动山东半岛城市群两业融合发展的对策建议，从而通过两业融合，特别是工业互联网赋能等跨区域的两业融合，推动城市群经济一体化发展，是第3章产业分析基础上对城市群两大类关键产业耦合互动的深入研究。第7章产业一体化发展研究采用产业同构系数和区位熵指数相结合的方法，以经济圈为单元分析山东半岛城市群产业一体化发展的时空演变和产业分工的时空演变，明晰城市群的产业一体化水平和分工现状，并进一步提出推动产业分工合理化和产业一体化发展的对策建议。产业一体化作为城市群经济一体化的终极目标，对它进行研究对实现城市群优势互补、错位发展及合作共赢具有重要现实意义。

第8章国内外城市群经济一体化发展的经验借鉴，首先分国内、国外两个范畴梳理先行发展城市群的经济一体化发展经验，因为长三角城市群是国内发展最成熟的城市群和世界第六大城市群，因而国内城市群部分主要梳理长三角城市群的相关做法，国外城市群部分则以世界五大城市群为样本，概括世界五大城市群推动经济一体化发展的相关经验，继而抽象总结国内外城市群经济一体化发展对其他城市群的启示。

第9章综合前八部分内容，分城市体系、产业体系、保障体系三个层面尝试性提出推动山东半岛城市群经济一体化发展的对策建议，这些对策建议有些是已有需要深化的，有些是原来没有需要推动的。

因水平有限，本研究各部分均可能存在不够合理或疏漏的地方，欢迎批评指正。

目录

第1章

绪　　论

1.1　相关概念界定

1.1.1　城市群与山东半岛城市群

1.1.1.1　城市群

国外学者对城市群概念的研究最早可以追溯到 19 世纪末 20 世纪初。英国城市学家霍华德（Ebenezer Howard）在研究中心城区和周边乡村关系时，提出了城乡功能互补、群体组合的城镇集群（town cluster）概念。1915 年，英国学者格迪斯（Patrick Geddes）研究发现，在工业化进程中，城市会集聚在矿产和铁路沿线附近，并提出了集合城市（conurbation）的概念来描述人口组群发展的新形态，成为城市群概念的雏形。二战后，国外城市群研究进入了深化丰富阶段。1957 年，法国地理学家戈特曼（Jean Gottmann）在其著名论文"Megalopolis or the urbanization of the Northeastern seaboard"中借用希腊语"Megalopolis"来描述美国东部海岸多个城镇组成的广阔而连续的城市功能性地域——大都市带。1961 年，在进一步研究世界几个大都市带的基础上，戈特曼认为，城市群是由中心城市以及与其保持密切联系的周边腹地城市组合而成的一个有机整体和完整体系，是城市化发展到一定程度的成熟化表现。在此基础上，巨型区域（megaregion）、巨型都市区（megapolitan area）等相关概念不断提出。1991 年，加拿大学者麦吉（Mcgee）对东南亚发展中国家进行研究时发现，亚洲的城市发展形态不同于西方国家，并提出"城乡一体化区域"（desakota）来描述亚洲地区通过交通走廊、城乡互动而产生的发展区域。在此基础上，麦吉将这类由数个通过交通走廊联系起来的"desakota"所组成的巨大的地域组织命名为"megaurban region"（MR），即超级都市区。进入 21世纪，霍尔（Peter Hall）和佩恩（Kathy Pain）于 2006 年提出"巨型城市区域"（mega-city region）的概念，即以一个或多个中心城市为核心，连同周边 10~50 个空间上分散的、但功能上具有联系的城镇共同构成的存在经济联系和劳动力分工的城市地区，这是一种规模巨大的网络状城市复合体（vast networked urban complexes）。巨型城市区域是近年来国际上研究城市群最为重要的成果之一。

我国城市群发展较晚。随着我国改革开放的日益深入和工业化、城镇化进程的不断加速，我国沿海三大城市群——长三角城市群、珠三角城市群和京津冀城市群快速发展，国内学者开始关注城市群的研究。1983 年，于洪俊、宁越敏最先将戈特曼的"大都市带"（Megalopolis）思想引入中国，开创了国内学者对城市群开展研究的先河。随后，一批学者开始展开对城市群的研究，基于城市群发展的不同规模和等级，提出了大都市区、都市圈、大都市圈、城镇群体、城镇集聚区、城镇密集区、大城市连绵区、都市连绵区、大城市连绵带、城市联盟、大城市走廊、巨型城市走廊等 20 多个概念，直接导致当前城市群理论与实践中的诸多分歧。姚士谋、朱英明等在其 2001 年出版的著作《中国城市群（第二版）》中提出，城市群是具有一定数量和规模的城市，以特大城市或大城市为核心，依托一定的自然条件和交通网络的通达性，构成的较为完整的城市集合体。顾朝林等（2002）认为城市群是多个中心城市，依托自身的基础设施和差异化的经济结构，通过经济社会联系形成的具有社会、经济、技术一体化的有机网络。方创琳（2014）则将城市群界定为在超过一个特大城市和三个中小型城市的特定地域范围内，通过交通、通信等基础设施达成的高度一体化的城市群体。李国平和崔丹（2022）认为城市群是指在一定连续地域范围内聚集的一定数量城市或城镇的群体。它们往往以一个或几个大城市为区域经济的核心，并依托于物质和非物质性网络，组成一个功能联系紧密、职能分工合理的有机整体。

近年来，随着城市群上升为国家战略，城市群概念得到国内理论界和政策界的广泛认可。在理论界，姚士谋等（2001）提出的城市群概念使用最为广泛，即城市群是具有一定数量和规模的城市，以特大城市或大城市为核心，依托一定的自然条件和交通网络的通达性，构成的较为完整的城市集合体。在政策界，我国从改革开放后的"六五"计划开始，在宏观政策上开始对城市群发展进行引导。"六五"计划提出有计划有步骤地开展地区经济技术协作，编制长江三角洲的经济区规划，一直到"九五"计划，政策引导均主要以建设经济区域为主。"十五"计划首次提出了城镇化战略，开始使用"城镇密集区"这一概念。2006年，"十一五"规划首次明确提出把城市群作为国家推进城镇化的主体形态，之后"城市群作为城镇化主体"的战略地位在多个重要文件中被提及。2007年10月，党的十七大报告提出"以增强综合承载能力为重点，以特大城市为依托，形成辐射作用大的城市群，培育新的经济增长极"。2011年3月，"十二五"规划提出"以大城市为依托，以中小城市为重点，逐步形成辐射作用大的城市群，促进大中小城市和小城镇协调发展"。2012年11月，党的十八大报告指出"科学规划城市群规模和布局，增强中小城市和小城镇产业发展、公共服务、吸纳就业、人口集聚功能"。2016年3月，"十三五"规划提出"坚持以人的城镇化为核心、以城市群为主体形态、以城市综合承载能力为支撑、以体制机制创新为保障"。2017年10月，党的十九大报告指出"以城市群为主体构建大中小城市和小城镇协调发展的城镇格局"。2021年3月，"十四五"规划提出"以促进城市群发展为抓手，全面形成

'两横三纵'城镇化战略格局""以城市群、都市圈为依托促进大中小城市和小城镇协调联动、特色化发展"。2022 年 10 月，党的二十大报告强调，"以城市群、都市圈为依托构建大中小城市协调发展格局，推进以县城为重要载体的城镇化建设"。

当前，我国城市群的发展重心已从京津冀、长三角、珠三角三大城市群为主的区域集中发展向"十四五"规划纲要中提出的 19 个主要城市群①协调发展模式转变。《京津冀协同发展规划纲要》《长江经济带发展战略》《粤港澳大湾区发展规划纲要》《长江三角洲区域一体化发展规划纲要》《中共中央关于支持海南全面深化改革开放的指导意见》《黄河流域生态保护和高质量发展规划纲要》等六大国家级城镇化战略及《山东省新型城镇化规划（2021－2035 年)》等省级城镇化战略的出台，进一步促使我国城镇化发展全面覆盖到南、北方的主要城市，极大地促进了我国城市群数量与城市规模的进一步发展和区域协调发展。

从国内外城市群概念的产生发展和我国城市群战略的具体实施看，城市群就是指基于特大城市或大城市等中心城市的辐射带动能力，以特大城市或大城市为核心，以一定的自然条件和交通网络的通达性为依托，一定数量和规模的城市互动形成的具有各自特定地位和密切经济关联的协同发展的城市集群。

1.1.1.2　山东半岛城市群

国内外学者对城市群空间范围的划定没有统一标准，不同时期学者和政府政策的主张也不尽相同，因此山东半岛城市群空间范围随着经济社会发展和城镇体系演变发生了多次变迁。

"山东半岛城市群"的概念最早于 2002 年提出。2002 年，山东省请

---

① 京津冀、长三角、珠三角、成渝、长江中游等 5 个城市群相对成熟，属于"优化提升"类。山东半岛、中原、关中平原、粤闽浙沿海、北部湾等 5 个城市群已有雏形，相对有发展潜力，未来需要"发展壮大"。哈长、辽中南、山西中部、黔中、滇中、呼包鄂榆、兰州－西宁、宁夏沿黄、天山北坡等 9 个城市群尚未真正形成，属于"培育发展"类。

北京大学区域规划系教授周一星对山东半岛城市群的发展战略开展研究。2003 年，历经一年多的酝酿筹划，周一星教授完成了《山东半岛城市群发展战略研究》一书，将烟台、威海、青岛、日照、潍坊、淄博、济南、东营 8 个城市作为山东半岛城市群的范围（8 城市方案），山东半岛城市群空间范围初步定型。同年，山东省正式确定了山东半岛城市群空间范围，即包含青岛、济南、烟台、威海、潍坊、淄博、东营、日照8 市行政区域，并启动了《山东半岛城市群总体规划》。根据山东省委、省政府"促进山东半岛城市群崛起"的战略决策和有关部署，2005 年山东省建设厅与北京大学联合编制了《山东半岛城市群总体规划（2006－2020 年）》（2007 年颁布），规划提出从全球视角看山东半岛城市群是以东北亚区域性国际城市青岛为龙头，带动山东半岛城市群外向型城市功能整体发展的城市密集区域。从国内视角看，山东半岛城市群将致力于成为黄河流域的经济中心和龙头带动区域，与京津冀、辽中南地区共同构筑中国经济发展增长极。因为滨州市邹平县和济南密切的经济联系，规划把邹平县囊括在内，形成"八城市＋邹平"的山东半岛城市群方案，成为学术界较为公认的山东半岛城市群范围，但也并非最后定型的版本。

2005 年版本的"山东半岛城市群"，因考虑到区位因素，未纳入西部的菏泽、聊城等地市，但随着区域经济的深化发展，西部菏泽、聊城的"腹地连接"作用越来越突出。2014 年 10 月，山东省政府颁布《山东省新型城镇化规划（2014－2020 年）》，在原来 8 个地级市的基础上，将泰安、莱芜、聊城、德州、滨州 5 个地级市纳入山东半岛城市群内，城市群范围扩大到 13 个地市。2017 年 2 月，山东省政府批复《山东半岛城市群发展规划（2016－2030 年）》，山东半岛城市群的空间范围由最初的 8 市扩展到全省 17 个设区市（莱芜划归济南后是 16 个设区市）[①]，自此，"山

---

① 16 个城市是济南、青岛、淄博、枣庄、东营、烟台、潍坊、济宁、泰安、威海、日照、临沂、德州、聊城、滨州、菏泽。

东半岛城市群"基本定型。此次规划提出山东半岛城市群将构建济南都市圈、青岛都市圈和烟威、东滨、济枣菏、临日四个都市区等"两圈四区、网络发展"的总体格局，统筹城市群空间结构，引导城市群人口有机集聚，推动城市群产业协同发展；并提出，到2030年山东半岛城市群将力争全面建成核心竞争力强的现代化国家级城市群。

2021年12月31日以省政府文件形式印发实施《山东半岛城市群发展规划（2021－2035年）》，明确表示山东半岛城市群处在由南向北扩大开放、由东向西梯次发展的战略节点上，是国家"两纵三横"城镇化战略布局中的重点城市群。它覆盖山东全域16市，对内承接南北、横贯东西，拱卫京畿、驻防海空，对外毗邻日韩、面向东北亚、联通"一带一路"。规划以"三个走在前"为主框架，明确了山东半岛城市群服务和融入新发展格局引领区、全国重要的经济增长极、黄河流域生态文明建设先行区、文化"两创"新标杆、改善民生共同富裕典范的五大定位。力争到2025年，建成更具竞争力的现代化国际化城市群，到2035年，跻身世界级城市群行列。

山东半岛城市群的两大头部城市是省会济南和计划单列市青岛。根据山东省统计局公布的数据，2021年全省GDP总量中济南市占比13.76%，青岛市占比17.02%，两大城市GDP之和占全省GDP的近1/3，是山东半岛城市群的中心城市。为增强中心城市发展能级和综合竞争力，《中共山东省委关于制定山东省国民经济和社会发展第十四个五年规划和二〇三五年远景目标的建议》中明确指出实施"强省会"战略，支持济南打造"大强美富通"现代化国际大都市，加快建设国家中心城市，高水平建设新旧动能转换起步区，为山东省新旧动能转换蹚出路子，为山东半岛城市群建设当好引领，为黄河流域生态保护和高质量发展作出示范；支持青岛打造开放现代活力时尚的国际大都市，持续放大上合组织青岛峰会效应，聚力增强开放门户枢纽、全球资源配置、科技创新策源、高端产业引领功能，打造"一带一路"国际合作新平台，加快建设全球海洋中心城市、国际航运贸易金融创新中心、全球创投风投中心。

1.1.2 区域经济一体化与城市群经济一体化

1.1.2.1 区域一体化与区域经济一体化

在谈区域经济一体化之前，我们先来看什么是区域一体化。区域一体化是个综合性概念，通常指的是一个区域内地理邻近的多个国家依靠制度整合、法律协调、法制统一等，通过竞争与合作，逐渐形成相互依存、逐渐统一、趋向联合的能够产生出"1+1>2"的效能的超国家集团的统一的经济区域的过程。经济学家巴拉萨（Balassa）在"Urban Networks：Connecting Markets，People and Ideas"一文中指出，区域一体化是一个旨在消除各经济单位之间待遇差别、削弱经济边界并减少地区间贸易成本、实现区域内外经济合作与联合的过程。因此，虽然区域一体化的最高级形态是政治联盟，但其终极目标却是经济的合作与联合。区域一体化初创于20世纪中期的欧美国家，经过60~80年代的探索，90年代在世界范围内蓬勃发展。当前世界上一体化程度最高的区域是欧盟，此外北美、东亚的一体化进程也取得较大进展。

区域经济一体化是相对经济全球化提出的概念。经济全球化是指生产力和科技革命快速发展推动形成的资源控制全球化、市场开拓全球化、经营竞争全球化等一系列全球化经济行为；在全球化时期，国与国之间在经济上相互渗透，产业链、供应链彼此交织，横向合作广泛，互利互惠利益共享。经济全球化带来了世界贸易的高速增长、国际资金的大规模流动和跨国公司的繁荣发展。但因国家间发展差距的存在、国情的不同、宗教文化的差异等，贸易自由化、资本和劳动力的自由流动等经济全球化的理想状态难以实现。因此以区域经济合作为主要特点的区域经济一体化应运而生，它与经济全球化相辅相成、并行发展，成为全球经济发展的主要形态。特别是，近些年受21世纪初世界金融危机的深层次影响，叠加新冠疫情的影响，全球生产网络遭受严重冲击，全球价值链日益萎缩呈现区域化、碎片化特征，产业链、供应链逐渐向特定区域集中，东亚区域价值链、北美区域价值链、欧洲区域价值链三足鼎立态势日渐稳固，东亚区域生产网络、北美区域生产网络、欧洲区域生产网络三分天下局面已然形成。区域经济一体化发展成为各国统筹国内国外两种资源、两个市场的战略选择，也是应对全球风险谋求区域产业链供应链安全稳定的重要途径。

1.1.2.2　城市群一体化与城市群经济一体化

把区域的范围缩小到国内，一体化的主体变成城市，则区域一体化发展的主要依托和载体就是城市群。与通常意义的区域一体化类似，城市群一体化也是一个综合性的概念，是指围绕一个或几个中心城市，相互之间关系比较紧密的一组大中小城市，打破行政边界的限制，消除市场的准入标准、监管标准等制度方面的差异，实现包括市场一体化、产业一体化、行政一体化、生态文明建设一体化、公共服务一体化等多个维度一体化发展的组织形态。例如，长三角城市群一体化就是：以上海为中心城市，以南京、杭州、合肥为副中心城市，通过建立完善多层次多领域合作机制、强化推进落实机制、创新一体化协调机制等，推动长三角生态绿色一体化发展示范区、中国（上海）自由贸易试验区临港新片区、省际毗邻区域、欠发达地区等重点区域联动发展；加快构建包括战略科技力量、产业分工协作、科创和产业融合发展、人才创新活力在内的协同创新产业体系；高起点打造虹桥国际开放枢纽和国际一流营商环境，推进更高水平协同开放；共建轨道上的长三角、水上长三角、数字长三角，推动城市人居环境的优化、跨区域能源水利基础设施的建设，加强基础设施互联互通；加强生态环境共同保护，推进环境协同治理，建立健全生态产品价值实现机制，持续提升能效水平，共同建设绿色美丽长三角；加快基本公共服务均等化，共享优质教育医疗文化体育资源，共建公平正义的社会环境，提高长三角城市管理水平，共享更高水平公共服务；共建长三角统一开放的人力资源市场，促进资本跨区域有序流动，健全城乡统一的建设用地市场，建设长三角产权共同交易市场，推动要素市场一体化发展。其目标是到2025 年，基本实现长三角科创产业、协同开放、基础设施、生态环境、公共服务等领域一体化发展。① 城市群一体化发展是实现优势互补、促进区域协同发展的重要手段，也是推动新型城镇化建设、实现大中小城市协调发展的重要抓手，成为区域竞争力提升的关键。因此，城市群一体化是城市群发展的终极状态，目的是形成以中心城市为引领核心、向外辐射带动大中小城市及小城镇和农村协同发展的城市网络。

经济一体化是城市群一体化发展的重要组成部分，也是城市群发展的本质要求。城市群经济一体化要求破除制约资源要素跨区域自由流动的体制机制障碍，实现人才、技术、资源、资本、市场等经济要素的城际循环流通；要求建立创新要素城际有序流动和合理配置的体制机制，实现原始创新与成果市场化应用协同发展；要求避免城市间产业的同质化竞争，实现产业错位发展；要求建立先进制造业与现代服务业协同发展的体制机制，推动城市群先进制造业与现代服务业的协同发展；要求内外联动，推动城市群产业结构优化升级；要求全域推行简政之道，公平公正监管，持续优化服务，实现城市群营商环境的市场化、法治化；要求建立统一大市场，力求在产权保护制度、市场准入制度、公平竞争制度、社会信用制度等市场基础制度规则上实现统一；要求在交通基础设施和数字基础设施上进行全域布局，建设现代流通网络，完善市场信息交互渠道，推动交易平台优化升级。城市群经济一体化与行政一体化、生态文明建设一体化、公共服务一体化等密不可分，形成相互推动、相辅相成的城市群一体化发展综合体系。

---

① 资料来源：《长三角一体化发展规划"十四五"实施方案》。

1.2 相关理论基础

1.2.1 区域分工与合作理论

区域分工是指把一定生产部门固定在一定地区的经济活动，区域分工一般与劳动的地域分工一致，直观表现为各区域产业结构的差异。区域分工促进了区域产业的专业化发展，提高了区域经济竞争力，有利于资源在不同区域的有效配置，增强了区域间经贸联系。分工必然导致合作。区域合作是指分工不同的各主体基于优势互补、产业关联等，在某些方面达成共识共同嵌入产业链某一个或某几个环节的合作过程。区域分工与合作理论最早起源于亚当·斯密（Adam Smith）倡导的古典贸易理论，经过了绝对优势理论、比较优势理论、要素禀赋理论、新贸易理论、竞争优势理论、含交易费用的新古典分工理论等不同阶段的发展，理论体系丰富完备，为区域经济一体化发展提供了丰富的理论源泉与方法论基础。其中，前三者是旧区域分工理论，主要考虑影响区域分工的外生因素，比如自然资源、区位条件、人口和劳动力资源、作为历史知识载体的文化等，讨论的是事前的资源禀赋条件的差别引起的生产率的差别导致的区域分工；后三者为新区域分工理论，主要考虑影响区域分工的内生因素，比如专业化水平、生产率、贸易依存度、商品化程度、生产集中度、市场化程度、经济结构的多样化程度、人际相互依赖程度等，讨论的是由于选择不同的专业化方向的决策而造成的事后的生产率差别导致的区域分工。

1.2.1.1 绝对优势理论和比较优势理论

绝对优势理论和比较优势理论分别由英国古典学派经济学家亚当·斯密和大卫·李嘉图（David Ricardo）提出。亚当·斯密于1776年发表的《国民财富的性质和原因的研究》一文指出，分工是市场交换的基础，地域分工与市场交换可以提高社会劳动生产率，因此，一个国家应该大量出口在生产成本上绝对低于他国的商品，进口成本绝对高于他国的商品，即大量出口劳动生产率高于其他国家的产品，进口劳动生产率低于其他国家的产品，从而分工得以形成，并导致了国际贸易的产生，这就是决策优势理论，也称为绝对成本理论。进一步地，亚当·斯密认为劳动分工对提高生产力水平的进步作用和市场竞争对优化社会资源的配置作用是国民财富增加的关键。大卫·李嘉图基于绝对成本优势理论在其代表作《政治经济学及赋税原理》（1817 年首次出版）中提出了比较优势理论，指出国际贸易的基础不是绝对成本差异，而是生产技术的相对差异造成的相对成本差异，从而每个国家都应集中生产并出口具有"比较优势"的产品，进口具有"比较劣势"的产品，即"两利相权取其重，两弊相权取其轻"。

绝对优势理论和比较优势理论是古典贸易理论的主要构成部分，两大理论的主要区别在于分工形成的基础前者为绝对成本差异，后者为生产技术差异导致的相对成本差异。通常意义上，比较优势理论更为普遍地解释了贸易产生的基础和贸易利得，成为当前区域分工的重要依据。

1.2.1.2 要素禀赋理论

要素禀赋理论最早由伊·菲·赫克歇尔（Eli F Heckscher）提出。赫克歇尔于 1919 年发表的论文《外贸对收入分配的影响》集中探讨了各国资源要素禀赋构成与商品贸易模式之间的关系，被认为是要素禀赋国际贸易理论的起源。后来他的学生贝蒂·俄林（Bertil Ohlin）于 1933 年发表的《区际贸易和国际贸易》进一步完善发展了该理论，因而要素禀赋理论又称为 H－O 理论。H－O 理论的核心内容为：在两国技术水平无差异的前提下，产生比较优势的原因有两个，一是两国间要素充裕度的不同，二是商品生产的要素密集度的不同。因此，一国应该出口本国相对供给充裕的要素所生产的产品，进口本国相对供给不足的要素所生产的产品，即劳动相对丰富而资本相对匮乏的国家应该出口劳动密集型商品，进口资本密集型商品。20 世纪 40 年代，萨缪尔森（Samuelson）用数学方式演绎了

H－O模型，建立了赫克歇尔－俄林－萨缪尔森模型（H－O－S定理），又称生产要素价格均等化定理。该定理认为在满足要素禀赋理论的全部假设条件下，自由的国际贸易通过商品相对价格的均等化，将使同种要素的绝对报酬和相对报酬趋于均等，从而在没有要素跨国流动的条件下，仅通过商品的自由贸易也能实现世界范围内生产和资源的有效配置。

要素禀赋理论和H－O－S定理构成新古典贸易理论。新古典贸易理论是以古典贸易理论中的比较优势理论为基础发展起来的。不同于古典贸易模型只涉及劳动这一单要素投入、用一般均衡方法进行研究，新古典贸易模型在两种或两种以上生产要素框架下分析产品的生产成本，用总体均衡的方法探讨国际贸易与要素变动的相互影响，认为地域分工、国际贸易产生的原因是各国生产要素禀赋上的差异，而不是古典学派认为的劳动生产率的差异。二战后，著名的"里昂惕夫"之谜对要素禀赋理论提出质疑，要素禀赋理论的权威性因此被动摇。旧区域分工理论抽离了地理空间的概念，忽视了生产要素的空间流动，无法真正解释经济空间现象的典型特征。

1.2.1.3　新贸易理论

新贸易理论是指 20 世纪 80 年代初以来，以保罗·克鲁格曼（Paul Krugman）为代表的一些经济学家提出的一系列关于国际贸易的原因、国际分工的决定因素、贸易保护主义的效果以及最优贸易政策的思想和观点。新贸易理论认为，技术和要素禀赋差异不再是产业内贸易、国际分工和贸易迅速增长的单一原因，更多地应从供给、需求、技术差距等不同视角分析国际贸易的动因与基础。相对于新古典贸易理论以规模报酬不变的假定进行的产业间贸易研究，新贸易理论则主要研究的是规模报酬递增和不完全竞争条件下的产业内贸易，认为在不完全竞争的市场结构中，由于规模经济的存在，即使各国的偏好、技术、要素禀赋都一致，也会产生相异产品之间的产业内贸易，并且国家差异越大，产业间贸易量就越大，国家差异越小，产业内贸易量就越大。新贸易理论把竞争优势拓展到产业内部，强调企业聚集有利于劳动力市场共享和知识外溢，而产业集聚可产生外部规模经济效应，因此企业规模经济、集聚区行业规模、市场规模导致了规模经济分工的产生。1977 年，阿维纳什·迪克希特（Avinash K. Dixit）和约瑟夫·斯蒂格利茨（Joseph E. Stiglitz）在发表于 1977 年的论文《垄断竞争和最优产品的多样性》中提出 D－S 模型，阐述了在不完全竞争市场结构下消费者需求多样化和企业生产规模经济的两难冲突问题，即：各国专业化大规模生产具有某一方面差异的同种产品并进行贸易，既可以利用规模经济性所带来的比较优势，又满足了消费者对差异产品的需求。20 世纪 80 年代中后期，克鲁格曼将 D－S 模型应用到国际贸易分析中，建立了规模经济理论，指出国际贸易的意义在于能够形成一个一体化的世界市场，在世界范围内扩大产品销售市场，并从别国进口其他差异性产品，以满足消费者需求。新贸易理论还强调需求因素对贸易产生和贸易结构的影响。瑞典经济学家斯戴芬·伯伦斯坦·林德（Staffan B. Linder）提出代表性需求理论，将需求与产品差异结合起来解释了产业内贸易产生的原因。他指出，一国应集中生产并出口本国代表性需求的产品，并从与本国收入水平相似的其他国家进口相似产品，以满足本国其他收入水平消费者的消费需求。

1.2.1.4 竞争优势理论和含交易费用的新古典分工理论

美国学者迈克尔·波特（Michael E. Porter）在 1990 年出版的著作《国家竞争优势》中提出产业国际竞争力钻石模型，认为一个国家某个产业的国际竞争力主要由产业的生产要素状况、产品需求状况、相关产业的发展状况、企业的经营战略、结构与竞争方式等因素决定。因此，在进行产业布局时，应充分考虑这些内生因素的影响造成的区域分工差异。分工带来贸易，贸易产生交易费用，因此存在分工的专业化、高效率等优势和分工带来交易费用劣势的两难冲突。因而分工水平还取决于交易效率的高低，交易效率越高，分工水平越高。杨小凯在其著作《当代经济学与中国经济》中也指出，若交易效率是交易规模的增函数，则交易效率的提高会带来交易分工水平的上升，进而导致交易规模的扩大和交易效率的提高，交易分工水平便可进一步提升。杨小凯在《经济学原理》一书中进一步指出，"市场上自利行为交互作用形成的最重要的两难冲突是分工经济与交易费用的两难冲突"。因此可以通过建立、完善和实施法律制度、自由市场制度等制度，提高交易效率，降低交易费用，以扩大分工空间，提升分工水平，达到提高生产力、增加财富的目的。

1.2.1.5　区域分工与协作理论对城市群经济一体化发展的启示

城市群经济是通过群内密切的区域分工与协作形成的综合经济，区域分工与协作使得在城市群内形成错落有致、优势互补的城市圈区域功能结构。李琳（2019）认为可以充分利用要素禀赋的差异性、比较优势的可创造性、区域分工的外部性、市场化的竞争优势与行政化的制度安排，推动城市群经济一体化发展。

第一，利用要素禀赋的差异性推动城市群经济一体化发展。根据 H－O 定理，各城市可以基于区域之间资源禀赋的差异，选择参与所需经济要素相对低廉的一个或多个生产环节，继而通过城市间贸易流通获得比较利益，推动城市群产业错位布局、协同发展，这对于城市群中的欠发达城市尤其具有重要指导意义。欠发达城市可以利用要素禀赋差异所产生的比较优势参与城市群分工获得最初的原始资本积累，缩小与发达城市的经济发展差距，从而更好利用发达城市的经济辐射、承接发达城市的产业转移。

第二，利用比较优势的可创造性推动城市群经济一体化发展。随着区域分工与协作程度的加深，各城市不再仅仅依赖资源禀赋差异所产生的较低级别的比较优势，而是转向规模经济优势、聚集经济优势等后发比较优势的创造。各城市通过制定适宜的产业政策，能够建立起具有自身竞争力的产业结构，逐步培育城市主导优势产业，跳出"比较利益陷阱"，促进城市群经济一体化发展。

第三，利用区域分工的外部性推动城市群经济一体化发展。在区域分工发展过程中，发达区域可通过区位因素在空间经济活动中产生乘数效应，带动周边欠发达区域相关活动的发展。这种发达区域内部性外部化和不发达区域外部性内部化的过程机制是区域由分工到协作，并最终走向区域经济一体化的核心动力机制。因此，在城市群经济一体化发展过程中，相对发达城市的某些内部性因素向群内其他城市辐射和扩散，对欠发达城市经济发展产生一系列辐射带动效应，从而推动城市群整体经济的发展。

第四，统筹市场化的竞争优势与行政化的制度安排推动城市群经济一体化发展。竞争优势的塑造是市场行为，法律法规、市场制度的制定实施是行政安排，两者共同促进城市群的分工与协作，即城市群经济一体化发展是政府和市场两只手共同作用的结果，需要让市场发挥决定性作用，让政府更好发挥作用。

1.2.2 区域经济一体化理论

区域经济一体化关注的是国家之间的经济关系，主要研究伙伴国家之间的市场一体化，演化过程经过了从产品市场、生产要素市场向经济政策统一的逐步深化。代表人物有荷兰经济学家简·丁伯根（Jan Tinbergen）和美国经济学家贝拉·巴拉萨（Bela Balassa）。巴拉萨指出，区域经济一体化是消除阻碍经济有效运行的人为因素，通过相互协作与统一，创造最适宜的国际经济组织的动态过程；经济一体化的过程分为贸易一体化、要素一体化、政策一体化和完全一体化四个阶段，其中贸易一体化是指取消商品流动限制，要素一体化是指实现生产要素的自由流动，政策一体化是指实现区域内国家经济政策协调一致，而完全一体化则是指所有政策的全面统一。区域经济一体化理论主要包括关税同盟理论和大市场理论。

1.2.2.1 关税同盟理论

关税同盟（customs union）是经济一体化的组织形式之一，是指两个或两个以上国家或地区通过缔结协定建立统一关境，在统一关境内缔约方相互间减让或取消关税，并对从关境以外的国家或地区进口的商品实行共同的关税税率和外贸政策。以关税同盟为主要研究对象建立的系统理论就是关税同盟理论。关税同盟理论最具影响力的研究者是美国经济学家雅各布·维纳（Jacob Viner），他认为完全形态的关税同盟应具备三个特征：一是完全取消各成员间的关税；二是对来自成员以外的国家和地区的进口设置统一的关税；三是通过协商方式在成员之间分配关税收入。这种自由贸易和保护贸易相结合的结构，使关税同盟对世界经济福利的影响呈现贸易创造和贸易转移并存的双重性。

1.2.2.2　大市场理论

针对共同市场，一些学者提出大市场理论，从而基于动态视角分析区域经济一体化所产生的经济效应，其代表人物为蒂博·西托夫斯基（Tibor Scitovsky）和德纽（J. F. Deniau）。大市场理论认为通过建立共同市场，可以使国内市场向统一的大市场延伸。该理论认为建立共同市场能够产生两大效益：一是将比较分散的生产集中起来进行规模化的大生产，会提升生产的专业化、社会化水平，并利于高新科技的广泛应用；二是生产专业化推动了生产成本的下降以及销售价格的下降，从而增强了居民购买力，提高了居民生活水平，促进了消费和投资的增加，使得经济进入良性循环状态。

1.2.2.3　区域经济一体化理论对城市群经济一体化发展的启示

区域经济一体化理论中的关税同盟理论、大市场理论等，强调综合考虑政治、经济因素，打破行政壁垒，建立统一的制度政策，实现市场大融合，契合城市群经济一体化需要市场、产业、制度、空间等各方面综合发展的要求，李琳（2019）认为区域经济一体化理论对城市群经济一体化发展具有重要理论指导意义。

第一，通过制度一体化推动城市群经济一体化发展。区域制度一体化是区域经济一体化发展的重要保障，要求区域之间打破行政壁垒，以价值共创为目标，为实现区域整体经济利益最大化制定有效的、统一的制度与政策。城市群经济一体化发展同样需要实现城市群的制度一体化，建立统一的制度政策，打破群内城市间行政壁垒，使群内城市间的分工合作更加便捷有效，从而实现城市群整体利益最大化。

第二，通过有效的政府干预推动城市群经济一体化发展。区域一体化过程是内外制约因素共同作用的结果，因此在制定经济一体化政策时，应综合考虑政治、经济因素，充分考虑政府干预的作用。城市群经济一体化发展同样需要在城市群内制定统一有效的政策、制度，发挥政府"看得见的手"的作用，为群内城市间有序展开分工合作提供有利的软环境，促进城市群内经济效益的有效扩散。

第三，通过构建大市场推动城市群经济一体化发展。大市场理论指出区域间生产要素流动越自由充分，市场容量就越大，市场竞争也越激烈，企业也越能通过技术、价格等竞争实现优胜劣汰。共同市场上的充分竞争，使优胜企业的生产更加专业化、规模化，这就推动了区域规模经济与区域间产业分工与合作。对城市群而言，打破城市间要素的流动壁垒，建立城市群内城市间的共同市场，可以推动城市群内生产要素与经济资源的有效配置，提高城市群整体经济实力。

1.2.3 共生理论

"共生"源于生物学，是指动植物把自己的特性与对方的特性相结合，实现相互依存、共同生活的现象。比如，珊瑚虫用它们的触手捕获极为微小的有机物，所产生的废物用于喂养它们身上的共生海藻；共生海藻给珊瑚虫披上了鲜艳的颜色，并通过光合作用为珊瑚虫提供大部分能量。一旦因全球变暖导致共生海藻脱离珊瑚礁，珊瑚礁就会白化并最终死亡。珊瑚与共生海藻间形成共生关系。在共生现象基础上延伸出共生理论和方法，并于20世纪中叶开始应用于社会科学领域，主要用于医学领域、农业领域、管理领域和经济领域等。比如，农业领域的鱼菜共生，经济领域的数字经济与实体经济的共生。共生理论认为，共生是自然界和人类社会的普遍现象，互惠共生是自然与人类社会发展的必然趋势。共生由共生单元、共生关系、共生环境三个基本要素构成。共生单元是构成共生体或共生关系的基本能量生产和交换单位，构成共生的基础；共生关系，又称共生模式，是共生单元之间相互作用的方式或相互融合的形式，构成共生的纽带；共生环境是共生单元以外的所有因素的总和，构成共生的外部环境和外部条件。

城市群内各城市子系统构成共生单元，各城市子系统间密切的经济联系构成共生关系，城市群一体化政策、制度、体制机制、交通物流、数据平台、信息网络等构成共生环境，因此可以将共生理论运用于指导不同层次城市间的协同发展，进而提高城市群整体竞争力，推动城市群经济一体化发展。吴传清等（2005）认为，可以通过以下三类共生推动城市群经济一体化发展。

第一，推动城市群内城市间的差异化共生，促进城市群经济一体化发展。共生单元间的差异化是物质、信息、能量、观念等发生激烈冲突与碰撞，形成新物质形态的基础，为城市群区域观念创新、技术创新、制度创新提供了重要推动力。因此城市群内的每个城市子系统都应保持自身的独立性和自主性，充分发挥各自比较优势参与城市群的产业分工，形成协同发展格局。

第二，推动城市群内城市间的合作性共生，促进城市群经济一体化发展。受产业发展惯性和产业政策引导的影响，城市群内城市间不可避免存在产业同质化发展问题，这就引发了不同城市子系统对同一资源、同一市场的争夺，造成市场资源的浪费。因此城市群内城市间应尽量避免因产业同构导致的恶性竞争，即规避通常共生单元间所存在的相互排斥和吞噬，在互利共生的基础上开展合作竞争，即通过共同开发资源、创新技术、开拓市场，促进城市群整体产业结构的优化与升级。

第三，推动城市群内城市间的进化性共生，促进城市群经济一体化发展。唯物辩证法认为，事务是运动变化发展的，彼此适应、共同发展是所有领域共生的本质，良好的共生合作，能够使共生单元产生质的变化，推动共生共同体更好发展。对城市群而言，一方面，城市群内一城市子系统因技术进步等导致的发展，会对其共生城市子系统提出新的发展要求，其共生城市子系统的回应必然导致共生发展；另一方面，城市群内各城市子系统围绕提高城市群整体核心竞争力构建产业链、完善价值链，必然有助于推动区域产业分工与协作，在提升城市群核心竞争力的同时，提升了自身竞争力。

1.2.4 城市群空间演化理论

城市群空间演化理论主要有中心地理论、增长极理论、点轴系统理论、"大都市带"演变理论、空间结构演变理论、城市群空间相互作用理论等。

1.2.4.1 中心地理论

中心地理论最早由德国地理学家沃尔特·克里斯泰勒（Walter Christaller）于 1933 年在其代表作《德国南部的中心地原理》一文中提出并系统阐述。1940 年由德国经济学家奥古斯特·廖什（August Losch）进一步完善，成为城市群空间结构研究的基础理论。20 世纪 40 年代初美国地理学家爱德华·L. 乌尔曼（Edward L. Ullman）把这一理论引进英语国家，引起英语国家的重视。1964 年流传至中国。改革开放后中心地理论开始大规模应用于我国各个学科的发展。中心地理论主要研究一定区域内城市等级、规模、分布模式、职能之间的相互关系及其空间结构的规律性特征，旨在进行城市空间组织和布局时寻求最优化的城镇体系。该理论认为，城市是一定区域经济社会发展的核心，它位于区域的中心地点，向周边居民提供所需产品和服务；城市按规模分为不同等级，不同等级城市承担不同职能，城市等级越高承担职能越多越复杂；市场、交通、行政是影响城市等级结构的三大支配性因素，在三大因素支配下城市等级结构呈现为不同的六边形网络结构特征。

1.2.4.2　增长极理论

增长极理论最先由法国经济学家弗朗索瓦·佩鲁（Francois Perroux，1950）提出，是指"经济空间"中起支配（domination）作用的经济部门，或称"推进型单元"（propulsive unit），这种"推进型单元"自身增长和创新能够通过外部经济和产业间关联乘数效应，诱导带动其他产业的增长。后来，布代维尔（J. B. Boudeville）等经济学家将部门增长极拓展至空间增长极，即地理空间产业（工业）集聚效应的中心城镇。增长极理论认为，经济增长不会同时发生在所有部门或城市，而是少数发展比较充分的部门或区位条件比较优越的城镇首先不断成长发展成为经济增长先行部门或中心城镇，即增长极；空间增长极通过极化效应和扩散效应两种机制带动周边地区经济增长，但在增长极形成的不同阶段这两种机制作用的方向和强度不同，在初级阶段，极化效应占主导，表现为周边地区大量资金、人才、技术等要素向中心城市集聚并推动极点地区经济快速增长，当极点地区发展至一定程度后，极化效应逐渐减弱，扩散效应逐渐占主导，表现为极点地区大量要素和产业向周边地区转移和扩散，进而带动周边地区经济增长。

1.2.4.3　点轴系统理论

点轴系统理论是由我国经济地理学家陆大道于 1986 年首次提出。1986 年陆大道在发表于《地理科学》的文章《2000 年我国工业布局总图的科学基础》中，从区位论与空间结构理论视角首次提出区域开发战略的"点轴"开发理论。1995 年、2001 年和 2002 年，陆大道又对"点轴"系统理论进行深入探讨与完善，并广泛应用于讨论我国国土开发和区域经济布局中。本质上"点轴"系统理论是增长极理论的延伸，"点"是指各等级的中心城市，"轴"是指连接各个等级"点"的线状基础设施，但这个

"轴"不是简单的交通基础设施轴，而是经济要素密集轴。该理论认为，一定区域的点轴空间结构系统的形成演变是一个动态过程，大致经历"点—轴"形成前的原始阶段、"点—轴"同时形成阶段、主要"点—轴"空间结构系统形成阶段、"点—轴"空间结构系统形成与完善阶段等四个阶段。而驱使其演化的动力是空间集聚机制和空间扩散机制。区域经济以"点—轴系统"模式发展不仅有利于充分发挥各等级中心城市的"极"点作用，而且有利于城市之间、城市与腹地之间便捷联系、要素流动和资源优化配置，进而有利于推动区域经济的协同发展。1988年魏后凯在《地域研究与开发》上发表的《区域开发理论研究》一文，在增长极理论、点轴系统理论的基础上，提出了网络开发模式理论。该理论认为，从空间结构的演变看，区域开发一般分为点状开发、点轴开发、网络开发三个阶段，落后地区或经济稀疏区一般采用增长极点状开发模式，发展中地区或经济密集区一般采取点轴开发模式，较发达地区或经济重心区一般采取网络开发模式。网络开发模式有利于较发达地区缩小地区差异，趋向空间均衡，有利于消除过分集聚产生的一系列规模不经济问题，实现城市群分散发展遍地开花。

1.2.4.4 "大都市带"演变理论

"大都市带"演变理论是法国地理学家琼·戈特曼（Jean Gottmann）在郊区城市化作用加剧、城市地域间出现连片发展趋势的背景下提出的，描述了在一定地理或行政区域内，以一两个大城市或特大城市为核心，辐射并带动周边一定范围内的一批中小城市，形成在世界范围内有一定影响力、竞争力的区域城市群或城市带的演化过程，反映了城市经济空间组织形态从量变到质变的变化。戈特曼的"大都市带"是一个由若干都市区集聚形成的巨大整体，带内人口和经济活动存在密切联系。它具备两大显著特征：一是从空间形态看，人口、各种可见和不可见的要素及其相互交织的网络在核心地区高度密集，且出现多核心的星云状结构；二是从空间组织看，基本单元内部组成存在多样性，且宏观上导致大都市带的"马赛克"结构。基本单元是指由自然、人文、经济特征完全不同的多种成分构成的都市区，各具特色的都市区镶嵌形成了自然、社会、经济、政治、文化等多方面的组合体（aggfomeratfon）——大都市带。这种有机联系和一定程度分工并存的镶嵌组合体结构，戈特曼形象地称之为马赛克（mosa-ic）。例如，在美国东北海岸大都市带，纽约是经济和对外联系中心，华盛顿则是鲜明的政治城市，而费城、巴尔的摩等则更多的是产业城市。

1.2.4.5　空间结构演变理论

1966 年，美国城市与区域规划学家约翰·弗里德曼（J. R. Friedmann）在他的核心—边缘理论的基础上提出城市群空间结构演变理论。弗里德曼将城市群的形成与发展划分为四个阶段。第一，前工业化阶段。区域生产力水平极为低下，居民部落分散过着自给自足的农业生活。区域空间均质无序，存在若干个无等级结构分异的地方中心。第二，工业化初期阶段。点状分散的城镇开始出现，区位优势显著的城市发展成区域经济中心，产生聚集经济效应。区域空间结构趋于不平衡化，由单个相对强大的经济中心与落后的外围地区所组成。第三，工业化的成熟时期。随着经济活动范围进一步扩展，产生新的经济中心，并与原来的经济中心在经济上、空间上产生联系，形成由若干规模不等的中心—外围结构组成的有序的区域空间中心体系。第四，工业化后期。城市间边缘地区获得很快发展，城市间在经济、文化、科技方面的联系越来越紧密、深入，城市间相互吸引与反馈作用得以产生，城市间经济发展水平差异不断缩小，最终形成了功能一体化的城市群空间结构体系。从弗里德曼的四阶段理论可以看出，经济增长对城市群空间结构演化具有重要推动作用。

1.2.4.6　城市群空间相互作用理论

城市群空间相互作用理论是城市空间相互作用理论的延伸，属于区域空间结构理论的重要分支，主要对城市群的空间结构与空间组织进行研究。福利（Foley，1964）较早对城市空间结构概念进行系统研究，提出城市结构包括空间和非空间两种属性，城市结构的空间属性是指文化价值、功能活动和物质环境的空间特征，城市空间结构包括形式和过程两个方面，分别指城市结构要素的空间分布及空间作用的模式。基于福利的概念框架，韦伯（Webber）在 1964 年进一步提出，城市空间结构的形式是指物质要素和活动要素的空间分布模式，过程则是指要素之间的相互作用；并把城市空间划分为"静态活动空间"（如建筑）和"动态联系空间"（如交通网络）。当前对城市空间结构的研究更多地强调"静态活动空间"与"动态联系空间"的统一，且城市空间结构的形式作为静态表征体现活动要素的空间分布，体现动态的联系过程则更多强调要素的空间相互作用所形成的"流"和"网络"，即：城市空间结构包括空间形态与相互作用，相互作用是过程，而空间形态是作用的结果，是城市空间结构的直接表征。人文地理学认为空间组织是一个组织化的过程而非静态的框架，空间组织与空间格局存在过程与结果的辩证关系。正如戈特迈（Gottmaim，1957）所言，相比空间结构，空间组织对于相互作用的表述相对更为清晰。宁越敏、石崧（2011）进一步解释了空间组织和空间结构的过程—格局辩证关系，指出空间组织化过程形成了一个个时间断面上的空间结构，每一轮空间结构都对下一轮空间组织的开始存在至关重要的影响，二者互为因果。

1.2.4.7 城市群空间演化理论对城市群经济一体化发展的启示

在城市群经济一体化发展过程中，聚集与扩散机制始终起着关键作用，并决定着城市群经济一体化发展的水平。弗里德曼构建的空间演化模型、戈特曼的"大都市带"演变理论等理论虽然在空间跨度上与国家发展相联系，但与其他空间演化理论一样，对城市群空间演化和经济一体化发展具有较大借鉴意义。

第一，推动产业集聚与协同发展，以城市群为单位构建完善产业链。根据增长极理论，围绕优势产业在城市群内布局上下游配套产业能够推动产业（链）做大做强、自主可控。因此城市群中的非中心城市、边缘城市，应加强与城市群内其他城市的信息、技术、资金交流，增强与城市群内其他城市的经济联系，嵌入中心城市主导的产业链，融入城市群的产业分工体系，实现产业错位、协同发展，以城市群为单位构建完善产业链。

第二，强化整体规划和产业布局，发挥中心城市的辐射带动作用。中心城市是具有显著集聚作用和辐射带动作用的地区增长极，其发展水平与周边城市具有较大差距，因此应充分考虑城市群的整体发展规划和产业的区域布局。一方面着力促进中心城市功能优化，提高中心城市的空间资源配置效率；另一方面着力推动发达城市的产业转移和落后城市的产业承接，发挥中心城市的辐射带动作用。

第三，推行一体化政策来协调城际利益关系，实现城市群利益最大化和局部利益均衡化。随着城市群的不断发展，次中心城市可能会形成并发展壮大，一定程度上导致了中心城市地位的下降和逆城市化现象发生，引致城市群内"灰色区域"的出现。因此，通过构建跨城市的行政管理体制，推动城市群财政政策、产业政策、科技政策等一体化发展，可以协调城市群的城际利益，优化城际关系，实现城市群整体利益最大化以及局部利益均衡化。

第四，完善交通网络、数字平台等各类软硬件设施，提高城际经济交互的便利化和高效性。城市间有效、高效的经济交互离不开交通网络的完善、数字平台的搭建等公共基础设施和公共服务的提供。因此应加大路网、电网、水网、通信网等网络化基础设施建设，搭建网络化数字化平台，以有效实现城市群内资金灵活周转、能量高效转换、信息便捷传递和物资通畅流动。

第五，遵循城市群空间组织演化规律，有序推进城市群空间一体化发展。城市群的空间组织是一个由低级向高级演化的动态过程，遵循集聚机制与扩散机制交互作用推动城市群一体化发展的动态演化规律。因此，无论是采用增长极模式、点—轴模式，还是采用网络化模式，都应基于城市群发展不同阶段以推动城市群空间优化为准则，相应的政策举措必须遵循其规律，从而有序推进城市群空间一体化发展。

1.3 山东半岛城市群经济一体化发展的实践意义

1.3.1 对中国经济格局的意义

我国自 2006 年第一次把"城市群"写进中央文件，发展至今已形成三大梯队：第一梯队是发展相对成熟属于"优化提升范围"的长三角、珠三角、京津冀、成渝和长江中游等 5 个城市群，第二梯队是处于快速发育期需要"发展壮大"的山东半岛、中原、关中平原、粤闽浙沿海、北部湾等 5 个城市群，第三梯队是处于雏形发育期需要"培育发展"的哈长、辽中南、滇中、天山北坡等 9 个城市群①。山东半岛城市群自 2003 年初步定型，经 2005 年的范围扩大，到 2017 年的基本定型，发展至今成为包含 16 个设区市、处于第二梯队、具有重要战略地位的我国第四大城市群，是引领黄河流域生态保护和高质量发展的龙头，是"一带一路"建设的枢纽，处于我国由南向北扩大开放、由东向西梯度发展的战略节点，其经济一体化发展"对整个中国经济格局都会起到关键作用"②。

山东省的经济发展历来走在全国的前列。特别是改革开放以来，因 1979 年 7 月 15 日邓小平同志带给山东省解放思想、发展经济的重要指示③，山东省受到极大鼓舞，经济发展驶入了快车道，尤其是胶东的乡镇企业开始异军突起。表现在经济数据上，1979 年山东省 GDP 超越辽宁省排名全国第三，前两名是江苏省和上海市，当时广东省位列第五名，而浙江省则远在十名开外。20 世纪 80 年代开始，在齐鲁大地上，开始涌现出

---

① 资料来源：《中华人民共和国国民经济和社会发展第十四个五年规划和 2035 年远景目标纲要》。

② 储思琼. 解读李克强山东考察"路线图"[EB/OL]. (2017 – 04 – 23) [2023 – 03 – 01]. http：//www. gov. cn/xinwen/2017 – 04/23/content_5188427. htm.

③ 赵大国. 1979 年 7 月，邓小平视察山东 [EB/OL]. (2018 – 12 – 20) [2023 – 03 – 01]. http：//cpc. people. com. cn/n1/2018/1220/c69113 – 30479275. html? ivk_sa = 1024320u.

一些日后的商界翘楚，比如魏桥的张士平、西王的王勇、东营的李建华、临沂的王廷江，表现在经济数据上，1982～1985年山东省成为我国GDP第一大省，之后也一直稳居全国前三，在全国区域发展格局中一直处于优势地位。①

但浮云一别后，流水十年间。当前，山东省在全国区域竞争大棋局中，已经不那么耀眼了。对标先进，山东大数据、信息产业不如贵州；高新技术产业不如江苏、浙江，甚至不如河南；经济总量虽然位列全国第三，但与广东、江苏的差距在拉大，与浙江的差距在缩小；根据2021年数据，山东省地方一般公共预算收入（7284.5亿元）不如广东（14103.43亿元）、江苏（10015.2亿元），也不如浙江（8263亿元）；全年全省居民人均可支配收入（35705元）不如广东（44993元）、江苏（47498元），更不如浙江（57541元）；货物进出口总值（29304.1亿元）远不如广东（82680.3亿元）、江苏（52130.6亿元）、浙江（41429亿元）；实际使用外资（215.2亿美元）与广东（1840.02亿元）的差距很大，与江苏（288.5亿美元）、浙江（183亿美元）的差距相对小些。山东是农业大省，同时产业结构偏重，这也体现在三次产业占比上，山东省进入"三二一"产业结构的时间在鲁、苏、粤、浙四省中是最晚的。②

环视周边，山东省的战略地位十分尴尬。南边的江苏省借助长三角和长江经济带纳入国家战略；北面的东北地区，中央专门针对其出台了新一轮振兴东北计划；山东省位于环渤海经济圈上，但自党的十八大后提出京津冀一体化发展战略以来，环渤海的"核心部位"就是京津冀，当前京津冀协同发展势头强劲，特别是雄安新区横空出世，定位"千年大计、国家大事"，未来发展不可限量；西边的中原经济区异军突起，中原城市群蓬勃发展。山东省被几大城市群包围，虹吸效应显著，人才、资本等流失严重。

---

① 资料来源于相关年份相关省份的统计年鉴。
② 本段的资料来源于山东、江苏、广东、浙江四省各自的2021年国民经济和社会发展统计公报。

鉴于此，2018年3月习近平总书记参加"两会"山东代表团审议时，要求山东"在全面建成小康社会进程中走在前列，在社会主义现代化建设新征程中走在前列，全面开创新时代现代化强省建设新局面"，为山东擘画了"走在前列、全面开创"的美好蓝图①。2018年6月习近平总书记考察山东时，强调"推动高质量发展，要坚持腾笼换鸟、凤凰涅槃的思路，推动产业优化升级，推动创新驱动发展，推动深化改革开放"，鼓励山东在推动新旧动能转换上作表率②。2021年10月习近平总书记视察山东时，又勉励山东"努力在服务和融入新发展格局上走在前、在增强经济社会发展创新力上走在前、在推动黄河流域生态保护和高质量发展上走在前，不断改善人民生活、促进共同富裕，开创新时代社会主义现代化强省建设新局面"，给山东提出"走在前、开新局"的目标要求③。国家期望通过山东涅槃重生带动北方和西部，实现中国经济均衡协调发展，从而以城市群为载体通过推动经济一体化发展实现经济高质量发展，对优化全国经济格局起到关键作用。

1.3.2 对山东强省建设的意义

改革开放以来特别是党的十八大以来，山东省经济社会发展取得显著成就，但与全国一样，存在着发展不平衡的问题，与城市群经济发展有关的不平衡问题主要包括以下内容。

第一，产业发展不平衡。传统产业基础良好，服务业呈现加快发展态势，但产业结构总体偏重，传统动能仍居主导地位。新产业加速成长，"互联工厂"、个性化定制等新业态新模式不断涌现，但新兴产业总量偏小，新动能尚不足以支撑经济快速发展。

---

① 习近平等分别参加全国人大会议一些代表团审议［EB/OL］．（2018－03－09）［2023－03－01］．http：//www.npc.gov.cn/zgrdw/pc/13_1/2018－03/09/content_2044986.htm.
② 习近平在山东考察［EB/OL］．（2018－06－14）［2023－03－01］．http：//www.gov.cn/govweb/xinwen/2018－06/14/content_5298781.htm.
③ 山东省第十二次党代会报［EB/OL］．（2022－06－10）［2023－03－01］．http://www.shandong.gov.cn/art/2022/6/10/art_260793_540692.html.

第二，城乡发展不平衡。根据各省区市统计局公布的 2021 年国民经济和社会发展统计公报数据，笔者整理获得我国 31 个省区市（港澳台地区因资料缺失，未统计在内）2021 年城乡收入比（见表 1 - 1）。由表 1 - 1 可知，山东省城乡收入比为 2.26，城乡收入差距由小到大排名位列第 13 位，说明山东省存在城乡收入不平衡的问题，但从全国范围看，相比其他省区市，不平衡的程度位于平均水平以下。

表 1 - 1　　　　　　　2021 年我国 31 个省区市城乡收入比

省份	城乡收入比	省份	城乡收入比	省份	城乡收入比	省份	城乡收入比
北京	2.45	上海	2.14	湖北	2.21	云南	2.88
天津	1.84	江苏	2.16	湖南	2.45	西藏	2.75
河北	2.19	浙江	1.94	广东	2.46	陕西	2.76
山西	2.45	安徽	2.34	广西	2.35	甘肃	3.17
内蒙古	2.42	福建	2.20	海南	2.22	青海	2.77
辽宁	2.24	江西	2.45	重庆	2.40	宁夏	2.50
吉林	2.02	山东	2.26	四川	2.36	新疆	2.42
黑龙江	1.88	河南	2.12	贵州	3.05		

资料来源：根据各省（自治区、直辖市）2021 年国民经济和社会发展统计公报计算得到。

由图 1 - 1 可知，山东各设区市存在城乡发展不平衡问题，且城乡发展不平衡程度存在差异，头部城市中，济南相比青岛城乡差异更大。山东还存在其他城乡发展不平衡的问题，但随着脱贫攻坚战的胜利和乡村振兴战略的实施和推进，乡村产业集聚发展加快。截至 2022 年 9 月，山东省累计创建了山东烟台苹果产业集群、山东寿光蔬菜产业集群、山东沿黄小麦产业集群、山东沿黄肉牛产业集群、山东省大花生产业集群、山东省沿黄大豆产业集群等 6 个国家级优势特色产业集群，现代农业产业园、特色农产品优势区、绿色发展先行区、农业产业强镇等不断创建并发展，城乡差距呈现缩小趋势①。

第三，金融与实体经济发展不平衡。2017 年，山东省金融业增加值

---

① 政府工作报告（省十四届人大第一次会议 2023 年）［EB/OL］.（2023 - 02 - 09）［2023 - 03 - 01］. http：//www.shandong.gov.cn/art/2023/2/9/art_317172_575461.html.

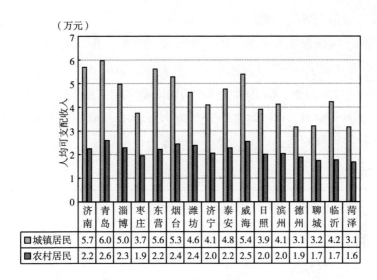

（万元）

	济南	青岛	淄博	枣庄	东营	烟台	潍坊	济宁	泰安	威海	日照	滨州	德州	聊城	临沂	菏泽
□ 城镇居民	5.7	6.0	5.0	3.7	5.6	5.3	4.6	4.1	4.8	5.4	3.9	4.1	3.1	3.2	4.2	3.1
■ 农村居民	2.2	2.6	2.3	1.9	2.2	2.4	2.4	2.0	2.2	2.5	2.0	2.0	1.9	1.7	1.7	1.6

图1-1 2021年山东省16城市城乡居民人均可支配收入

资料来源：山东省各城市的2021年国民经济和社会发展统计公报。

占地区生产总值比重为5.1%，低于全国平均水平2.8个百分点①，与山东经济大省的地位不相称，金融总体实力不强。为此，山东省出台印发了《山东省现代金融产业发展规划（2018－2022年）》（以下简称《规划》），力求到2022年，在全省基本形成整体实力雄厚、区域布局合理、组织体系健全、市场功能完善、产融结合紧密、行业发展协调、运行秩序稳定的金融产业发展格局，以更好地服务实体经济，支撑全省新旧动能转换。2020年山东省金融业增加值为4567亿元，占地方生产总值的比重上升至6.2%②，但仍低于全国金融业增加值占GDP接近8.3%的比重③，更远低于上海金融业增加值占上海地区生产总值18.5%的比重④。山东省存在金

---

① 资料来源：山东省人民政府印发的《山东省现代金融产业发展规划（2018－2022年）》。

② 王琛，张艺金. 金融业助推全省经济逆势上扬［EB/OL］.（2021－01－23）［2023－03－01］. http://www. shandong. cn/art/2021/1/23/art_97904_396298. html.

③ 中华人民共和国2020年国民经济和社会发展统计公报［EB/OL］.（2021－02－28）［2023－03－01］. http://www. gov. cn/xinwen/2021－02/28/content_5589283. htm.

④ 2020年上海市国民经济和社会发展统计公报［EB/OL］.（2021－03－19）［2023－03－01］. https://tjj. sh. gov. cn/tjgb/20210317/234a1637a3974c3db0cc47a37a3c324f. html.

融与实体经济发展不平衡的问题。

第四，区域发展不平衡。基于 2021 年的数据，由图 1－2 可知，山东省 16 个设区市 GDP 全省占比存在较大差距，GDP 占比最大的城市是青岛，其值为 17.02%，GDP 占比最小的城市是枣庄，其值为 2.35%。排名前三的青岛、济南、烟台三市 GDP 之和占全省比重高达 41.27%，排名后三的枣庄、日照、聊城三市 GDP 之和占全省比重只有 8.19%。

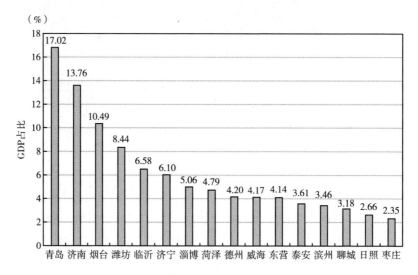

图 1－2 2021 年山东省 16 城市 GDP 占全省 GDP 比重

资料来源：根据山东省各城市 2021 年国民经济和社会发展统计公报数据计算得到。

由图 1－3 可知，山东省各城市人均 GDP 存在较大差距，人均 GDP 最大的城市为东营，其值为 15.69 万元，人均 GDP 最小的城市为聊城，其值为 4.44 万元，前者为后者的 3.53 倍。山东省存在区域发展不平衡的问题。

山东省还存在其他不平衡、不协调问题，比如产业的同质化发展，基础设施重复建设，城市间争夺市场、资源、资金，等等，经济发展的不平衡严重影响了山东省经济社会发展，而经济一体化发展对于促进城市群经济协调发展、经济协同发展具有重要意义，能够推动山东实现由大到强的转变，助力山东现代化强省建设。

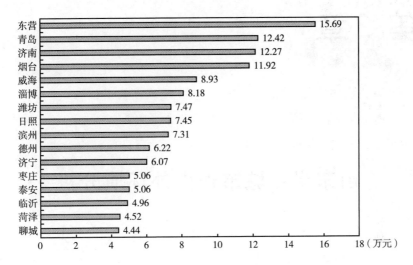

图 1 - 3   2021 年山东省 16 城市人均 GDP 及排序

资料来源：根据山东省各城市 2021 年国民经济和社会发展统计公报数据计算得到。

第 2 章

山东半岛城市群内外环境分析

2.1　山东半岛城市群基本经济情况

作为国家级城市群，山东半岛城市群经济状况良好，具有进一步发展壮大的雄厚经济基础。

2.1.1　经济总量与经济增速

山东半岛城市群经济总量自改革开放以来一直名列前茅。国家统计局公开资料显示，1978 年，山东省生产总值居全国第五位，位于上海、江苏、四川、辽宁之后。在改革开放政策的激励下，两年后的 1980 年，山东经济总量超过辽宁，居全国第四位；再两年后的 1982 年，山东超越江苏，经济总量跃升至全国第一，这一地位一直保持到 1985 年。1986 年，江苏反超山东，山东经济总量位居全国第二；1988 年，广东赶超山东，江苏、广东、山东经济总量在全国位列前三名；1989 年广东超过江苏，前三甲排序变为广东、江苏、山东。此后的三十余年里，山东经济总量一直保持全国前三,甚至在 1990 年开始的三年里,山东赶超江苏,再次跃居全国第二。2021 年山东半岛城市群经济总量迈进 8 万亿元门槛,经济实力跨上新台阶。图 2 - 1 为山东、广东、江苏三省 1978 ~ 2021 年 GDP 总量纵向对比图。图 2 - 2 更清楚地表达了 1978 ~ 1993 年三省 GDP 总量情况。

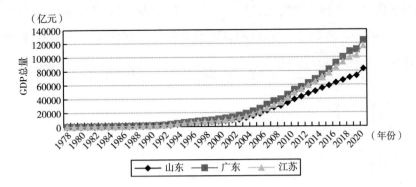

图 2 - 1　1978 ~ 2021 年山东、广东、江苏 GDP 总量对比

资料来源:三省相关年份的统计年鉴以及国民经济和社会发展统计公报。

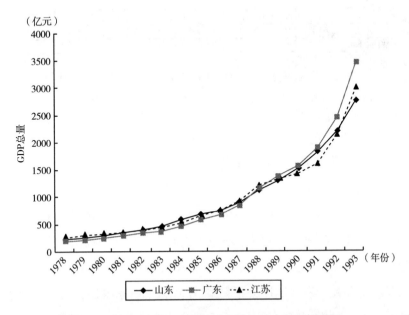

图 2 - 2　1978 ~ 1993 年山东、广东、江苏 GDP 总量对比

资料来源:三省相关年份的统计年鉴以及国民经济和社会发展统计公报。

山东半岛城市群经济增速大多居于全国平均水平以上，保持较好增长势头。"十三五"期间，特别是自2018年山东实施新旧动能转换重大工程以来，山东省经济增速没有因为"腾笼换鸟"出现大幅滑落，2018～2021年平均增速仍高于全国平均水平。2020年和2021年，山东省经受住了新冠疫情的严峻考验，保持较好复工复产态势，经济增速明显优于全国平均水平。图2－3为21世纪以来部分年份山东省GDP增速与全国GDP增速对比图。

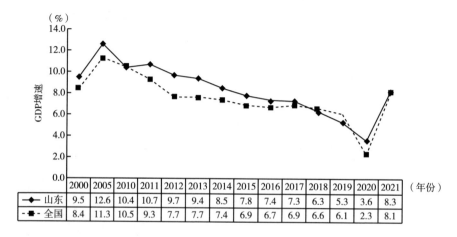

（%）	2000	2005	2010	2011	2012	2013	2014	2015	2016	2017	2018	2019	2020	2021	（年份）
山东	9.5	12.6	10.4	10.7	9.7	9.4	8.5	7.8	7.4	7.3	6.3	5.3	3.6	8.3	
全国	8.4	11.3	10.5	9.3	7.7	7.7	7.4	6.9	6.7	6.9	6.6	6.1	2.3	8.1	

图2－3 部分年份山东省GDP增速与全国GDP增速对比

资料来源：相关年份我国和山东省的国民经济和社会发展统计公报。

2.1.2 三次产业与产业结构

三次产业齐头并进，产业结构不断优化。山东农业优势突出，矿产资源丰富，工业基础雄厚，实体经济发展成熟。制造业、能源产业、农业和海洋产业是山东的支柱产业，在全国具有重要影响。基于《2018年山东省国民经济和社会发展统计公报》和《2019年山东省国民经济和社会发展统计公报》的数据可知，随着农业和工业发展水平的不断提高，山东省服务业获得较快发展，并于2019年在三次产业中占比超过50%，呈现三次产业齐头并进、产业结构不断优化的发展趋势。

山东半岛城市群农业优势突出。山东省统计局资料显示，山东是农业大省，早在1980年，山东第一产业产出规模就达到106.43亿元，居全国第二位；1985年，山东第一产业规模又超过四川居全国第一位并保持至今。三十多年来山东农业总产值一路领跑，2020年率先突破万亿元。山东省是全国13个粮食主产区之一，小麦、棉花、花生等作物在全国占重要地位，2021年山东省粮食总产量达到1100.1亿斤，连续8年过千亿斤；山东省是全国蔬菜、海产品、蚕茧和药材等农产品的主要产区，2020年山东省粮食、肉类、水果、蔬菜、水产品、花生产量分别占全国8%、9%、10%、11%、13%和16%，是当之无愧的"粮棉油之库，水果水产之乡"。近些年，山东农业发展势头强劲，逐步实现了由农业大省向农业强省的转变。2019年，山东农业科技进步贡献率达64.56%，高出全国5个多百分点。截至2022年10月，山东农业科技进步贡献率超过65%，农产品出口多年居全国第一位，并成为全国唯一的出口食品农产品质量安全示范省。

山东工业门类齐全，基于联合国的分类，目前拥有全部41个工业大类。在207个工业中类中拥有197个，其中制造业占179个；在全部666个工业小类中拥有526个，是名副其实的工业大省和制造业大省[①]。山东电子计算机、改装汽车、拖拉机、发电量、水泥、化肥、轮胎、氧化铝、纱、布、机器纸、新闻纸、啤酒、葡萄酒等产量均居全国第一；化工、建材、医药三个行业主营业务收入全国第一；冶金、纺织、电子信息行业主营业务收入均超过万亿元。山东产业链齐全，在产业链供应链安全稳定方面优势明显。截至2022年，山东重点梳理出42条关键产业链，并聚焦新一代信息技术、高分子材料、金属新材料、新能源汽车、医疗装备和创新药、工程机械、能源装备、农机、海工装备、智能家居等10条产业链推

---

① 范玉波. 全球疫情持续蔓延，山东有无断链之忧［N］. 大众日报理论周刊，2020－05－12.

动重点突破。

历史上，山东第三产业相比第一、第二产业发展相对滞后，1980年山东第二、第三产业分别以146.11亿元和39.59亿元排在全国第四位和第八位，但随着山东推动第三产业发展政策的不断出台，山东第三产业发展迈上了快车道，第三产业占比不断提高，2016年山东第三产业占比超过第二产业，实现了历史性转变。2021年山东第三产业占比达到52.8%，占据山东生产总值半壁江山。

图2-4是21世纪以来部分年份山东三次产业占比变化图。由图2-4可知，山东半岛城市群第一产业、第二产业占比总体呈下降态势，第三产业占比总体呈上升趋势，产业结构不断优化，三次产业齐头并进发展，有力支撑了山东就业和复工复产，支撑了山东现代经济体系建设和强省建设。

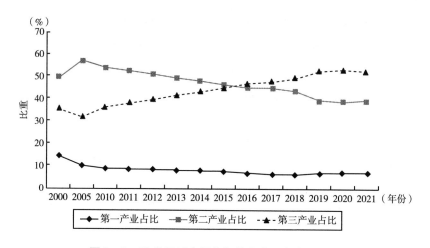

图2-4 21世纪以来部分年份山东三次产业占比

资料来源：相关年份的山东省国民经济与社会发展统计公报。

2.1.3 动能转换与发展质量

"腾笼换鸟"加速推进，发展质量不断提高。山东半岛城市群从2015

年推行供给侧结构性改革，通过"三去一降一补"有效淘汰落后产能，产业体系现代化水平不断提高；从2018年推进新旧动能转换，通过"去中生效""无中生有""有中出新"三大途径，基于以新技术、新产业、新业态、新模式的"四新"实现产业智慧化、智慧产业化、跨界融合化、品牌高端化的"四化"推动传统产业提质效、新兴产业提规模、跨界融合提潜能、品牌高端提价值的"四提"，实现了经济发展由"量"到"质"、由"形"到"势"的根本性转变，发展质量和效益不断提高。

第一，"去中生效"。所谓"去中生效"是指积极稳妥处置"僵尸企业"，大力淘汰落后产能和化解过剩产能，不断提高供给体系质量和效率。近五年来，山东半岛城市群把钢铁、地炼、电解铝、焦化、轮胎、化肥、氯碱等七大高耗能行业作为去产能重点，坚持"减量替代是常态、等量替代是例外、亩产效益论英雄、安全环保守底线"的原则，实行压旧上新、压小上大、压低上高、压散上整等去产能路径。为加快化解过剩产能，使得资源要素流向高产区域、高端产业、优质企业，尽快实现"腾笼换鸟"，山东于2019年推行亩产效益评价改革，采用"边试点边推广"的工作思路，2021年底基本完成全部县（市、区）的评价改革工作。此外还建立了"要素跟着项目走"机制，从土地、能耗、污染物排放总量替代指标、水资源、资金等五个方面，明确了"要素跟着项目走"的改革路径、操作模式和具体措施；推进"标准地"改革，在完成区域评估的基础上，事先固定资产投资强度、建筑容积率、单位能耗标准、单位排放标准、亩均税收等控制性指标，企业竞得土地后，按照具体项目标准作出具有法律效力的书面承诺，明确权利、义务、责任，并接受过程监管服务和竣工后的全面验收，若违反承诺则要接受惩戒或处罚，从而建立"标准地"审批绿色通道，实现拿地即可开工。

第二，"无中生有"。所谓"无中生有"是指通过鼓励创新、审慎监管，大力支持战略性新兴产业培育，完善产业政策支撑体系，实现新产业的颠覆式、爆发式增长。山东确定了新一代信息技术、高端装备、新能源新材料、现代海洋、医养健康等五大战略性新兴产业，打造以济南为中心、辐射全省的量子技术产业集群，认定培育国家新型工业化产业示范基地，建立智能制造新模式推进体系，推进新能源在绿色电力、绿色热力、绿色交通等领域广泛应用，探索"新能源＋储能"一体化发展新模式，推动新材料人才智力培育、项目创新示范、领军企业培育、特色集群壮大、质量标准提升五大专项工程，实施海洋科技创新、海洋生态环境保护等海洋强省建设"十大行动"，探索建立职工长期护理保险，搭建全省统一的"互联网＋医疗健康"惠民便民服务平台，实现新产业规模化发展和爆发式增长。

第三，"有中出新"。所谓"有中出新"是指推动传统产业脱胎换骨、迸发活力，实现"老树发新芽"。山东针对高端化工、现代高效农业、文化创意、精品旅游、现代金融等五大传统产业加强技术改造、模式创新和品牌建设，推动其优化升级。高端化工行业重点发展炼化一体化、新材料、海洋化工、煤化工、精细化工、轮胎制造等六大行业，实施重大技术创新工程、智慧化工建设工程、龙头企业培育工程、退城入园改造工程、绿色安全发展工程、国际产能合作工程以及基础设施配套工程等七大工程，以基地化、链条化、智能化为方向，开展循环化改造，实现近零排放，推动绿色化、规模化、集约化发展，提高协同创新能力。现代高效农业实施"藏粮于地，藏粮于技"战略，加大农业全产业链培育力度，加快发展乡村旅游、农村电商、智慧农业等新业态。文化创意行业成立山东文化产业发展协会、山东省文博创意产品开发联盟，参与设立中国文化产业投资基金，深入挖掘和阐发中华优秀传统文化，打造"领军企业＋产业集群＋特色园区"文化创意产业生态。精品旅游行业打造全域旅游发展体系，推动旅游与工业、农业、生态、文化、教育、体育、医疗等融合渗透，建设泛青烟海洋精品旅游发展示范区及青烟威海洋旅游发展高地。现代金融行业在全国首创企业金融辅导员制度，制定实施首贷培植、银税互动、应急转贷、无还本续贷、应收账款质押等措施，建立抵质押物"价值重置"机制，加强制造业、小微企业、"三农"等薄弱环节金融服务。

通过"腾笼换鸟""凤凰涅槃"，"四新"经济规模快速提升，截至

2021年，"四新"经济增加值占比达到31.7%，高新技术企业总数突破2万家，高新技术产业产值占规模以上工业产值的比重达到46.8%，[①] 山东经济发展质量效益得到较大提升，形成支撑经济发展的新动能。大数据、工业互联网等新型基础设施建设扎实推进，以海尔卡奥斯、浪潮云州、橙色云、蓝海为代表的工业互联网不断赋能实体经济，形成了"现代优势产业集群＋人工智能"和"5G＋工业互联网"的产业发展新模式，有力推动了实体经济的发展。2021年装备制造业增加值增长10.5%；高技术制造业增加值增长18.5%，高于规模以上工业8.9个百分点。[②] "无中生有""有中出新"涉及的"十强"产业发展迅猛，碳纤维、第三代半导体材料、高性能铝合金、稀土功能材料、先进陶瓷等新兴产业发展走在全国前列；济南市信息技术服务产业集群、青岛市轨道交通装备产业集群、青岛市节能环保产业集群、淄博市新型功能材料产业集群、烟台市先进结构材料产业集群、烟台市生物医药产业集群、临沂市生物医药产业集群等25个产业集群入选全国战略性新兴产业集群；烟台万华100万吨乙烯项目、东营威联200万吨PX（一期100万吨）建成投产，裕龙岛炼化一体化项目（一期）炼油7标段项目工程正在施工；世界单体最大的200兆瓦水面漂浮式光伏电站在德州开工建设，山东首个海上风电示范项目半岛南3号项目在海阳市南侧海域启动建设中，莱芜口镇建成投用全国首个利用退运电池建设的独立储能电站；"透明海洋"计划被联合国列入"海洋科学与可持续发展十年计划（2021－2030）"六大主题，E级超级计算机落户青岛海洋试点国家实验室；寿光蔬菜、烟台苹果获批国家千亿级优势特色产业集群；建成青岛影视、淄博陶琉、潍坊黄金珠宝等两千亿元产业集群；"好客山东"品牌纳入央视品牌强国工程；青岛位列"全球金融中心指数"第36位、中国内地第6位，列上海、北京、深圳、广州和成都之后。[③]

---

① ② 2021年山东省国民经济和社会发展统计公报 ［EB/OL］．（2022－03－02）［2023－03－01］．http：//tjj. shandong. gov. cn/art/2022/3/2/art_6196_10294366. html.

③ 资料来自中国（深圳）综合开发研究院与英国智库 Z/Yen 集团联合发布的第32期《全球金融中心指数报告》（GFCI 32）。

2.2　山东半岛城市群内部环境分析

2.2.1　创新层面

习近平总书记强调："创新是引领发展的第一动力"①。无论是战略性新兴产业的"无中生有"还是传统优势产业的"有中出新"，创新都是关键。2018年以来，山东半岛城市群通过新技术、新产业、新业态、新模式等四个方面的创新，促进产业智慧化、智慧产业化、跨界融合化、品牌高端化，实现传统产业提质效、新兴产业提规模、跨界融合提潜能、品牌高端提价值，为经济增长注入了新动能。为鼓励创新，山东省出台了《关于深化创新型省份建设若干措施的通知》《关于深化科技改革攻坚的若干措施》《关于健全科技创新市场导向制度的若干意见》等，并进一步通过统筹用好山东半岛国家自主创新示范区、黄河三角洲高新技术产业示范区等科技平台，聚焦新旧动能转换、乡村振兴、海洋强省、三大攻坚战、军民融合、打造对外开放新高地、区域协调发展、重大基础设施建设等八大发展战略，加快创新型省份建设攻坚。

2.2.1.1　高质量建设重大创新平台

山东半岛城市群加大财政支持力度，实施省级以上创新平台倍增计划，每年100亿元财政资金，谋划实施大科学计划和大科学工程，并深化科技资金整合改革，整合设立省级科技创新发展资金，2019年为120亿元，是2018年的3.75倍，2021年是132亿元，比2020年增长10%。②

---

①　习近平. 全党必须完整、准确、全面贯彻新发展理念［J］. 求是，2022（16）：4-9.

②　山东举行展望"十四五"主题系列新闻发布会（第二场）［EB/OL］.（2021-02-20）［2023-03-01］. http：//www. scio. gov. cn/xwfbh/gssxwfbh/xwfbh/shandong/Document/1698965/1698965. htm.

山东半岛城市群积极建立"四不像"新型研发机构①，聚焦科技创新需求，从事科学研究、技术创新和研发服务，通过体制机制创新打通从技术到产业的通道，构建政、产、学、研、金、服、用各个环节协同创新的大平台，截至2022年主要建有山东产业技术研究院、山东高等技术研究院、山东能源研究院三家"四不像"新型研发机构。山东半岛城市群加快建设重大创新平台，国家超算中心、青岛中科院海洋大科学中心、海洋试点国家实验室已落户山东。山东半岛城市群加快建设产业技术创新平台，已建有国家高速列车技术创新平台、国家云计算装备产业创新中心、国家先进印染技术创新中心、国家碳纤维技术创新中心、国家微纳与智能制造创新中心、国家燃料电池技术创新中心等多个产业技术创新平台，国家级技术创新中心数量占全国一半，在生物合成、高端医疗器械、碳纤维等重点领域布局建设了多家省级技术创新中心。

2.2.1.2　强化企业创新主体地位

习近平总书记强调，要发挥企业在技术创新中的主体作用，使企业成为创新要素集成、科技成果转化的生力军。② 山东半岛城市群持续完善企业技术创新体系，落实企业研发投入后补助、研发费用加计扣除、高新技术企业税收优惠、创新券等普惠性政策，引导各类创新要素向企业集聚。开展大型工业企业研发机构全覆盖行动，不断完善以企业为主体的"政产学研金服用"相结合的技术创新体系。完善协同创新机制，推动龙头带动成立产业技术创新战略联盟和产业共性技术研发基地。山东半岛城市群着力培育创新型企业群体，实施高新技术企业倍增计划，培育一批具有全球

---

① "四不像"新型研发机构是聚焦科技创新需求，主要从事科学研究、技术创新和研发服务，投资主体多元化、管理制度现代化、运行机制市场化、用人机制灵活化的独立法人机构。它既是大学又不完全像大学，因为文化不同；既是科研机构又不完全像科研院所，因为内容不同；既是企业又不完全像企业，因为目标不同；既是事业单位又不完全像事业单位，因为机制不同。因此称之为"四不像"新型研发机构。

② 习近平在经济社会领域专家座谈会上的讲话［EB/OL］.（2020 – 08 – 25）［2023 – 03 – 01］. http：//www. gov. cn/xinwen/2020 – 08/25/content_5537101. htm.

影响力的领军企业、骨干企业和创新型企业。实施科技型企业梯次培育行动计划，构建科技型中小企业、高新技术企业、创新型领军企业全生命周期梯次培育体系，开展中小微企业创新竞技行动，大力培育"瞪羚"企业、"独角兽"企业和制造业单项冠军企业。

2.2.1.3　打造区域创新发展载体

山东半岛城市群实施科技园区提升专项行动，创建全国首个国家军民融合创新示范区——青岛（国家）军民融合创新示范区，探索建立平台融合、领域融合、区域融合的"三融"发展模式和海军远海支援保障、海防应急应战动员、海洋信息数据共享的"三海"融合机制。加快建设济南、青岛、烟台国家科技成果转移转化示范区。建成启用国家超算中心科技园、国际高分辨率地球系统预测实验室等实验平台，启动建设齐鲁科创大走廊、国家级知识产权保护中心和国家新一代人工智能创新发展实验区。山东产业技术研究院引领带动空间行波管、齐鲁卫星等 50 余个高端项目在全省布局，中科院海洋大科学研究中心集聚中科院 13 家研究机构，山东能源研究院、中科院集成电路创新研究院成功落户。

2.2.1.4　健全科技成果转化机制

山东半岛城市群不断完善科技成果转移转化政策，出台了《关于进一步促进科技成果转移转化的实施意见》《关于加快全省技术转移体系建设的意见》，进一步完善省市两级财政主导的科技成果转化贷款风险补偿机制；修订了省市两级财政主导的科技成果转化条例，下放科技成果使用、处置、收益权，开展赋予科研人员职务科技成果所有权和长期使用权试点工作；开展高校科研体制改革试点工作，印发《教育服务新旧动能转换专业对接产业项目实施意见》，促进教育链、人才链与产业链、创新链的有机衔接。山东半岛城市群改革重大科技创新项目组织实施方式，推行科技攻关"揭榜制"、首席专家"组阁制"，并按照国家统一部署，在基础研究领域科研经费"包干制"试点；深化科技领域"放管服"改革，按照科研规律修订经费管理办法，开展减轻科研人员负担的七项行动，赋予科研院所和科研人员更大自主权；创新科研评价方式，在科技进步奖中设"产业突出贡献"。山东半岛城市群通过市场手段促进科技成果转化，组建"省会经济圈科创联盟""半岛科创联盟""鲁南科创联盟""黄河科创联盟"等，推进省科技成果交易中心、齐鲁技术产权交易市场等建设；搭建科技金融协作大平台，构建覆盖创新链全过程的科技金融服务体系；建立了省、市、合作银行三方共担风险的科技成果转化贷款风险补偿机制，有效缓解了科技型中小企业科技成果转化的融资难题。[①]

2.2.1.5　加强人才支撑体系建设

山东半岛城市群在人才培养、引进、使用、激励和服务方面推出一系列政策措施"组合拳"，相继制定"引才用才18条""人才兴鲁32条""创新政策点151条"，颁布实施《山东省人才发展促进条例》等，加强人才支撑体系建设。统筹组织实施齐鲁金融高端人才等与产业紧密相关的实用人才工程，实施应用型本科高校建设计划，部省共建职业教育创新发展高地，加快培养应用型与技能型产业人才；实施"人才兴鲁"战略，开辟"高精尖缺"人才引进专门通道，实施引进顶尖人才团队"一事一议"、泰山产业领军人才、"外专双百计划"等人才工程，制定"不看时间看业绩"的柔性引才办法，大力引进海外人才；在全国率先放宽高级专家延迟退休限制，推进"千百博士进企业"行动，科学设置人才考核指标体系，出台《深化职称制度改革和分类推进人才评价机制改革的实施意见》，完善企业管理人才评价，全面推开企业技能人才自主评价，建立"谁使用、谁评价"的技能人才评价机制，不断完善人才使用和评价机制；推动组建全国首个省级人才热战市场化机构——山东人才发展集团，带动青岛、潍坊、临沂、济南高新区等组建了一批人才发展集团，提供人才对

---

① 资料来自山东省科学技术厅等部门联合发布的《山东省科技成果转化贷款风险补偿资金管理办法》。

接、项目运营、创业投资、决策咨询等服务，建立高层次人才绿色服务通道制度，探索开展为高层次人才提供成果转化经纪人、律师服务团、医生专家服务团等高端个性化服务，营造良好的人才发展环境。当前，人才兴鲁"组合拳"已形成积极效应，省域人才呈回流态势，在山东工作的两院院士和海外学术机构院士、国家级和省级领军人才数量猛增，全国一半以上的海洋科研人员、全国三分之一的海洋领域院士集聚山东。

通过制定实施高质量建设重大创新平台、强化企业创新主体地位、打造区域创新发展载体、健全科技成果转化机制、加强人才支撑体系建设等一系列措施，山东半岛城市群创新氛围浓厚、创新行动活跃、创新成绩显著，截至 2021 年，山东区域创新能力连续多年保持我国内地第 6 位，位列广东、北京、江苏、上海、浙江之后。[1] 截至 2021 年，PTC 国际专利申请量达到 3244 件，是 2017 年的 1.91 倍；每万人有效发明专利拥有量达到 14.85 件，比 2017 年增加 7.28 件；高新技术产业产值占规模以上工业产值的比重为 46.8%，比 2017 年的 35.0% 提高 11.8 个百分点；高新技术企业数量突破 2 万家，是 2017 年的 3 倍余；拥有国家企业技术中心 196 家、省级企业技术中心 1881 家，总数居全国首位；省级创新创业共同体达到 31 家；创新为山东半岛城市群高质量发展提供了第一动力。[2]

2.2.2　协调层面

党的二十大报告强调："我们要坚持以推动高质量发展为主题，把实施扩大内需战略同深化供给侧结构性改革有机结合起来，增强国内大循环内生动力和可靠性，提升国际循环质量和水平，加快建设现代化经

---

[1]　山东举行展望"十四五"主题系列新闻发布会（第二场）[EB/OL].（2021 - 02 - 20）［2023 - 03 - 01］. http：//www. scio. gov. cn/xwfbh/gssxwfbh/xwfbh/shandong/Document/1698965/1698965. htm.

[2]　资料来自《2017 年山东省国民经济和社会发展统计公报》和《2021 年山东省国民经济和社会发展统计公报》。

济体系，着力提高全要素生产率，着力提升产业链供应链韧性和安全水平，着力推进城乡融合和区域协调发展，推动经济实现质的有效提升和量的合理增长。"① 协调发展是高质量发展的重要维度，也是城市群建设的重要主题。山东半岛城市群在区域协调发展、城乡协调发展、陆海统筹发展等方面奠定了一定基础，为城市群经济一体化发展提供了前提。

2.2.2.1　推动"三核"引领、城市协同的区域融合发展

山东半岛城市群确定了济南、青岛、烟台三核引领的动能转换布局。济南积极建设国家中心城市，打造全国的区域性经济中心、金融中心、物流中心和科技创新中心，高水平建设"京沪会客厅"，打造央企、跨国公司北方总部基地和省企总部中心，实施十大千亿元产业振兴计划，聚焦新一代信息技术、节能与新能源汽车、高端装备、空天信息等重点领域，建立"链长制"及全产业链发展模式，打造高端制造业创新基地。青岛积极建设全球海洋中心城市，打造轨道交通、智能家电等一批千亿级产业集群，打造"一带一路"国际合作新平台和长江以北地区国家纵深开放新的重要战略支点，加快青岛西海岸新区建设，深入实施企业、市场、产业、园区、城市"五个国际化"城市战略，已成为东部沿海重要的创新中心和经济增长极。烟台积极打造先进制造业名城，建设裕龙岛炼化一体化、中国海工北方总部、中国东方航天港、石药产业园等重点项目，圈定现代海洋、装备制造、电子信息、高端化工、文化旅游、医养健康、高效农业、现代物流等八大产业为重点产业，培育壮大一批优势产业集群，着力打造中国工业设计名城。"三核"作为优势不同的三大经济增长极，共同带动山东半岛城市群的协同发展。

山东半岛城市群各城市的资源禀赋不同、产业优势不同、发展水平不同，为统筹区域协调发展，省委省政府出台了《山东省沿海城镇带规划

---

① 中国共产党第二十次全国代表大会文件汇编［M］. 北京：人民出版社，2022：24.

（2018－2035 年）》，推动沿海城镇带空间一体化、产业一体化、交通一体化、生态一体化、设施一体化和公共服务一体化等"六个一体化"，促进大中小城市网络化建设；发布了《山东省 2019 年新型城镇化建设重点任务》，促进烟威、临日、东滨、济枣菏四个都市区同城化发展，加强中小城市与交通干线、交通枢纽城市的连接，提升交通便利度；印发了《中共山东省委 山东省人民政府关于突破菏泽、鲁西崛起的若干意见》，不断健全突破菏泽、鲁西崛起协调推进机制，通过政策支撑力度的加大和综合交通体系的完善，推动菏泽实现跨越式发展，推动枣庄、德州、聊城、滨州提升综合竞争力。为强化山东半岛城市群区域规划协同，山东省委省政府还出台实施省会、胶东、鲁南三大经济圈一体化发展指导意见，构建"一群两心三圈"的区域发展总体布局。

产业协同是城市协同的重要组成部分，山东半岛城市群大力促进产业协同发展，统筹优势产业培育，健全产业合作利益分享机制，推动区域产业布局优化和转型升级；统筹新一代信息技术、高端装备、新能源新材料、现代海洋、医养健康、高端化工、现代高效农业、文化创意、精品旅游、现代金融等"十强产业"布局，建立"雁阵型"产业集群；推行"飞地经济"模式，实行项目转出地与转入地主体税收共享；推动海尔卡奥斯、浪潮云州等工业互联网平台的应用，促进胶东五市共创工业互联网一体化发展国家级示范区；成立省会经济圈科技创新联盟，加快谋划建设鲁南经济圈协同创新中心。

2.2.2.2 推动以新型城镇化和乡村振兴为抓手的城乡融合发展

山东省委省政府印发了《加快推进城乡融合发展的实施意见》，以新型城镇化和乡村振兴为抓手推动形成工农互促、城乡互补、全面融合、共同繁荣的新型工农城乡关系。

推进以人为核心的新型城镇化。山东省城镇化工作领导小组办公室出台了《加快推进新型城镇化建设行动实施方案（2018－2020 年）》，推进农业转移人口市民化，全面放开对高校毕业生、技术工人等重点群体的落户限制；中共中央办公厅、国务院办公厅印发了《关于推进以县城为重要载体的城镇化建设的意见》后，山东省政府推出了《山东省新型城镇化规划（2021－2035 年）》和《山东省深入推进新型城镇化三年行动方案(2021－2023 年)》，把深入实施城乡发展均衡化行动、深入实施城乡要素流动双向化行动作为山东新型城镇化的重要内容，加快推动形成大中小城市和小城镇协调发展格局。

着力打造乡村振兴齐鲁样板。山东把打造乡村振兴齐鲁样板作为"一把手"工程，构建了乡村振兴"1＋1＋5＋N"政策体系，制定了《山东省乡村振兴促进条例》，建立健全省负总责、市抓落实、县为主体、乡（镇）村委基础的工作体系；实施乡村振兴"十百千"工程、美丽村居建设"四一三"行动，选择 30 个县、300 个乡、3000 个村开展示范创建，不断探索乡村振兴新模式、新机制、新路径；与农业农村部签署省部共同打造乡村振兴齐鲁样板框架协议，全面开展乡村振兴齐鲁样板创建活动；实施全国首个省级农业科技创新工程，通过产业技术研究院的形式推动农业科技创新、产业振兴。

2.2.2.3 推动海陆统筹、海海统筹的陆海"双统筹"建设

在山东半岛城市群的 16 个城市中，青岛、烟台、威海、日照、滨州、潍坊、东营均属于沿海城市。青岛、烟台、威海、日照、潍坊、东营和滨州的无棣、沾化 2 个沿海县构成山东半岛蓝色经济区的陆域部分，七市肩负着利用沿海优势，整合海洋资源，发展海洋产业，联动全省，建设具有较强国际竞争力的现代海洋产业集聚区、具有世界先进水平的海洋科技教育核心区、国家海洋经济改革开放先行区和全国重要的海洋生态文明示范区的时代重任。2018 年 3 月，习近平总书记在参加十三届全国人大一次会议山东代表团审议时强调，"海洋是高质量发展战略要地。要加快建设世界一流的海洋港口、完善的现代海洋产业体系、绿色可持续的海洋生态环

境，为海洋强国建设作出贡献。"① 同年 10 月，山东专门成立省委海洋发展委员会和省海洋局，加强海陆统筹和海海统筹"双统筹"，推进山东海洋强省建设"十大行动"，建立陆海全方位协同发展机制，推动海陆协同发展。

一是不断完善现代海洋产业体系。山东将现代海洋作为全省"十强"优势产业集群之一，成立工作专班，推进海洋强省建设"十大行动"，制定《关于聚焦海洋产业高质量发展着力突破"四个一批"的实施意见》，聚焦重点领域、关键技术、发展短板和优化营商环境，提出了 23 项具体政策措施，开展海洋特色产业园认定工作，全力推进海洋产业发展。山东非常重视规划引领的作用，制定出台《关于加快发展海水淡化与综合利用产业的意见》《关于加快发展海洋生物医药产业的意见》《关于发展加快智慧海洋产业的意见》等，促进海洋新兴产业高质量发展。在政策的推动下，山东海洋工程建筑业、海洋电力业、海水利用业等产业均实现稳步发展，2020 年分别同比增长 5.4%、4.9%、4.0%，海洋生物医药业实现增加值 127 亿元，居全国首位。截至 2020 年，山东省海洋生产总值达到 13187 亿元，恢复到 2019 年的 98.10%，占地区生产总值的比重为 18.03%，占全国海洋生产总值的比重为 16.48%；一二三产业比重分别为 5.3%、36.8%、57.9%，第三产业支撑起海洋经济的半壁江山；山东省主要海洋产业增加值 5073 亿元，恢复到 2019 年的 92.3%，除滨海旅游业、海洋油气业、海洋盐业外，其他海洋产业均实现温和增长。②

二是不断提升海洋科技创新能力。山东把海洋产业关键技术突破和科技赋能促进海洋经济转型升级作为经略海洋的重中之重，提高海洋生物医药产业投资水平，深入实施中国"蓝色药库"开发计划；启动海上风电融合发展试点示范项目，2020 年，山东省海洋风力发电量达到 178.96 亿千

---

① 习近平等分别参加全国人大会议一些代表团审议［EB/OL］.（2018 - 03 - 09）［2023 - 03 - 01］. http：//www.npc.gov.cn/zgrdw/pc/13_1/2018 - 03/09/content_2044986.htm.

② 山东省海洋局解读《2020 年山东省海洋经济统计公报》［EB/OL］.（2021 - 11 - 02）［2023 - 03 - 01］. http：//hyj.shandong.gov.cn/zwgk/fdzdgk/xwfb/202112/t20211229_3825342.html.

瓦时，同比增长 4.1%；① 组建山东海水淡化与综合利用产业研究院，打造海水淡化研发链和产业链，反渗透海水淡化高压泵技术研究获山东省海洋科技创新奖一等奖；全球首艘 10 万吨级智慧渔业大型养殖工船"国信 1 号"下水投运，首创了深远海"游弋式船载舱养模式"，打造集深海养殖、繁育、加工、装备制造等于一体的产业链条，大力推进海洋牧场生态综合体建设，开创"多营养层次生态模式"，优化生态养殖区域布局；青岛港全球首创集装箱智能空轨集疏运系统，率先实现卸船机自动化作业，日照港全球首个顺岸开放式全自动化集装箱码头落地，东营港全球首台自动化门机启用。山东 2020 年海洋科学教育管理服务业同比增长 11.3%；山东港口 10 项技术全球首创，7 次打破世界纪录，掌握了关键核心技术，打破了行业技术壁垒。②

三是建设国家海洋经济发展示范区和世界一流海洋港口。山东加快建设国家海洋经济发展示范区，青岛、烟台、威海三市均实施了海洋经济创新示范项目，是海洋经济创新发展示范城市；青岛、威海、日照三市获批创建首批国家级海洋经济创新发展示范区。山东加快建设世界一流海洋港口，2019 年 8 月成立山东省港口集团，原有青岛、烟台、日照、渤海湾四个港口成为集团全资子公司，统筹协调港口大型基础设施建设和多式联运发展，深度推进整合沿海 7 市的港口资源，加快从装卸港向枢纽港、贸易港、金融港升级，航线数量和密度稳居中国北方港口首位。2020 年，山东省海洋交通运输业实现增加值 1140 亿元，同比增长 4.8%，产业规模居全国首位；全省沿海港口吞吐量完成 16.9 亿吨，同比增长 4.9%；其中集装箱吞吐量累计完成 3191 万标箱，同比增长 6.0%；外贸吞吐量累计完成 9.3 亿吨，同比增长 5.0%。③

在政策推动下，山东海洋经济进一步发展。2021 年山东海洋总产值达到 1.49 万亿元，居全国第二位，其中，海洋渔业、海洋盐业、海洋

　　①②③　山东省海洋局解读《2020 年山东省海洋经济统计公报》［EB/OL］．（2021 – 11 – 02）［2023 – 03 – 01］．http：// hyj. shandong. gov. cn/zwgk/fdzdgk/xwfb/202112/t20211229_3825342. html.

生物医药业等 6 个海洋产业增加值位居全国第一，海洋经济优势突出。①

2.2.3 绿色层面

自党的十八大首次将生态文明建设写入《中国共产党章程》，十八届五中全会首次提出五大新发展理念以来，生态文明建设成为"五位一体"总体布局中的重要方面，绿色发展理念逐步普及并深入人心，建设生态文明、推动绿色发展成为各区域各领域开展工作的重点。习近平总书记提出了绿水青山就是金山银山的科学论断，提出"保护生态环境就是保护生产力、改善生态环境就是发展生产力"② 的理念，并在 2013 年 5 月 24 日进行第十八届中共中央政治局第六次集体学习时，再次强调保护生态环境就是保护生产力、改善生态环境就是发展生产力的理念，要求"更加自觉地推动绿色发展、循环发展、低碳发展，决不以牺牲环境为代价去换取一时的经济增长"，③ 这些都给各地经济发展提供了根本遵循。山东半岛城市群践行习近平生态文明思想，出台《关于加快推进生态文明建设的实施方案》等一系列意见、方案、办法，加强生态文明制度建设；基于完善环境治理政策体系、建立健全清单管理制度、优化环评管理制度、创新大气污染总量替代方式等构建现代环境治理体系；基于建立立体式监测体系、推动生态环境协同治理、加强事中事后监管、推动公众广泛参与等完善环境治理工作机制；基于打好"蓝天、碧水、净土"保卫战，加大环境治理力度；聚焦海洋生态保护体系的完善和海洋综合管理水平的提升，加强海洋综合治理和保护；特别是，在绿色发展方面，山东省生态环境厅等单位联

---

① 公雪. 山东：做好经略海洋大文章，建设新时代海洋强省 [EB/OL]. (2022 – 08 – 03) [2023 – 03 – 01]. http：//sd. people. com. cn/n2/2022/0803/c166192 – 40065837. html.

② 中共中央文献研究室. 习近平关于社会主义生态文明建设论述摘编 [M]. 北京：中央文献出版社，2017：4.

③ 习近平谈生态文明 [EB/OL]. (2014 – 08 – 29) [2023 – 03 – 01]. http：//jhsjk. people. cn/article/25567379.

合印发《关于支持发展环保产业的若干措施》等一系列措施、办法、意见等，以做好顶层设计为前提，大力发展绿色循环经济。

2.2.3.1　鼓励发展绿色经济

山东出台了《山东省节能奖励办法》《关于支持发展环保产业的若干措施》，印发了《关于山东省绿色矿山建设工作方案的通知》《关于进一步推进清洁生产加强污染源头防控的指导意见》《山东省煤炭行业加快新旧动能转换实现转型升级实施意见》等，加强污染源头防控，推动绿色矿山建设，提升煤炭绿色发展能力，加快化工行业、造纸行业、电力行业、热力行业等传统产业绿色化转型，以节能考核奖励制度建设、环保产业的发展壮大等促进经济社会绿色可持续发展。海阳核电一期建成全国首个核能居民供暖项目，满足了周边近70万平方米居民的清洁供暖需求①，开辟了核能供暖新模式。

2.2.3.2　鼓励发展循环经济

为了提高资源利用效率，保护和改善生态环境，山东省根据《中华人民共和国循环经济促进法》等法律、行政法规，结合实际，制定出台了《山东省循环经济条例》（简称《条例》），推动生产、流通、消费过程中的减量化、再利用和资源化，大力发展循环经济。《条例》针对山东是传统工业大省的现实，特别强调煤炭、电力、钢铁、有色金属、石油加工、化工、建材、纺织、造纸等行业应研发使用循环经济产业链接技术，推进企业间、行业间、产业间耦合共生，实现能量梯级利用、资源循环利用和废物交换利用。为推动废旧家电再利用和资源化，海尔智家设立再循环产业事业部，以家电拆解循环利用为发展起点，投资3.69亿元设立"再循环互联工厂"，2022年9月2日海尔绿色再循环互联工厂在青岛莱西市姜

---

① 全国首个核能供热商用项目落户海阳 为北方地区清洁供暖提供山东方案［N］. 大众日报，2019 - 12 - 03（11）.

山镇投产，设计年拆解产能 300 万台，再生能力 3 万吨，年产值 10 亿元。[1]

2.2.3.3 鼓励发展低碳经济

2020 年中央经济工作会议明确提出，我国二氧化碳排放力争 2030 年前达到峰值，力争 2060 年前实现碳中和，支持有条件的地方率先达峰，实现减污降碳协同效应。山东积极推动低碳发展，基于"零碳社区"建设、低碳城镇（园区）建设，力求多点突破；以能源、工业、建筑、交通等为重点领域，持续淘汰过剩产能，倒逼高能耗、高排放、高污染企业退出，同时大力发展战略性新兴产业、新基建、智能制造、高技术产业与服务业，从产业结构、能源结构、交通运输结构优化调整等方面持续发力经济低碳化发展。

2.2.4 开放层面

山东半岛城市群围绕打造对外开放新高地、"一带一路"建设、深化对日韩的开放合作、扎实落实 RCEP、加强国内区域合作等不断增强对外开放发展优势。

2.2.4.1 深度参与"一带一路"建设

山东围绕加强顶层设计，成立省"一带一路"建设工作协调推进领导小组。围绕制度建设，先后出台《山东省参与建设丝绸之路经济带和 21 世纪海上丝绸之路实施方案》《关于积极参与"一带一路"建设推进国际产能合作的实施方案》等，聚焦"五通"，全力打造"一带一路"国际合

---

[1] 探路家电产业"双碳"新模式［EB/OL］.（2022 – 09 – 05）［2023 – 03 – 01］. https：//www. haier. com/press – events/news/20220905_201329. shtml？from = search&spm = net. 31743_pc. list1_20200630. 1.

作新平台。围绕平台建设，设立了胶州"一带一路"综合试验区和临沂"一带一路"综合试验区，围绕前者打造国际多式联运物流大通道、贸易制度创新试验区、国际产能合作引领区和国际贸易金融中心，围绕后者打造"一带一路"国际物流区域性枢纽、国际商贸创新型高地、国际产能合作示范基地、国际人文交流合作平台。围绕抓手，建立"一带一路"建设重大项目库；围绕支持保障，成立山东"一带一路"研究中心，设立"一带一路"引导基金。围绕基础设施建设，加快机场、港口整合，构筑"多端束状"联通新欧亚大陆桥走廊的交通格局，逐步构建起东连日韩、西接欧亚的国际物流大通道。青岛上合示范区"四大中心"建设不断推进，"一带一路"沿线国家基础设施建设和国际产能合作不断加强，山东在"一带一路"沿线国家的文化软实力不断提升。

2.2.4.2 积极推进双向开放

山东省致力于打造对外开放新高地，出台《关于深化改革创新打造对外开放新高地的意见》，推出 45 条政策措施，围绕打造对外开放制度创新、高端产业融合发展、科技创新合作、国际地方经贸合作、人才集聚发展、区域协同开放、世界文明交流互鉴、国际一流营商环境等八个新高地，构建起山东高水平扩大开放的"四梁八柱"。山东出台了《关于扩大出口促进对外贸易平衡发展的实施意见》《山东省进一步促进外贸稳定增长政策措施》《深入实施外商投资企业服务大使制度的指导意见》《山东省深化与世界 500 强及行业领军企业合作行动方案（2018 - 2020 年）》《关于向中国（山东）自贸区和中国 - 上海合作组织地方经贸合作示范区下放部分省级行政权力事项的通知》《山东省进一步做好利用外资工作的若干措施》《山东省重点外资项目要素保障实施细则》等政策。一系列改革措施具体有以下几点：一是不断优化口岸营商环境，整体通关时间大幅压缩，口岸收费目录清单制度全面实施；二是为企业提供全方位的贴心服务，由专业人才"一对一"或"一对多"对接外商投资企业；三是扩大高质量招商引资，实现精准对接，细实招商，促进外商投资企业高质量发展；四是用好自贸试验区和上合示范区两大平台，赋予"两区"更多自主发展、自主改革、自主创新的省级行政权力，推动其高标准建设、高质量发展，便于落实好自贸区总体方案的试点任务，复制推广国家推出的改革试点经验。通过举办儒商大会、跨国公司领导人青岛峰会、"山东连线世界 500 强"专场活动、"香港山东周"、"日韩商务周"等系列招商活动，助力山东"走出去、引进来"。

2.2.4.3　积极强化与日、韩的经贸合作

山东毗邻日、韩，与日、韩经贸往来密切。山东支持设立中、日、韩地方经贸合作示范区，加强中日、中韩海关间"经认证的经营者（AEO）"互认合作，推进中、日、韩三国互惠型贸易便利化。加快建设威海中韩合作示范区产业园、中日（烟台）产业园等中、日、韩三国地方经济合作示范园区。支持济南、青岛、烟台、威海设立中日韩金融合作互惠区、服务贸易和文化产业合作区，支持青岛建设区域性韩元、日元结算中心。支持山东建设"一带一路"中日韩大通道，在山东口岸开展中韩陆海联运整车运输试点、开通中日陆海联运货物运输通道业务。支持青岛建设自由贸易港、济南创建国家跨境电商综合试验区。

2.2.4.4　扎实落实《区域全面经济伙伴关系协定》

自 2020 年 11 月 15 日中国、日本、韩国、澳大利亚、新西兰、印度尼西亚、马来西亚、菲律宾、泰国、新加坡、文莱、柬埔寨、老挝、缅甸、越南 15 国在第四次领导人视频会议上签署了《区域全面经济伙伴关系协定》（RCEP）后，山东着力部署落实 RCEP 先期行动，出台了《落实〈区域全面经济伙伴关系协定〉（RCEP）先期行动计划》，分创新发展货物贸易、着力拓展对日合作、加快构建贸易物流"黄金大通道"、全面深化投资与服务贸易双向合作、积极打造一流营商环境等五个部分进行了部署。在创新发展货物贸易部分，提出"一国一策"拓市场、落实 RCEP "6 小时通关"、用活原产地规则、加快发展贸易新形态、打造 RCEP 区域

进口博览会等具体要求；在着力拓展对日合作部分，强调扩大农产品、机电产品和纺织服装出口、扩大中间品和高新技术产品、消费品进口，加强产业链供应链精准招商；在加快构建贸易物流"黄金大通道"部分，要求建设东北亚国际航运枢纽、畅通中日韩"海上高速公路"、提高"齐鲁号"欧亚班列运行效率、构建空中货运便捷通道、打造东北亚寄递物流中心；在全面深化投资与服务贸易双向合作部分，提出加强与日韩汽车造船产业合作、深化服务贸易合作、在"中韩文化交流年"框架下举办友城、美术、音乐、经贸等系列活动；在积极打造一流营商环境部分，强调要强化知识产权保护、妥善应对贸易摩擦、重视并防范RCEP双刃剑效应、加强组织领导。2022 年 1 月 1 日，《区域全面经济伙伴关系协定》正式生效；2022 年 3 月 24 日山东省内海关和贸促会联合启动山东省 RCEP 实施"攻坚年"活动，出台 3 方面共 9 项措施，引导山东省外向型产业和企业更好把握 RCEP 落地实施带来的重大开放机遇。

2.2.4.5　推动国内区域合作

山东半岛城市群位于环渤海经济区，近些年，利用区位优势，围绕优势产业、科技人才、基础设施、生态环保等重点领域不断推动与京津冀、雄安新区及首都北京的区域合作，积极对接京津冀协同发展战略，服务雄安新区建设，承接京津产业转移，打造我国北方重要增长极。山东半岛城市群是黄河流域生态保护和高质量发展的龙头。2021 年 10 月，黄河流域生态保护和高质量发展重大国家战略推出后，山东快速响应，不断创新生态环境保护模式，发挥城市群载体功能，加快产业转型升级，建设现代产业体系，推动产业绿色低碳发展，并不断加强发挥龙头带动作用，强化沿黄城市群产业合作，引领黄河流域高质量发展。此外，山东半岛城市群基于互利合作共赢原则与长三角、中原经济区、淮河生态经济带、珠三角、粤港澳大湾区等加强经济联系、密切经济往来。

2.2.5 共享层面

山东半岛城市群坚持以人民为中心的发展思想，继打赢脱贫攻坚战后，在推动乡村振兴上不断发力，并着力推进基本公共服务均等化，以共享的制度安排为城市群健康协调发展提供保障。

2.2.5.1 高标准消除了绝对贫困

从 2013 年我国全面实施精准扶贫精准脱贫战略以来，山东省对省域脱贫攻坚战进行了总体安排，确立了 2016～2018 年基本完成、2019 年巩固提升、2020 年全面完成的工作部署。基于帮扶对象精准、项目安排精准、资金使用精准、措施到户精准、因村派人精准、脱贫成效精准等"六个精准"，聚焦扶持谁、谁来扶、怎么扶、如何退等四个核心问题，通过发展生产脱贫一批、易地搬迁脱贫一批、生态补偿脱贫一批、发展教育脱贫一批、社会保障兜底一批等"五个一批"，突出"两不愁三保障"标准，五级书记抓扶贫，层层签下军令状，紧盯"黄河滩""沂蒙山""老病残"，精准研判出台相关政策，深入开展问题排查整改，狠抓各项扶贫政策落实，持续巩固脱贫攻坚成果，取得了脱贫攻坚战的全面胜利。截至 2020 年底，山东省建档立卡贫困人口全部脱贫，累计减少省标以下贫困人口 251.6 万人，8654 个省扶贫工作重点村全部退出，近 60 万滩区群众实现"安居梦"，为乡村振兴和以县城为载体的城镇化建设打下了坚实的基础。①

2.2.5.2 着力推进基本公共服务均等化

无论是精准扶贫还是乡村振兴，无论是农业农村现代化建设还是推动以县城为载体的城镇化建设，基本公共服务均等化都在其中扮演重要角

---

① 政府工作报告（山东省十三届人大第五次会议 2021 年）[EB/OL]．(2021 - 02 - 07)[2023 - 03 - 01]．http://www．shandong．gov．cn/art/2021/2/7/art_101626_399212．html．

色，是共享发展的关键层面。基于脱贫攻坚和全面小康的目标要求，"十三五"成为基本公共服务均等化建设的关键时间段。2017年8月4日，山东省人民政府印发了《山东省推进基本公共服务均等化"十三五"规划》，基于公共教育、劳动就业创业、社会保险、医疗卫生、社会服务、住房保障、公共文化体育、公共安全、公共法律服务、残疾人服务等10个领域设计了96个服务项目，并明确了服务对象、服务指导标准、支出责任、牵头负责单位等。2021年12月，山东出台了《山东省"十四五"公共服务规划》（以下简称《规划》）和《山东省基本公共服务标准(2021年版)》（以下简称《标准》），《规划》提出要构建涵盖基本公共服务、普惠性非基本公共服务两大类的公共服务体系，《标准》则涵盖"七有三保障"10个方面、23个大类、88个服务项目，深入推动公共服务供给侧结构性改革，大力推进基本公共服务均等化，着力扩大适度普惠性非基本公共服务供给，丰富完善高品质多样化生活服务，促进社会公平正义、扎实推进共同富裕，服务新发展格局。

有学者基于阿玛蒂亚·森的正义观和马克思的公平分配理论，构建了衡量经济社会公平度的三个维度——功能公平、可行能力公平以及结果公平，并确定了与三维度相对应的底线公平、机会公平和分配公平三个一级指标，以《山东统计年鉴》《中国民政统计年鉴》以及山东省各地市2014年度国民经济和社会发展统计公报为数据来源，量化了山东半岛城市群各城市经济社会公平度，发现潍坊、威海、淄博名列前三，烟台、青岛、济南分列四、五、六位，临沂、济宁、聊城排名末三位。

2.3　山东半岛城市群外部环境分析

2.3.1　区位层面

山东半岛城市群位于中国东部沿海，它北接京津冀城市群，南邻长三角城市群，东与朝鲜、韩国、日本隔海相望，西与中原城市群相邻，是环渤海经济圈的重要组成部分，"一带一路"建设的重要枢纽，黄河流域主要出海门户，北部地区重要的区域经济增长极，具有对内对外开放发展的独特优势，在我国区域发展格局中占据重要地位。

2.3.1.1　山东半岛城市群具有对外开放发展的良好区位

山东半岛城市群濒临渤海、黄海，东接东亚第二大、第三大经济体日本和韩国，便利的地理位置给山东半岛城市群带来对外开放的良好区位优势。中韩自贸协定于 2015 年 6 月 1 日正式签署并进入实施阶段，为引领和示范自贸区建设，设立了中国威海市和韩国仁川两个自由经济区作为地方经济合作示范区。其中的中国威海市就是山东半岛城市群重要沿海城市之一，山东半岛城市群得以深度参与中韩自贸区建设。中日韩自贸区谈判自 2012 年 11 月启动以来，截至 2019 年 11 月，已成功进行了 16 轮会谈。《区域全面经济伙伴关系协定》（RCEP）于 2022 年 1 月正式生效后，中、日、韩三国在 RCEP 框架下可以强化合作，进一步推进中日韩自贸区谈判，一旦中日韩自贸区设想落地，山东半岛城市群地理便利性，将会迎来更好开放合作机遇。

2021 年 4 月，山东出台了《落实〈区域全面经济伙伴关系协定〉（RCEP）先期行动计划》，加快推动 RCEP 落地实施。一年来，山东半岛城市群对 RCEP 其他 14 个成员国的进出口增长迅猛。山东海关统计数据显示，2021 年山东对 RCEP 其他 14 个成员国进出口为 1.03 万亿元，比 2020 年增长 32.9%，增速高于山东省外贸整体增速 0.5 个百分点，占山东省外贸进出口总值的 35.2%，占比相比 2020 年提升 0.1 个百分点。RCEP 于 2022 年 1 月 1 日正式生效实施后，我国与日本首次实现了双边关税减让。根据静态贸易数据测算，2022 年，山东省出口商品可在日本享受关税减让约 3.8 亿元，降税进程完成后，山东自日本进口商品可降低关税成本约 9 亿元。① 关税减免措施、投资便利化安排使得青岛、烟台、威海等沿海城市外向型经济活跃度猛增。山东自贸区济南、青岛、烟台三个片区也积极响应 RCEP 标准，加快推进制度创新，推动通关便利化。比如，为解决知识产权保护与通关便利的矛盾，山东自贸区（烟台）片区推出"进出口货物知识产权状况预确认新模式"的创新举措。新模式以信用为基础，对于企业信用状况良好且 3 年内无重大违法违规记录的一般贸易进出口企业，进出口货物知识产权变"通关时审查"为"申报前预确认"，通关时间从近 7 天缩短至"即报即放"，优化了口岸营商环境，推动了跨境电商、市场采购贸易等外贸新业态的发展壮大。该创新被纳入《知识产权强国建设第一批典型案例》。

　　山东半岛城市群是"一带一路"建设的重要枢纽，是新亚欧大陆桥的"东方桥头堡"。日照市的日照、岚山两大深水港，是国家一类对外开放港口，是我国十大港口和世界十大煤炭输出港之一，其与日照—西安铁路大动脉相连，一路向西从新疆阿拉山口出境，可到达荷兰的鹿特丹和比利时的安特卫普港，构成了一条长达一万多公里的"新亚欧大陆桥"。山东邻近日本和韩国，具有在山东口岸开展中韩陆海联运整车运输试点、开通中日陆海联运货物运输通道业务，建设"一带一路"中日韩大通道的便利条件。山东出台了一系列政策，支持济南创建国家跨境电商综合试验区，支持青岛建设自由贸易港，允许青岛港发展沿线捎带中转业务，建设以青岛为中心的国际航运枢纽。基于便利的交通和优厚的政策，山东与"一带一路"沿线国家贸易、投资等经济活动频繁，沿线国家已成为山东对外贸易的重要组成部分。山东海关统计资料显示，2013 年，即"一带一路"倡议提出当年，山东省与"一带一路"沿线国家进出口规模合计为 4044.5 亿元人民币；2017 年，这一数据提升至 4816.3 亿元人民币，占全省外贸进出口总额的比例为 27%，相比 2013 年，这一数据提高了 2.6 个百分点；

　　① RCEP 即将生效 关税减让为山东外贸带来新机遇［EB/OL］.（2021 - 12 - 24）［2023 - 03 - 01］. http：//www.customs.gov.cn/qingdao_customs/406496/406497/4086008/index.html.

2021 年这一数据飙升为 9376.0 亿元人民币，占全省进出口总额的比例为 32.0%，相比 2017 年，占比提升 5 个百分点。

2.3.1.2 山东半岛城市群具有对内开放发展的良好区位

山东高速公路建设曾经遥遥领先。自 1998～2005 年连续八年通车里程全国第一，期间 2002 年 8 月率先实现贯通全省 17 市①的高速公路网。但从 2006 年被广东超越后，排名一路下跌，至 2016 年已跌至全国第八。为此，山东省印发了《山东省高速公路网中长期规划（2014 - 2030 年）》，该规划于 2016 年调整后，形成"九纵五横一环七连"的高速公路网布局方案。其中，九纵即烟台—日照（鲁苏界）；潍坊—日照；无棣（冀鲁界）—青州—临沭（鲁苏界）；沾化（冀鲁界）—淄博—临沂（鲁苏界）；无棣（冀鲁界）—莱芜—台儿庄（鲁苏界）；乐陵（冀鲁界）—济南—临沂（鲁苏界）；德州（冀鲁界）—泰安—枣庄（鲁苏界）；德州—东阿—单县（鲁皖界）；德州（冀鲁界）—商丘（鲁豫界）。五横即威海—德州（鲁冀界）；青岛—夏津（鲁冀界）；青岛—泰安—聊城（鲁冀界）；董家口—范县（鲁豫界）；日照—菏泽—兰考（鲁皖界）。一环即威海—烟台—潍坊—东营—滨州—德州—聊城—菏泽—济宁—枣庄—临沂—日照—青岛—烟台—威海。七连即烟台—海阳；龙口—青岛；荣城—潍坊；东营—济南—聊城—馆陶；济南—菏泽—商丘（鲁豫界）；济南至徐州（鲁苏界）；濮阳—阳新山东段。该规划实施后，通车里程不断增加，畅通程度持续提升。2020 年实现"县县通高速"。截至 2022 年 10 月，通车里程增加到 7477 千米，居全国第 6 位，预计到 2025 年，全省高速公路及在建里程将达到 10000 千米，省际出口超过 30 个，基本实现"县县双高速"。②

---

① 2019 年 1 月莱芜并入济南，因此 2002 年 8 月山东省仍包括 17 市。

② 山东省委宣传部举办"山东这十年"系列主题新闻发布会第十二场［EB/OL］.（2022 - 10 - 13）［2023 - 03 - 01］. http://www.scio.gov.cn/xwfbh/gssxwfbh/xwfbh/shandong/Document/1732015/1732015.htm.

2018 年山东印发了《山东省综合交通网中长期发展规划（2018 –
2035 年)》，计划到 2035 年建成能力负荷充分、资源配置优化、内外互联
互通的"四横五纵"综合交通大通道和快捷高效的"1、2、3、12"综合
交通圈。其中，"四横"是指北部沿海、济青、鲁中、鲁南 4 个通道；
"五纵"是指东部沿海通道、京沪二通道、滨临通道、京沪通道、京九通
道；"1、2、3、12"综合交通圈是指通过高铁建设实现覆盖全省、通达山
东省周边主要城市的"1、2、3"小时陆上交通圈，该规划提出济南至德
州、聊城、泰安、淄博、滨州和莱芜等相邻的 6 市半小时通达，济南至青
岛、青岛至周边市、全省相邻各市 1 小时通达，济南与省内各市 2 小时通
达，省内各市之间 3 小时通达，济南与北京、上海、天津等 14 个国内主
要城市 3 小时左右通达；通过民航实现山东省中心城市与世界主要城市 12
小时通达。2019 年各地交通蓝图相继出炉，着力构建四通八达公路网、
内通外联铁路网、多层覆盖机场群、一体衔接枢纽群。

根据中共中央和国务院 2021 年 2 月 24 日印发的《国家综合立体交通
网规划纲要》（以下简称《纲要》），我国要加快建设高效率国家综合立体
交通网主骨架。主骨架将按照极、组群、组团之间交通联系强度，由主
轴、走廊和通道组成。《纲要》首先将重点区域按照交通运输需求量级划
分为 3 类：极、组群和组团。极有 4 个，分别为京津冀、长三角、粤港澳
大湾区和成渝地区双城经济圈；组群有 8 个，分别为长江中游、山东半
岛、海峡西岸、中原地区、哈长、辽中南、北部湾和关中平原；组团有 9
个，分别为呼包鄂榆、黔中、滇中、山西中部、天山北坡、兰西、宁夏沿
黄、拉萨和喀什。山东半岛城市群在 8 个地区"组群"中名列第二。其
次，围绕加强 4 个极之间的联系，建设综合性、多通道、立体化、大容
量、快速化的交通主轴。《纲要》共规划 6 条主轴，分别为京津冀—长三
角主轴、京津冀—粤港澳主轴、京津冀—成渝主轴、长三角—粤港澳主
轴、长三角—成渝主轴、粤港澳—成渝主轴。青岛、济南、潍坊位于京津
冀—长三角主轴上。再其次，围绕强化京津冀、长三角、粤港澳大湾区、
成渝地区双城经济圈 4 极的辐射作用，加强极与组群和组团之间联系，建

设多方式、多通道、便捷化的交通走廊。《纲要》共规划 7 条走廊，分别是京哈走廊、京藏走廊、大陆桥走廊、西部陆海走廊、沪昆走廊、成渝昆走廊、广昆走廊。山东青岛位于京藏走廊上。最后，围绕强化主轴与走廊之间的衔接协调，加强组群与组团之间、组团与组团之间联系，加强资源产业集聚地、重要口岸的连接覆盖，建设绥满、京延、沿边、福银、二湛、川藏、湘桂、厦蓉等 8 条交通通道。《纲要》还强调建设多层级一体化国家综合交通枢纽系统，青岛名列国际性综合交通枢纽城市，青岛港名列国际性综合交通枢纽港站。

2021 年 7 月 16 日山东省人民政府印发了《山东省"十四五"综合交通运输发展规划》，提出积极对接《国家综合立体交通网规划纲要》"一轴两廊"（京津冀—长三角主轴、京哈走廊和京藏走廊）和《黄河流域生态保护和高质量发展规划纲要》"一字型"沿黄通道山东布局，在巩固提升既有"四横五纵"综合运输通道的基础上，推动形成"四横五纵沿黄达海"十大通道。从而积极融入国家京津冀—长三角主轴、京哈走廊和京藏走廊；在基本形成鲁北、济青、鲁南三个横向通道基础上，加快完善鲁中横向通道，提升沿海港口辐射能力和西向铁水联运效能；在基本形成沿海、京沪辅助、京沪、京九四个纵向通道基础上，加快完善滨临纵向通道，强化与京津冀、长三角区域连接。

综合国家和山东省交通网布局可知，山东半岛城市群区位优势明显，它北接京津冀城市群，南邻长三角城市群，西靠中原城市群，京津冀—长三角主轴、京哈走廊和京藏走廊从山东穿过，黄河流域从山东入海，是我国经济由南向北扩大开放、由东向西梯度发展的战略节点，具备对内开放发展的良好区位。近些年，山东基于产业门类齐全、承载力强的优势，积极融入京津冀产业布局，与服务业和总部经济为主、科技研发优势突出的北京，制造业基础雄厚的天津，基础原材料产业地位突出的河北，形成良好嵌入配套关系。山东在北上依托德州对接京津冀的同时，南下依托临沂等城市积极开展与长三角的合作，甚至为更好承接长三角产业转移，不断加强电力、水利等基础设施保障，甚至临沂与江苏徐州等市开展了"跨省通办"，极大提高了合作效率。

2.3.2　政策层面

2021 年 3 月 6 日公布的《中华人民共和国国民经济和社会发展第十四个五年规划和 2035 年远景目标纲要（草案）》（简称"十四五"规划）提出，坚持走中国特色新型城镇化道路，深入推进以人为核心的新型城镇化战略，以城市群、都市圈为依托促进大中小城市和小城镇协调联动、特色化发展。明确要求推动城市群一体化发展，加快形成"两横三纵"的城镇化战略格局。"两横"即陆桥通道、沿长江通道两条横轴，"三纵"即沿海、京哈京广、包昆通道三条纵轴。沿"两横三纵"推进环渤海、长江三角洲、珠江三角洲地区优化开发，形成 3 个特大城市群，推进哈长、江淮、海峡西岸、中原、长江中游、北部湾、成渝、关中—天水等地区重点开发，形成若干新的大城市群和区域性的城市群。"十四五"规划指出"两横三纵"的城市群分属三个层级，一是属于优化提升层级的京津冀、长三角、珠三角、成渝、长江中游等 5 个城市群，二是属于发展壮大层级的山东半岛、粤闽浙沿海、中原、关中平原、北部湾等 5 个城市群，三是属于培育发展类的哈长、辽中南、山西中部、黔中、滇中、呼包鄂榆、兰州—西宁、宁夏沿黄、天山北坡等 9 个城市群。因而山东半岛城市群虽然不及京津冀、长三角、粤港澳大湾区等"优化提升"层级的城市群，但处于发展和成熟之间的阶段，已形成一定规模和质量，且位列发展壮大层级的第一位，从而享有较好的政策支持。

2.3.2.1　获批设立多个领域的示范区、试验区

2016 年 4 月 11 日，国务院正式批复《关于支持山东半岛国家高新区建设国家自主创新示范区的请示》，同意设立山东半岛国家自主创新示范区。这是国务院批准的第十三家国家自主创新示范区，目的是依托济南、青岛、淄博、潍坊、烟台、威海六个国家高新技术产业开发区，

打造具有全球影响力的海洋科技创新中心，把山东半岛国家高新区建设成为转型升级引领区、创新创业生态区、体制机制创新试验区、开放创新先导区。2015 年 10 月 19 日，国务院正式批复设立"黄河三角洲农业高新技术产业示范区"，这是全国第二个国家级农高区。2018 年 8 月 31 日，国务院批复同意设立潍坊国家农业开放发展综合试验区，与山东省一起推动《潍坊国家农业开放发展综合试验区总体方案》的贯彻实施。此外，2011 年 1 月 4 日，国务院批复《山东半岛蓝色经济区发展规划》，这是我国第一个以海洋经济为主题的区域发展战略，构成国家海洋发展战略和区域协调发展战略的重要组成部分。2014 年 6 月，国务院印发了《国务院关于同意设立青岛西海岸新区的批复》，青岛西海岸新区成为我国第九个国家级新区。此外，山东省获批多个国家级高新技术开发区。

2.3.2.2 获批设立山东新旧动能转换综合试验区

2018 年 1 月 3 日，国务院正式批复《山东新旧动能转换综合试验区建设总体方案》（简称《方案》），这是党的十九大之后国务院批复的首个区域性国家发展战略，也是我国第一个以新旧动能转换为主题的区域发展战略。《方案》以习近平新时代中国特色社会主义思想为指导，贯彻新发展理念，坚持质量第一，效益优先，以供给侧结构性改革为主线，以实体经济为发展经济的着力点，以新技术、新产业、新业态、新模式为核心，以知识、技术、信息、数据等新生产要素为支撑，积极探索新旧动能转换模式，推动经济发展质量变革、效率变革、动力变革，提高全要素生产率，着力加快建设实体经济、科技创新、现代金融、人力资源协同发展的产业体系，推动经济高质量发展，为促进全国新旧动能转换、建设现代经济体系作出积极贡献。2018 年 3 月，《济南新旧动能转换先行区总体规划（2018 - 2035）》形成编制成果，并对社会公示，聚焦新旧动能转换做实验、蹚路子。

2.3.2.3　获批设立济南新旧动能转换起步区

2021 年 4 月 25 日，国务院发文原则同意《济南新旧动能转换起步区建设实施方案》，济南新旧动能转换起步区正式获国务院批复设立。起步区与先行区两字之差，但政策背景、内涵、外延都有不同。先行区的政策背景是山东省新旧动能转换，起步区的政策背景是贯彻落实黄河流域生态保护和高质量发展重大战略；先行区的定位是聚焦动能转换的产业功能区，起步区的定位是国家级新区、济南未来新城；先行区的使命是为新旧动能转换做实验蹚路子，起步区的使命是当引领做示范；先行区的能级是聚全市之力，起步区的能级是国家赋能流域支撑；起步区是济南引领黄河流域生态保护和高质量发展、构建新发展格局的战略支点和动力引擎，不仅是动能转换，还要求优先考虑生态保护，同时还要打造成对外开放的新的平台，建设宜居、智慧、绿色的新城区。

2.3.2.4　国家出台《黄河流域生态保护和高质量发展规划纲要》

2021 年 10 月 8 日，中共中央、国务院印发了《黄河流域生态保护和高质量发展规划纲要》，黄河流域生态保护和高质量发展上升为国家重大战略。山东作为黄河干支流流经的 9 省区之一积极响应，并于 2022 年 2 月 16 日印发了《山东省黄河流域生态保护和高质量发展规划》，定位黄河流域绿色生态大廊道、黄河长久安澜示范区、黄河流域科教创新生力军、黄河流域高质量发展增长极、黄河流域改革开放先行区、黄河流域文化"两创"大平台，推动了黄河三角洲的保护与修复，沿黄生态保护带的打造，泰沂山区、大汶河—东平湖生态区、小清河生态区、大运河、南四湖等生态保护重点区域的生态治理。

2.3.2.5　获批设立山东自贸区

2019 年 8 月 26 日，国务院批复新设中国（山东）自由贸易试验区、中国（江苏）自由贸易试验区、中国（广西）自由贸易试验区、中国

（河北）自由贸易试验区、中国（云南）自由贸易试验区、中国（黑龙江）自由贸易试验区等6个自贸区。要求中国（山东）自由贸易试验区以制度创新为核心，以可复制可推广为基本要求，全面落实中央关于增强经济社会发展创新力、转变经济发展方式、建设海洋强国的要求，加快推进新旧发展动能接续转换、发展海洋经济，形成对外开放新高地。中国（山东）自由贸易试验区涵盖济南、青岛、烟台三个片区。其中，济南片区重点发展人工智能、产业金融、医疗康养、文化产业、信息技术等产业，开展开放型经济新体制综合试点试验，建设全国重要的区域性经济中心、物流中心和科技创新中心；青岛片区重点发展现代海洋、国际贸易、航运物流、现代金融、先进制造等产业，打造东北亚国际航运枢纽、东部沿海重要的创新中心、海洋经济发展示范区，助力青岛打造我国沿海重要中心城市；烟台片区重点发展高端装备制造、新材料、新一代信息技术、节能环保、生物医药和生产性服务业。

2.3.2.6　获批建设绿色低碳高质量发展先行区

2022年9月2日，国务院发布《国务院关于支持山东深化新旧动能转换推动绿色低碳高质量发展的意见》，提出深化新旧动能转换、推动绿色低碳转型发展、促进工业化数字化深度融合、深入实施黄河流域生态保护和高质量发展战略四大发展导向，从降碳提质并举全面改造提升传统产业、坚持清洁低碳安全高效优化能源和交通结构、推动数字绿色文化赋能积极培育发展新兴产业、实施创新驱动发展战略加快塑造发展新优势、践行绿水青山就是金山银山理念持续改善生态环境质量、促进城乡区域协调构筑高质量发展空间动力系统、创新体制机制建设改革开放新高地等七个方面，明确了25项具体发展任务，山东省成为绿色低碳高质量发展先行区，建设目标是到2027年山东深化新旧动能转换建设绿色低碳高质量发展先行区实现重大突破，到2035年建成新时代社会主义现代化强省。

2.3.3 科技层面

德国经济学家门施在《技术的僵局》一书中指出：重大基础性创新的高峰均接近于经济萧条期，技术创新周期与经济繁荣周期逆相关。而根据熊彼特创新周期理论，金融危机后世界经济进入以信息技术为主导创新的第五波周期的经济衰退期，这为新一轮技术革命和产业变革提供了机遇。以习近平同志为核心的党中央统筹中华民族伟大复兴战略全局和世界百年未有之大变局，把握机遇迎接挑战，立足"三新一高"和创新型国家建设，强调实现高水平科技自立自强，建设科技强国，营造了良好科技创新环境，党的二十大报告更是将实施科教兴国战略强化现代化建设人才支撑作为第五部分单独强调。

在国家政策推动下，全国科技创新取得良好成效，党的二十大报告指出，2012年以来，"我们加快推进科技自立自强，全社会研发经费支出从一万亿元增加到二万八千亿元，居世界第二位，研发人员总量居世界首位。基础研究和原始创新不断加强，一些关键核心技术实现突破，战略性新兴产业发展壮大，载人航天、探月探火、深海深地探测、超级计算机、卫星导航、量子信息、核电技术、新能源技术、大飞机制造、生物医药等取得重大成果，进入创新型国家行列。"

而根据欧盟委员会公布的《2021工业研发记分牌》，在全球研发投入前2500强企业里，美国有779家，占比31.2%；中国有683家，占比27.3%；欧盟401家，占比16.0%；日本293家，占比11.7%，脱欧的英国105家，占比4.2%，韩国60家，占比2.4%，瑞士59家，占比2.4%。进入研发投入前2500强榜单的中国企业数量排名世界第二，仅次于美国。从研发投入总量及研发投入占比看，美国3436亿欧元，占比39%；欧盟184101亿欧元，占比21%；中国1601亿欧元，占比18%；日本1111亿欧元，占比12%；韩国334亿欧元，占比4%；英国289亿欧元，占比3%；瑞士290亿欧元，占比3%。进入研发投入前2500强榜单的中国企业研发投入总额排名世界第三，次于美国和欧盟。从头部企业看，进入研发投入前100强榜单的中国企业只有13家，进入研发投入前50强榜单的中国企业只有4家，进入研发投入前10强榜单的中国企业只有华为1家。而美国却有6家企业进入前10，19家企业进入前50；日本进入前50的企业数也有8家。中国头部企业的研发投入明显低于美国，中国相比美国制造业明显研发投入不足，13家进入研发投入前100强的中国企业中，属于制造业的只有华为、上汽、中兴和中车。

值得肯定和骄傲的是，中国的科技创新一直在进步。世界知识产权组织（WIPO）于2021年9月20日在日内瓦发布的《2021年全球创新指数报告》（以下简称《报告》）显示，在2021年全球创新指数（GII）排名中，中国名列第12位，相比2020年上升2位。《报告》高度评价中国在创新方面取得的进步，并强调了政府决策和激励措施对于促进创新的重要性。中国正逐步从知识产权引进大国向知识产权创造大国转变。党的二十大报告也宣告中国已进入创新型国家行列。

山东省在全国科技创新浓厚氛围推动下，立足科技强省建设，深入实施创新驱动发展战略，着力推动科技自立自强。通过推出各项鼓励政策，研发投入不断提高，创新平台陆续搭建，创新成果不断涌现。2018年9月，新一代神威E级原型机系统在国家超级计算济南中心完成部署并正式落成启用；潍柴动力"重型商用车动力总成关键技术及应用项目"获得2019年国家科技进步奖一等奖，引领了全球商用车动力总成行业技术发展，使我国商用车核心技术牢牢掌握在自己手中；威高集团自主研发的血液透析技术打破国外垄断，是目前国内唯一的血液透析器自主品牌产品；中国中车承担研制、具有完全自主知识产权的我国时速600千米高速磁浮交通系统在青岛成功下线，这是世界首套设计时速达600千米的高速磁浮交通系统，标志我国掌握了高速磁浮成套技术和工程化能力；万华化学拥有高端聚氨酯原料ADI全产业链；科学家找到小麦"癌症"克星；全球首个系统性红斑狼疮治疗创新双靶生物制剂研制成功；18英寸硅单晶及部件全国首次成功投产；我国成功实施运载火箭首次海上商业发射；国产民用航空轮胎成功装机试飞；大规模集成电路封装核心材料实现突破。

第 3 章

山东半岛城市群的空间格局与产业布局

3.1　山东半岛城市群区域经济布局的演变

3.1.1　"五大经济带"和"三大经济带"的区域经济布局

山东半岛城市群的区域经济布局随着城市群的产生、发展、壮大而演变。改革开放以来，山东半岛城市群概念未提出之前，山东省曾先后制订过两个区域经济发展方案，一是五大经济带，二是三大经济带。前者基于交通轴线，按环渤海、胶济、陆桥、京九、沿黄划分为五个经济带；后者基于区位和经济发展水平的差异，按东、中、西划分为三大经济带。

3.1.2　"八核心两轴线"的区域经济布局

山东半岛城市群概念正式提出后，2005 年 7 月，北京大学和山东省建设厅联合编制的《山东半岛城市群总体规划》作出八核心两轴线的区域经济布局。

"八核心"是指青岛、济南、烟台、淄博、潍坊、东营、日照、威海八个核心城市。其中，青岛为对外开放的龙头城市；青岛、济南为区域发展的双中心，烟台为副中心，把青岛、济南、烟台作为东部、南部、西部三个子区域的核心城市带动各子区域的经济发展。以八个核心城市为中心构成经济联系紧密的城市区，明确了各城市的最主要经济联系城市和城市发展方向，促进城乡融合发展和经济协同发展。青岛城市区主要覆盖青岛市域，辐射范围囊括高密市和诸城市；济南城市区主要覆盖济南市域，辐射范围囊括邹平县；烟台城市区主要覆盖烟台市域，辐射范围囊括莱西市；淄博城市区主要覆盖淄博市域，辐射范围囊括青州市和广饶县；潍坊城市区主要覆盖潍坊市域；威海城市区主要覆盖威海市域，辐射范围囊括海阳市；东营城市区主要覆盖东营市域；日照城市区主要覆盖日照市域。

"两轴线"是指以"济南－淄博－潍坊－青岛"和"日照－青岛－威海－烟台"两条空间发展轴为城市群发展主轴，以"烟台－莱州－潍坊－寿光－广饶－东营"和"日照－五莲－诸城－安丘－潍坊－寿光－东营"两条空间发展轴为城市群发展次轴，形成多条城镇密集的城市聚合带，依托两主轴两次轴的辐射作用，推动形成山东半岛城市连绵区。

3.1.3 "两圈四区、网络发展"的区域经济布局

2017 年 2 月 14 日，山东省政府印发的《关于山东半岛城市群发展规划（2016－2030 年）的批复》作出了"两圈四区、网络发展"的区域经济布局。

"两圈"是指济南都市圈和青岛都市圈。济南都市圈以省会济南为中心城市，强化与其周边城市淄博、泰安、莱芜、聊城等城市的一体化协同发展，建成山东半岛城市群向中西部拓展的枢纽区域。青岛都市圈以青岛市为中心城市，涵盖潍坊市、烟台莱阳市、烟台海阳市三地，重点发展蓝色经济，加强统筹陆海，建成"全省发展核心引擎"。"四区"是指烟威（烟台、威海）、东滨（东营、滨州）、济枣菏（济宁、枣庄、菏泽）、临

日（临沂、日照）等四个省级都市区，强调推动区域设施共建、市场共育、服务共享、环境共保。"网络发展"是指通过提升沿海城镇发展带，优化培育济青聊、京沪、滨临、烟青、德东、鲁南等发展轴线，构筑"一带多轴"的网络体系。

3.1.4 "三核引领、区域融合互动"的区域经济布局

2018年1月3日获国务院批复的《山东新旧动能转换综合试验区建设总体方案》强调形成"三核引领、区域融合互动"的动能转换总体格局。

"三核引领"是指以济南、青岛、烟台三个经济实力雄厚、创新资源富集的城市为引擎，通过三市率先突破，辐射带动全省经济高质量发展。济南定位打造区域性经济中心、金融中心、物流中心、科技中心，以发展高端高效新兴产业、搭建开放合作新平台、创建现代绿色智慧城市为己任，构建"一先三区两高地"的核心布局。"一先"即国家新旧动能转换先行区；"三区"即东部高端产业聚集区、省级开发区转换提升区、泉城优化升级区；"两高地"即济南中央商务区及济南国际医学科学中心。产业发展方面，济南重点发展大数据与新一代信息技术、智能制造与高端装备、量子科技、生物医药、先进材料、产业金融、现代物流、医养健康、文化旅游、科技服务等产业，聚力构建京沪之间创新创业新高地和总部经济新高地。青岛定位打造国际先进的海洋发展中心、国家东部沿海重要的创新中心、国家重要的区域服务中心、具有国际竞争力的先进制造业基地、国际海洋名城，突出海洋科学城、战略母港城、国际航运枢纽和国家沿海重要中心城市综合功能，构筑"四区一带多园"的核心布局。"四区"是指青岛西海岸新区、蓝谷核心区、高新区、胶东临空经济示范区；"一带"是指胶州湾青岛老城区有机更新示范带；"多园"是指胶州、平度、莱西等县级经济转型升级示范园区。产业发展方面，重点发展新一代信息技术、轨道交通、智能家电、海洋经济、高端软件、生物医药、航空航天、航运物流、财富金融、影视文化、时尚消费等国内外领先产业，并

针对业态、模式创新，大力发展平台经济、分享经济、标准经济、绿色经济等。烟台定位打造先进制造业名城、国家海洋经济发展示范区、国家科技创新及成果转化示范区、面向东北亚对外开放合作新高地，发挥环渤海地区重要港口、国家创新型试点城市、先进制造业名城优势，构建"五区一带一园"的核心布局。"五区"是指烟台经济技术开发区、烟台高新技术产业开发区、蓬长协作联动发展区三个重点区，以及烟台东部产城融合发展示范区、招远经济技术开发区两个非重点区；"一带"是指中心城区功能与产业更新带；"一园"是指现代农业产业园。产业发展方面，重点发展海洋经济、高端装备、信息技术、生物医药、高端化工、先进材料、航空航天、金融商务、医养健康、文化旅游、高效农业等优势产业。

"融合互动"是指基于现实基础和比较优势，推动城市间产业升级协作、要素资源优化配置、基础设施互联互通、生态环保共建共享。特别是，在产业协作方面，加强优势产业统筹培育，优化全省产业布局，加快产业链向上下游延伸，实现区域间产业有序转移、错位发展、整体升级和一体化发展。表3-1为山东省部分城市的产业布局。

表 3-1　　　　　　　　　　淄博等 14 城市产业布局

序号	城市	产业布局
1	淄博	布局新能源电池及新能源汽车、智能卡及微机电等未来产业，壮大新材料、生物医药、信息技术、文化旅游、现代金融等新兴产业，改造化工、陶瓷、纺织等传统产业，淘汰建材、钢铁等行业落后产能，打造全国老工业城市和资源型城市产业转型升级示范区、新型工业化强市、齐文化传承创新示范区
2	枣庄	布局人工智能等未来产业，壮大信息技术、新能源、新材料、医养健康等新兴产业，改造化工、机械机床、煤电、建材等传统产业，淘汰平板玻璃、水泥等行业落后产能，打造智慧枣庄和资源型城市创新转型持续发展示范区、国家可持续发展议程创新示范区
3	东营	布局航空航天服务等未来产业，壮大石化装备、新能源、文化旅游等新兴产业，改造化工、冶金、造纸、纺织等传统产业，淘汰炼油、轮胎等行业落后产能，打造绿色循环高端石化产业示范基地和石油资源型城市转型发展试验区
4	潍坊	布局虚拟现实、人工智能、新能源电池等未来产业，壮大高端装备制造、生物基材料、信息技术、现代农业等新兴产业，改造装备制造、汽车、化工等传统产业，淘汰钢铁、造纸等行业落后产能，打造国家农业开放发展综合试验区、虚拟现实产业基地和国际动力城

73

续表

序号	城市	产业布局
5	济宁	布局第三代半导体、生命健康等未来产业，壮大信息技术、文化旅游、生物医药等新兴产业，改造工程机械、能源、纺织服装等传统产业，打造优秀传统文化传承发展示范区和资源型城市新旧动能转换示范区
6	泰安	布局人工智能、生命健康、信息技术等未来产业，壮大高端装备制造、文化旅游体育、新能源等新兴产业，改造建材、化工、纺织等传统产业，打造彰显泰山魅力的国际著名旅游目的地城市和智能绿色低碳发展示范区
7	威海	布局生命健康、前沿新材料等未来产业，壮大医疗器械、海洋生物、时尚创意等新兴产业，改造机械装备、纺织、海洋食品等传统产业，打造国家区域创新中心、医疗健康产业示范城市和中韩地方经济合作示范区
8	日照	布局生命健康、通用航空等未来产业，壮大文化旅游、海洋生物医药、现代物流、高端装备制造等新兴产业，改造钢铁、汽车零部件等传统产业，打造全国一流精品钢铁制造基地、临港涉海产业转型升级示范区
9	莱芜①	布局航天航空服务等未来产业，壮大清洁能源、冶金新材料、全域旅游等新兴产业，改造钢铁、汽车及零部件等传统产业，打造高端钢铁精深加工产业聚集区、清洁能源研发制造基地，打造全国产业衰退地区转型发展示范区
10	临沂	布局生命健康、航空航天、机器人等未来产业，壮大信息技术、磁性材料、文化旅游、新能源、生物医药、节能环保等新兴产业，改造商贸物流、工程机械、木业、化工等传统产业，淘汰钢铁、陶瓷等行业落后产能，打造国家内外贸融合发展示范区、人才管理改革试验区
11	德州	布局生命健康、航空航天材料等未来产业，壮大新能源、生物医药、体育、高端装备制造等新兴产业，改造化工、纺织等传统产业，打造全国重要的新能源产业基地、京津冀鲁科技成果转化基地，建设京津冀协同发展示范区
12	聊城	布局医养健康、新能源汽车等未来产业，壮大新材料、生物医药等新兴产业，改造纺织、造纸等传统产业，淘汰冶金等行业落后产能，打造全国领先的铜铝精深加工产业基地、新能源汽车产业基地，建设京津冀协同发展试验区
13	滨州	布局航空航天材料、新能源电池等未来产业，壮大高端装备制造、高端化工、新能源等新兴产业，改造有色金属、纺织等传统产业，淘汰火电、电解铝等行业落后产能，打造国家级轻质高强合金新材料产业基地和粮食产业融合循环经济示范基地
14	菏泽	布局生命健康、高端装备、前沿新材料等未来产业，壮大高端化工、生物医药、信息技术、节能环保等新兴产业，改造机电设备、农副产品加工和商贸物流等传统产业，淘汰水泥、纺织、印染等行业落后产能，打造医养健康示范基地、现代农业发展综合试验区、中国牡丹城

注：①2019 年 1 月莱芜并入济南。

资料来源：根据 2018 年 2 月山东省人民政府印发的《山东省新旧动能转换重大工程实施规划》整理而得。

3.1.5 "一群两心三圈"的区域经济布局

2020年1月，山东省委省政府印发了《贯彻落实〈中共中央 国务院关于建立更加有效的区域协调发展新机制的意见〉的实施方案》（简称《实施方案》），提出构建"一群两心三圈"的区域发展格局（图3-1），随后出台了《关于加强省会经济圈一体化发展的指导意见》《关于加强胶东经济圈一体化发展的指导意见》《关于加强鲁南经济圈一体化发展的指导意见》三个指导意见，形成一个实施方案加三个指导意见的区域经济布局政策框架体系。2021年2月，《山东省国民经济和社会发展第十四个五年规划和2035年远景目标纲要》进一步明确了山东半岛城市群"一群两心三圈"的区域经济发展布局。2021年12月31日，《山东半岛城市群发展规划（2021-2035年）》以省政府文件形式印发实施，"一群两心三圈"成为当前关于山东半岛城市群空间格局和产业布局的总体蓝图。

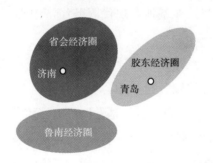

图3-1 山东"一群两心三圈"区域发展布局示意

"一群"即山东半岛城市群。基于创新驱动智慧赋能、生态优先绿色发展、改革牵引开放合作、改善民生共同富裕四大原则，通过核心引领，科学布局，山东半岛城市群将建设成为服务和融入新发展格局的引领区、全国重要的经济增长极、黄河流域生态文明建设的先行区、文化"两创"的新标杆、改善民生共同富裕的典范；力争到2025年，建成更具竞争力的现代化国际化城市群；到2035年，跻身世界级城市群行列。

"两心"即济南、青岛两座中心城市，通过提高中心城市能级，更好发挥以大带小、以点带面作用。一是提高济南首位度。深入实施"强省会"战略，以建设国家中心城市为目标，把济南建设成"大强美富通"的现代化国际大都市。关于空间格局和产业布局，一方面，构建"东强、西兴、南美、北起、中优"城市格局，推进莱芜区、钢城区和中心城区融合发展，打造城市副中心；另一方面，集中布局重大科技创新平台，培育未来前沿产业，建设工业强市，建成全国重要的区域经济、科创、金融、贸易和文化中心。二是增强青岛引领力。突出青岛在经略海洋和海洋强国战略中的作用，统筹"海陆空铁"四港联动，打造东部地区转型发展增长极、长江以北国家纵深开放新的重要战略支点、"一带一路"国际合作新平台，把青岛建设成国际门户枢纽城市、国际化创新型城市、宜居宜业品质湾区城市。关于空间格局和产业布局，聚焦高端产业，重点推动现代海洋、智能家电、新一代信息技术、新能源汽车、轨道交通装备等国际一流产业的集群集聚发展，打造世界工业互联网之都、国家战略性新兴产业基地、现代服务经济中心、具有国际影响力的海洋科学城。

"三圈"即省会经济圈、胶东经济圈和鲁南经济圈。省会经济圈是围绕省会济南打造的经济圈，包括中心城市济南和周边的淄博、泰安、聊城、德州、滨州、东营6市。目的是发挥济南带动全省新旧动能转换率先突破、为山东半岛城市群建设当好引领、在黄河流域生态保护和高质量发展中作出示范的多重作用，辐射带动淄博、泰安、聊城、德州、滨州、东营6市一体化发展，打造全国数字经济高地、世界级产业基地、国际医养中心和国际文化旅游目的地。胶东经济圈是围绕中心城市青岛打造的经济圈，包括中心城市青岛和周边的烟台、威海、潍坊、日照4市。目的是在建设全球海洋中心城市目标统领下，发挥青岛人才荟萃的"青春之岛"、活力迸发的"创业之城"的作用，辐射带动烟台、威海、潍坊、日照4个沿海城市的一体化发展，打造具有全球影响力的海洋创新中心、对外开放枢纽和黄河流域开放门户。鲁南经济圈不设中心城市，由鲁南地区的临沂、枣庄、济宁、菏泽 4 市构成经济圈。目的是推动临沂、枣庄、济宁、菏泽 4 市强化城市功能、协同联动发展，打造乡村振兴先行区、转型发展新高地、淮河流域经济隆起带。

3.2　山东半岛城市群的空间格局

3.2.1　经济圈之间实力相差悬殊[①]

山东半岛城市群三大经济圈三分齐鲁，所处位置不同，历史基础不同，优势特色各异，经济实力也相对悬殊。

3.2.1.1　经济总量相差悬殊

从 2021 年数据看，省会经济圈生产总值占山东省生产总值的 37.41%，胶东经济圈生产总值占山东省生产总值的 42.78%，鲁南经济圈生产总值占山东省生产总值的 19.81%。胶东经济圈占比最高，相比省会经济圈占比高出 5.37 个百分点，是鲁南经济圈占比的两倍多。从总量看，胶东经济圈经济实力更为雄厚，尤其是胶东经济圈的中心城市青岛，其生产总值山东省第一，占山东省比重的 17.02%，比排名第二的省会经济圈中心城市济南高出 3.26 个百分点。省会经济圈各市生产总值占山东省生产总值比重的均值为 5.34%，胶东经济圈这一数值为 8.56%，鲁南经济圈为 4.96%。胶东经济圈相比省会经济圈和鲁南经济圈具有更大的总量优势。

3.2.1.2　人均经济总量相差悬殊

《山东统计年鉴 2022》显示，2021 年，山东省会经济圈人均经济总量为 8.37 万元；胶东经济圈人均经济总量为 10.89 万元；鲁南经济圈人均

---

① 本小节资料来源于山东省和山东各市 2021 年国民经济和社会发展统计公报。

经济总量为 5.15 万元。从人均经济总量的平均值看，胶东经济圈依然领先于省会经济圈，且是鲁南经济圈的近两倍。

3.2.1.3 人均可支配收入相差悬殊

从 2021 年数据看，省会经济圈各城市人均可支配收入均值为 35859元；胶东经济圈各城市人均可支配收入均值为 41325 元；鲁南经济圈各城市人均可支配收入均值为 21470 元。从人均可支配收入的平均值看，胶东经济圈依然领先于省会经济圈，且是鲁南经济圈的近两倍。

3.2.1.4 一般公共预算收入相差悬殊

从 2021 年数据看，省会经济圈各城市一般公共预算收入合计为2620.65 亿元，平均为 374.39 亿元；胶东经济圈各城市一般公共预算收入合计为 3126.17 亿元，平均为 625.23 亿元；鲁南经济圈各城市一般公共预算收入合计为 1292.79 亿元，平均为 323.20 亿元。从一般公共预算收入的平均值看，胶东经济圈遥遥领先于省会经济圈和鲁南经济圈，是前者的 1.7 倍，后者的 1.9 倍。

3.2.1.5 城市创新力相差悬殊

截至 2021 年底，省会经济圈中济南、泰安、聊城、东营四市的"四新"经济增加值分别占各自地区生产总值的 37.7%、29.9%、32.44% 和19.60%，四市"四新"经济增加值占各市生产总值比重的均值为29.91%，其中，济南"四新"经济增加值达到 4306.2 亿元，全年万人有效发明专利拥有量达 38.36 件。胶东经济圈中，烟台和日照"四新"经济增加值分别占各自地区生产总值的比重分别为 33.7% 和 29.80%。而鲁南经济圈中，枣庄"四新"经济增加值占其生产总值的比重达到 28.6%。

省会经济圈中，除德州和东营外，其他 5 市高新技术产业产值占规上工业总产值的比重的均值为 49.93%，济南高新技术企业数量达 4397

家。胶东经济圈中：青岛高新技术企业总数达到5554家，每万人有效发明专利拥有量46.28件；烟台高新技术产业产值占规模以上工业总产值的比重为58.3%，威海国家高新技术企业达到1048家；潍坊成功创建国家创新型城市，规模以上高新技术产业产值占规模以上工业产值的比重达到54.5%。鲁南经济圈中：枣庄高新技术企业总数只有335家，高新技术产业产值占规上工业总产值比重为42.6%；济宁高新技术企业有682家；菏泽高新技术产业产值占规模以上工业总产值的比重为34.6%。

总体上看，省会经济圈和胶东经济圈相比鲁南经济圈具有更强的创新力。

3.2.2　经济圈内部协作水平各异

三大经济圈内部城市间核心竞争力强度不同，城市间协作水平也各异。

3.2.2.1　中心城市综合影响力不同，引领作用各异

综合性中心城市的存在与引领作用的发挥是城市群一体化发展的"牛鼻子"。山东半岛城市群仅有济南和青岛2个中心城市，分别位于省会经济圈和胶东经济圈，鲁南经济圈中心城市缺位，且济南和青岛优势不够突出，带动作用不强。基于2021年的统计数据，在全国24个GDP过万亿元的城市中（见图3-2），济南排名第18位，青岛排名第13位，均未进入第一梯队。24个GDP过万亿元的城市中，上海、苏州、杭州、南京、宁波、无锡、合肥、南通等8城市属于长三角城市群，深圳、广州、佛山、东莞等4城市属于珠三角城市群。山东半岛城市群双核引领，明显中心城市数量不足，且济南作为省会城市省内首位度不足，青岛作为对外开放的窗口城市，国际影响力不大，国内引领力不强。而且济南是省会城市，青岛是计划单列市，二者在行政系统上存在分割，两个核心城市之间缺

乏合作，以济南、青岛为核心的两大经济圈间也缺乏资源互通和产业交流。

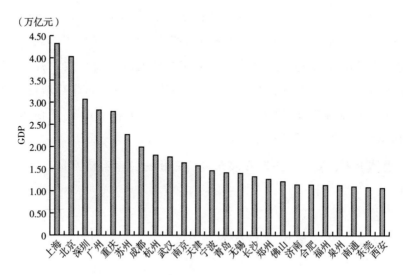

（万亿元）

图 3 - 2　2021 年我国 GDP 过万亿元的城市

资料来源：2022 年相关省份统计年鉴数据和 2021 年各市国民经济与社会发展统计公报数据。

3.2.2.2　中心城市与周边城市、圈内城市间协同发展水平各异

"一群两心三圈"区域发展系列政策出台后，各圈从建立工作机制筑牢发展根基、贯彻一体理念凝聚发展合力、共商重点任务攻坚关键领域等方面发力，不断细化一体化发展的推进路径，"三圈一体化"发展成功开局，但各圈城市间协作水平不同。众所周知，区域一体化合作的最大阻碍是"行政区经济"，当各类政策制定和实施，比如统计、奖励、考核等，依然以行政区为单位开展时，一体化发展就会步履维艰、进展缓慢。因此当前的山东半岛城市群经济一体化依然更多依赖产业关联和地缘优势。

胶东经济圈：基于青岛的核心引领，提出"一核引领、轴带展开、湾区带动、网络共生"的空间布局，从而青岛对潍坊、烟台等城市产生较大辐射作用，协同水平相对较高；成立了公共就业与人才服务联盟，促进胶

东经济圈人社工作一体化合作；在山东省首创政务服务"区域通办"新模式，加强圈内业务互通；依托海尔卡奥斯平台，促进产业链供应链上下游大中小企业一体化对接，加强圈内和圈际产业协作。

省会经济圈：在市场监管协同合作、药品耗材采购、仲裁一体化、高层次人才服务、养老服务一体化、政务服务"全域通办"等方面加强一体化合作；周村区依托新材料产业园积极对接济南"中国氢谷"建设，实现产业联动。基于好客山东旅游品牌，依托黄河重大战略，省会经济圈与济宁、菏泽成立"山东黄河流域城市文化旅游联盟"，共同推动黄河流域城市文旅的发展。

鲁南经济圈：成立了区块链联盟，致力于鲁南4市政务数据共享；成立公立医疗机构药品（耗材）采购联盟，从而降低药品（耗材）价格。总体上看，鲁南经济圈因缺乏中心城市引领，四市间协作水平不如胶东经济圈和省会经济圈高。

3.3 山东半岛城市群的产业布局

3.1节在论述"三核引领、区域融合互动"的区域经济布局时，对济南、青岛、烟台和淄博等14城市的产业布局进行了说明，本节以三大经济圈为子系统，重点分析三大经济圈各城市的产业情况。

3.3.1 省会经济圈产业分析

省会经济圈各城市的产业结构存在较大差异，图3-3刻画了2021年济南等7座城市的三次产业占比。图3-4描述了2021年济南等7座城市三次产业增加值。

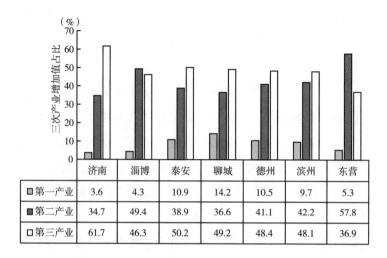

图3-3　省会经济圈2021年各城市三次产业占比

	济南	淄博	泰安	聊城	德州	滨州	东营
■第一产业	3.6	4.3	10.9	14.2	10.5	9.7	5.3
■第二产业	34.7	49.4	38.9	36.6	41.1	42.2	57.8
□第三产业	61.7	46.3	50.2	49.2	48.4	48.1	36.9

资料来源：相关城市2021年国民经济和社会发展统计公报。

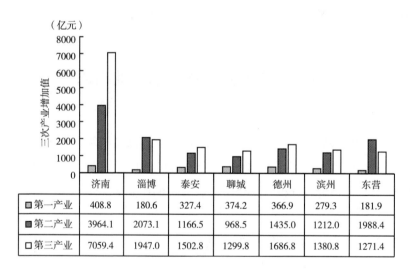

图3-4　省会经济圈2021年各城市三次产业增加值

	济南	淄博	泰安	聊城	德州	滨州	东营
■第一产业	408.8	180.6	327.4	374.2	366.9	279.3	181.9
■第二产业	3964.1	2073.1	1166.5	968.5	1435.0	1212.0	1988.4
□第三产业	7059.4	1947.0	1502.8	1299.8	1686.8	1380.8	1271.4

资料来源：相关城市2021年国民经济和社会发展统计公报。

由图3-3可知，省会经济圈中，产业结构呈现"三二一"特征的城市有济南、泰安、聊城、德州和滨州，第三产业占比超过50%的城市有济南和泰安，其中，济南第三产业占比超过60%。淄博和东营的产业结构则呈现"二三一"特征，其中，东营第二产业占比接近60%。济南、淄博、东营第一产业占比较小，聊城第一产业占比最大。由图3-4可知，省会经济圈中济南第一、第二、第三产业均具有绝对优势，第二产业具有较大优势的城市，除济南外还有淄博、东营。第三产业具有较大优势的城市，除济南外还有淄博、德州。下面分城市按三次产业讨论各城市体量较大的行业。

济南农林牧渔业2021年总产值758亿元，在省会经济圈排第二位，在山东省排第六位；其中现代高效农业增加值占农林牧渔业增加值的比重为16.5%。根据济南2021年的统计年鉴数据，济南2020年第二产业总产值超过百亿元的行业有农副食品加工业，食品制造业，石油、煤炭和其他燃料加工业，化学原料和化学制品制造业，医药制造业，非金属矿物制品业，黑色金属冶炼和压延加工业，通用设备制造业，金属制品业，专用设备制造业，汽车制造业，电器机械和器材制造业，计算机、通信和其他电子设备制造业，电力热力生产和供应业；"智造济南"赋能工业升级，工业机器人、光缆增长迅速。济南2020年第三产业的重要行业有批发零售业，餐饮住宿业，信息、软件和信息技术服务业，交通运输、仓储和邮政业，租赁和商务服务业，科学研究和技术服务业，水利、环境和公共设施管理业，文化、体育和娱乐业。新一代信息技术、科学研究和技术服务业等新兴行业发展迅速。

淄博农林牧渔业2021年总产值335亿元，在省会经济圈排第七位，在山东省排第十五位；其中现代高效农业增加值占农林牧渔业增加值的比重为17.0%。根据淄博2021年的统计年鉴数据，淄博2020年第二产业生产总值超过千亿元的行业有石油、煤炭和其他燃料加工业，化学原料和化学品制造业；其他重点行业还有非金属矿物制品业，造纸业纸制品业，医药制造业，黑色金属冶炼和压延加工业，有色金属冶炼和压延加工业，专用设备制造业，电力、热力生产和供应业。淄博2020年第三产业营业收入过十亿元的行业有交通运输、仓储和邮政业，信息传输、软件和信息技术服务业，租赁和商务服务业，科学研究和技术服务业，水利、环境和公共设施管理业，卫生和社会工作。互联网和相关服务业、软件和信息技术服务业、商务服务业增长较快。

泰安农林牧渔业 2021 年总产值 636 亿元，在省会经济圈排第四位，在山东省排第十位。根据泰安 2021 年统计年鉴数据，泰安 2020 年第二产业中生产总值超过百亿元的行业有农副食品加工业、化学原料与化学制品制造业、非金属矿物制品业、黑色金属冶炼和压延加工业、金属制品业、电气机械和器材制造业。高端化工、纺织服装增长较快。泰安 2020 年第三产业营业收入过十亿的行业有交通运输、仓储和邮政业，信息传输、软件和信息技术服务业，租赁和商务服务业，科学研究和技术服务业；现代物流、文化创意产业增长较快。

聊城农林牧渔业 2021 年总产值 712 亿元，在省会经济圈排第三位，在山东省排第七位；现代高效农业占农林牧渔业增加值的比重为 17.3%。根据聊城 2021 年统计年鉴数据，聊城 2020 年第二产业中总产值超过百亿元的行业有农副食品加工业，纺织业，化学原料和化学制品制造业，非金属矿物制品业，黑色金属冶炼和压延加工业，有色金属冶炼和压延加工业，专用设备制品业，汽车制造业，电力、热力、燃气及水生产与供应业。高端化工、新能源新材料增长较快。聊城 2020 年第三产业营业收入过十亿元的行业有交通运输、仓储和邮政业，信息传输、软件和信息技术服务业，租赁和商务服务业，科学研究和技术服务业。新一代信息技术服务业、高技术服务业营业收入增长较快。

德州农林牧渔业 2021 年总产值 767 亿元，在省会经济圈排第一位，在山东省排第五位；其中现代高效农业增加值占农林牧渔业增加值的比重为 17.6%。根据 2021 年德州的统计年鉴数据，德州 2020 年第二产业中总产值超过百亿元的行业有农副食品加工业，纺织服装、服饰业，石油、煤炭及其他燃料加工业，化学原料和化学制品制造业，非金属矿物制品业，黑色金属冶炼和压延加工业，金属制品业，通用设备制品业，专用设备制品业。食品制造业、计算机通信和其他电子设备制造业、家具制造业增长较快。德州 2020 年第三产业营业收入过十亿元的行业有道路运输业，电信、广播电视和卫星传输业，商务服务业。互联网软件业，教育业增长较快，交通运输、仓储和邮政业营业收入增长较快。

滨州农林牧渔业 2021 年总产值 555 亿元，在省会经济圈排第五位，在山东省排第十一位；其中现代高效农业增加值占农林牧渔业增加值的比重为 17.6%。根据 2021 年滨州的统计年鉴数据，滨州 2020 年第二产业中总产值超过百亿元的行业有农副食品加工业，纺织业，石油、煤炭和其他燃料加工业，化学原料和化学制品制造业，非金属矿物制品业，黑色金属冶炼和压延加工业，有色金属冶炼和压延加工业，金属制品业，电力、热力生产供应业。滨州 2020 年第三产业营业收入过十亿元的行业有道路运输业，电信、广播电视和卫星传输业，商务服务业。租赁和商务服务、科学研究和技术服务业营业收入增长较快。

东营农林牧渔业 2021 年总产值 354 亿元，在省会经济圈排第六位，在山东省排第十四位；其中现代高效农业增加值占农林牧渔业增加值的比重为 16.4%。根据 2021 年东营的统计年鉴数据，东营 2020 年第二产业中总产值超过百亿元的行业有石油加工、炼焦和核燃料加工业，化学原料和化学制品制造业，橡胶和塑料制品业，有色金属冶炼和压延加工业，专用设备制造业，电力、热力生产和供应业。化学原料和化学制品制造业增长较快。东营 2020 年第三产业营业收入过十亿元的行业有交通运输、仓储和邮政业，信息传输、软件和信息技术服务业，租赁和商务服务业，科学研究和技术服务业，水利、环境和公共设施管理业。卫生和社会工作行业，文化、体育和娱乐业，居民服务、修理和其他服务业营业收入增长较快。

因此，省会经济圈的农林牧渔业相对缺乏优势，淄博的农林牧渔业无论在省会经济圈还是在山东省都处于劣势地位，德州、济南、聊城的农林牧渔业则均处于一般偏上位置。省会经济圈各城市第二产业存在较大相似性。化学原料和化学制品制造业在七座城市均有较大体量，黑色金属冶炼和压延加工业、非金属矿物制品业在除东营以外的其他六座城市均有较大体量，石油、煤炭和其他燃料加工业在除泰安、聊城以外的其他五座城市均有较大体量，有色金属冶炼和压延加工业在除济南、德州以外的其他五座城市均有较大体量，农副食品加工业在除淄博、东营以外的其他五座城市均有较大体量。淄博的石油、煤炭和其他燃料加工业与化学原料和化学品制造业具有较大比较优。各城市第三产业存在较大相似性。交通运输、仓储和邮政业，信息传输、软件和信息技术服务业，租赁和商务服务业，科学研究和技术服务业，水利、环境和公共设施管理业，在济南、淄博、泰安、东营体量均较大；聊城的交通运输、仓储和邮政业，信息传输、软件和信息技术服务业，租赁和商务服务业，科学研究和技术服务业也有较大体量。

3.3.2　胶东经济圈产业分析

胶东经济圈各城市的产业结构存在较大差异，图 3 - 5 刻画了 2021 年青岛等五座城市三次产业占比。图 3 - 6 描述了 2021 年青岛等五座城市三次产业的增加值。

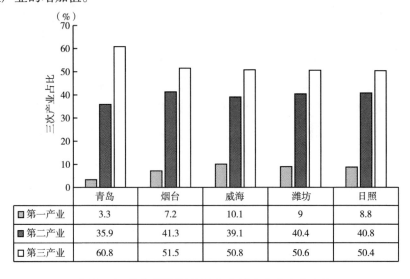

（%）	青岛	烟台	威海	潍坊	日照
□ 第一产业	3.3	7.2	10.1	9	8.8
■ 第二产业	35.9	41.3	39.1	40.4	40.8
□ 第三产业	60.8	51.5	50.8	50.6	50.4

图 3 - 5　胶东经济圈 2021 年各城市三次产业占比

资料来源：相关城市 2021 年国民经济和社会发展统计公报。

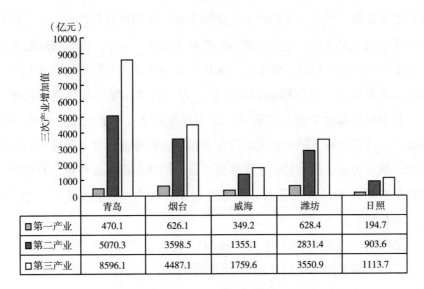

（亿元）

	青岛	烟台	威海	潍坊	日照
第一产业	470.1	626.1	349.2	628.4	194.7
第二产业	5070.3	3598.5	1355.1	2831.4	903.6
第三产业	8596.1	4487.1	1759.6	3550.9	1113.7

图3-6　胶东经济圈2021年各城市三次产业增加值

资料来源：相关城市2021年国民经济和社会发展统计公报。

由图3-5可知，胶东经济圈中各城市产业结构均呈现"三二一"特征，且第三产业占比均超过50%，青岛第三产业占比甚至超过60%，与省会经济圈的济南数值相近。青岛第一产业占比较小，威海、潍坊第一产业占比较大，数值与省会经济圈的泰安、德州、滨州近似。由图3-6可知，胶东经济圈中，青岛第二、第三产业具有绝对优势；第二产业具有较大优势的城市，除青岛外还有烟台，但烟台相比省会经济圈的济南优势略小；第三产业具有较大优势的城市，除青岛外还有烟台、潍坊。下面分城市按三次产业讨论各城市体量较大的行业。

青岛农林牧渔业2021年总产值225亿元，在胶东经济圈排第五位，在山东省排第十六位；其中现代高效农业增加值占农林牧渔业增加值的比重为20.0%。根据2021年青岛的统计年鉴数据，青岛2020年第二产业中营业收入超过百亿元的行业有农副食品加工业，食品制造业，酒饮料精制茶制造业，纺织业，纺织服装、服饰业，石油加工、炼焦和核燃料加工业，化学原料和化学制品制造业，医药制造业，橡胶和塑料制品业，非金属矿物制品业，黑色金属冶炼和压延加工业，通用设备制造业，专用设备制造业，汽车制造业，电力、热力生产和供应业。其中，汽车制造业2020年营业收入超过千亿元。智能家电和轨道交通装备产业集群成功入选国家先进制造业集群。电气机械和器材制造业，石油、煤炭及其他燃料加工业，化学原料和化学制品制造业，通用设备制造业增长较快。青岛2020年第三产业营业收入过十亿元的行业覆盖所有服务业；交通运输和仓储邮政业，信息传输、软件和信息技术服务业，租赁和商务服务业，科学研究和技术服务业2020年营业收入超过百亿元。软件和信息技术服务业营业收入增长较快。

烟台农林牧渔业2021年总产值1177亿元，在胶东经济圈排第二位，在山东省排第二位。根据2021年烟台的统计年鉴数据，烟台2020年第二产业中营业收入超过百亿元的行业有有色金属矿采选业，农副食品加工业，食品制造业，化学原料和化学制品制造业，医药制造业，橡胶和塑料制品业，非金属矿物制品业，有色金属冶炼和压延加工业，金属制品业，通用设备制造业，专用设备制造业，汽车制造业，电气机械和器材制造业，计算机、通信和其他电子设备制造业，电力、热力、燃气及水生产和供应业；其中有色金属冶炼和压延加工业2020年营业收入超过千亿元。化学原料和化学制品制造业，计算机、通信和其他电子设备制造业，通用设备制造业增长较快。烟台2020年第三产业营业收入过十亿元的行业有交通运输、仓储和邮政业，信息传输、软件和信息技术服务业，租赁和商务服务业，科学研究和技术服务业，水利、环境和公共设施管理业，卫生和社会工作；其中交通运输、仓储和邮政业，信息传输、软件和信息技术服务业2020年营业收入超过百亿元。信息传输、软件和信息技术服务业，商务服务业，科技推广和应用服务业，营业收入增长较快。

潍坊农林牧渔业2021年总产值1184亿元，在胶东经济圈排第一位，在山东省排第一位。根据2021年潍坊的统计年鉴数据，潍坊2020年第二产业中营业收入超过百亿元的行业有农副食品加工业，食品制造业，纺织业，造纸和纸制品业，石油煤炭和其他燃料加工业，化学原料和化学制品制造业，医药制造业，橡胶和塑料制品业，非金属矿物制品业，黑色金属冶炼和压延加工业，有色金属冶炼和压延加工业，金属制品业，通用设备制造业，专用设备制造业，汽车制造业，计算机、通信和其他电子设备制造业，电力、热力生产和供应业；其中农副食品加工业，石油煤炭和其他燃料加工业 2020 年营业收入超过千亿元。潍坊 2020 年第三产业营业收入过十亿元的行业有交通运输、仓储和邮政业，信息传输、软件和信息技术服务业，租赁和商务服务业，科学研究和技术服务业，水利、环境和公共设施管理业，卫生和社会工作；其中交通运输、仓储和邮政业 2020 年营业收入超过百亿元。

威海农林牧渔业 2021 年总产值 645 亿元，在胶东经济圈排第三位，在山东省排第九位。根据 2021 年威海的统计年鉴数据，威海 2020 年第二产业中营业收入超过百亿元的行业有农副食品加工业，水产品加工业，纺织服装、服饰业，医药制造业，橡胶和塑料制品业，非金属矿物制品业，通用设备制造业，专用设备制造业，计算机、通信和其他电子设备制造业，电力、热力、燃气及水生产和供应业；其中通用设备制造业 2020 年营业收入超过千亿元。专用设备制造业，计算机、通信和其他电子设备制造业增长较快。威海 2020 年第三产业营业收入过十亿元的行业有交通运输、仓储和邮政业，信息传输、软件和信息技术服务业，租赁和商务服务业，科学研究和技术服务业，水利、环境和公共设施管理业，卫生和社会工作。文化体育和娱乐业，租赁和商务服务业，交通运输仓储和邮政业，营业收入增长较快。

日照农林牧渔业 2021 年总产值 377 亿元，在胶东经济圈排第四位，在山东省排第十二位。根据 2021 年日照的统计年鉴数据，日照 2020 年第二产业中营业收入超过百亿元的行业有农副食品加工业，造纸和纸制品业，石油煤炭和其他燃料加工业，非金属矿物制品业，黑色金属冶炼和压延加工业，汽车制造业，电力、热力生产和供应业；其中，黑色金属冶炼和压延加工业 2020 年营业收入超过千亿元。日照 2020 年第三产业营业收入过十亿元的行业有交通运输、仓储和邮政业，信息传输、软件和信息技术服务业，租赁和商务服务业，水利、环境和公共设施管理业；其中，交通运输、仓储和邮政业 2020 年营业收入超过百亿元。

因此，潍坊、烟台的农林牧渔业无论在胶东经济圈还是在山东省均处于优势地位，青岛的农林牧渔业则均处于劣势的地位，威海、日照的农林牧渔业也位于山东省一般偏下位置。胶东经济圈各城市第二产业同样存在较大相似性，农副食品加工业、非金属矿物制品业在该区域的五座城市均有较大体量，医药制造业、橡胶和塑料制品业、食品制造业、通用设备制造业、专用设备制造业在除日照以外的其他四座城市的体量较大，汽车制造业在除威海以外的其他四座城市有较大体量。青岛的汽车制造业、烟台的有色金属冶炼和压延加工业、潍坊的农副食品加工业和石油煤炭和其他燃料加工业、日照的黑色金属冶炼和压延加工业在胶东经济圈乃至山东省都具有绝对优势。胶东经济圈各城市第三产业具有较大优势的行业存在很大相似性，它们在交通运输、仓储和邮政业，信息传输、软件和信息技术服务业，租赁和商务服务业，水利、环境和公共设施管理业，卫生和社会工作等方面均具有较大体量的布局；除日照外，其他四座城市在科学研究和技术服务业上也有较大体量的布局。青岛、烟台、潍坊和日照的交通运输、仓储和邮政业，青岛和烟台的信息传输、软件和信息技术服务业，青岛的租赁和商务服务业与科学研究和技术服务业，在胶东经济圈和山东省都具有较大比较优势。

3.3.3 鲁南经济圈产业分析

鲁南经济圈各城市的产业结构存在较大差异，图 3 - 7 刻画了 2021 年临沂等四座城市三次产业占比。图 3 - 8 描述了 2021 年临沂等四座城市三次产业的增加值。

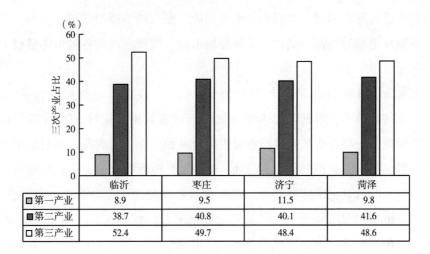

图 3 – 7　鲁南经济圈 2021 年各城市三次产业占比

资料来源：相关城市 2021 年国民经济和社会发展统计公报。

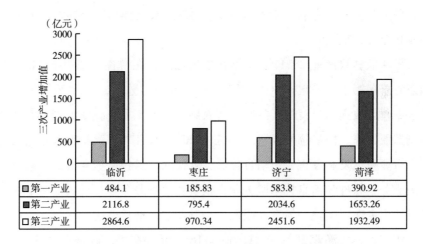

图 3 – 8　鲁南经济圈 2021 年各城市三次产业增加值

资料来源：相关城市 2021 年国民经济和社会发展统计公报。

由图 3 – 7 可知，鲁南经济圈中各城市产业结构均呈现"三二一"特征，且临沂第三产业占比超过 50%。四座城市第一产业占比相差不大，数值与省会经济圈的泰安、滨州、德州和胶东经济圈的威海、潍坊相近。由图 3 – 8 可知，鲁南经济圈中临沂、济宁第二、第三产业具有相对优势，与省会经济圈的淄博、东营相差不大，优于胶东经济圈的威海、日照，劣于胶东经济圈的潍坊、烟台。下面分城市按三次产业讨论各城市体量较大的行业。

临沂农林牧渔业 2021 年总产值 908 亿元，在鲁南经济圈排名第二，山东省排名第四。根据 2021 年临沂的统计年鉴数据，临沂 2020 年第二产业中营业收入超过百亿元的行业有农副食品加工业，纺织业，木材加工和木、竹、藤、棕、草制品业，石油、煤炭及其他燃料加工业，化学原料和化学制品制造业，医药制造业，橡胶和塑料制品业，非金属矿物制品业，黑色金属冶炼和压延加工业，有色金属冶炼和压延加工业，金属制品业，专用设备制造业，电力、热力生产和供应业。临沂 2020 年第三产业营业收入过十亿元的行业有交通运输、仓储和邮政业，信息传输、软件和信息技术服务业，房地产业，租赁和商务服务业，科学研究和技术服务业，水利、环境和公共设施管理业；其中，交通运输、仓储和邮政业 2020 年营业收入超过百亿元。

枣庄农林牧渔业 2021 年总产值 359 亿元，在鲁南经济圈排名第四，山东省排名第十三。根据 2021 年枣庄的统计年鉴数据，临沂 2020 年第二产业中营业收入超过百亿元的行业有农副食品加工业，化学原料和化学制品制造业，非金属矿物制品业。枣庄 2020 年第三产业营业收入超过百亿元的行业是批发和零售业，信息传输、软件和信息技术服务业，互联网和相关服务、软件和信息技术服务业，租赁和商务服务业，居民服务、修理和其他服务业，文化、体育和娱乐业，营业收入增长迅速。

济宁农林牧渔业 2021 年总产值 1116 亿元，在鲁南经济圈排名第一，山东省排名第三。根据 2021 年济宁的统计年鉴数据，济宁 2020 年第二产业中营业收入超过百亿元的行业有煤炭开采和洗选业，农副食品加工业，纺织业，造纸和纸制品业，石油、煤炭及其他燃料加工业，化学原料和化学制品制造业，医药制造业，橡胶和塑料制品业，非金属矿物制品业，金属制品业，通用设备制造业，专用设备制造业，汽车制造业，电力、热力生产和供应业。济宁 2020 年第三产业营业收入超过千亿元的行业是批发和零售业。交通运输、仓储和邮政业，租赁和商务服务业，水利、环境和公共设施管理业，营业收入增长较快。

菏泽农林牧渔业 2021 年总产值 687 亿元，在鲁南经济圈排名第三，山东省排名第八。根据 2021 年统计年鉴数据，菏泽 2020 年第二产业中营业收入超过百亿元的行业有煤炭开采和洗选业，农副食品加工业，纺织业，木材加工和木、竹、藤、棕、草制品业，石油、煤炭及其他燃料加工业，化学原料和化学制品制造业，医药制造业，非金属矿物制品业，电力、热力、燃气及水生产和供应业。医药制造业、纺织业、食品制造业、农副食品加工业营业收入增长较快。

因此，济宁的农林牧渔业无论在鲁南经济圈还是在山东省均处于优势地位，临沂的农林牧渔业在山东省地位也较为突出，菏泽的农林牧渔业位于山东省一般偏下位置，枣庄的农林牧渔业则处于劣势地位。鲁南经济圈各城市第二产业布局存在较大相似性，农副食品加工业、化学原料和化学制品制造业、非金属矿物制品业在四市均有较大体量；石油、煤炭及其他燃料加工业，纺织业，医药制造业，电力、热力生产和供应业在临沂、济宁、菏泽三市体量较大；木材加工和木、竹、藤、棕、草制品业主要分布在菏泽和临沂；金属制品业、专用设备制造业重点分布在临沂和济宁；黑色金属冶炼和压延加工业，有色金属冶炼和压延加工业只分布在临沂；汽车制造业、通用设备制造业、造纸和纸制品业只分布在济宁。临沂的交通运输、仓储和邮政业具有较大比较优势。

第4章

山东半岛城市群空间关联结构研究

4.1 问题的提出

泰勒（Taylor，2004）指出城市的第二本质是城市之间的关系；赫希曼（Hirshman，1958）认为增长极对周边区域存在涓滴效应；弗雷德曼（Friedmann，1966）得出结论，随着中心区不断扩展，外围区力量会逐渐增强。《山东新旧动能转换综合试验区建设总体方案》基于城市间经济关联与空间溢出效应，作出"加快提升济南、青岛、烟台地位，形成三核引领、区域融合互动的动能转换总体格局"。《山东省国民经济和社会发展第十四个五年规划和 2035 年远景目标纲要》和《山东半岛城市群发展规划（2021－2035 年）》基于增长极理论、区域分工合作理论和区域经济一体化理论，对山东半岛城市群"一群两心三圈"的区域发展格局作出具体部署，支持济南创建国家中心城市，支持青岛建设全球海洋中心城市，完善济青联动发展机制，打造具有核心竞争力和辐射引领力的高质量增长极；加快省会、胶东、鲁南三大经济圈建设，健全跨市域、跨区域合作机制，推动经济圈一体化发展。山东半岛城市群各城市间因地理邻近、企业活动、产业关联而存在经济关联，从而形成以城市为节点、城市间关联关系为边的空间关联网络。各城市产业结构、贸易往来不同，政治、历史、地理、文化等因素存在差异，导致了不同城市经济地位的不同及经济关联强度的差异，从而使得山东半岛城市群的空间关联网络结构是非均衡[①]的。根据赫希曼的涓滴效应、弗雷德曼的中心－外围理论[②]等，非均衡的空间关联网络为城市群经济发展提供了无形动能，为城市融合互动、协同发展提供了路径，为"核心城市引领"推动城市群经济高质量发展提供了思路。

学术界关于城市空间关联网络以及城市网络建模的依据主要分为四类：第一类是基础设施，包括基于铁路、公路、海运和航空的可达性建立网络、基于信息系统的硬件条件构建网络和基于信息流构建网络；第二类是企业活动，根据企业间竞争关联、上下游关系和总部对分支机构的控制关系构建网络；第三类是基于城市间产业（产品）关联构建网络；第四类是基于引力模型构建网络。其中，引力模型因其普适性和综合性，被广泛应用于城市空间关联网络模型和城市网络模型的构建，特别是省内或局域城市网络模型的构建。

因研究目的的需要，有关引力模型修正的研究不断涌现，这些研究主要聚焦在对城市质量和空间距离的修正上。徐长乐和吴梦（2018）选取城市综合经济实力、城市基础设施状况等五个指标构建指标体系来修正引力模型中的城市质量，用城市间交通里程测算空间距离，并分析成渝城市群空间联系。段七零和毛建明（2011）用主成分法求得城市综合质量指标修正城市质量，求得运输的时间成本与货币成本的积的平方根作为"经济距离"修正距离指标，以研究省域经济区划。对于引力模型中K_{ij}修正的研究不多，孙久文和罗标强（2016）认为城市化率与经济发展阶段呈正相关关

---

① 阿西莫格鲁等（Acemoglu et al，2012）的研究认为网络出度（入度）若服从正态分布，则网络结构是均衡的，若服从幂律分布，则网络结构是非均衡的。

② 发展通常起源于少数几个创新中心，创新由中心向周边地区扩散，外围通过依附中心而获得发展。

系，并用城市化率对K_{ij}进行修正；李博雅（2018）则认为可达性是评价城市间相互作用强度的重要基础，并用可达性系数对K_{ij}进行修正。毋庸置疑，研究中引力模型的修正都是基于特定的研究需要，但仅以城市化率或可达性对K_{ij}进行修正难以客观反映城市间的经济关联关系。

因而，以促进城市群区域经济融合互动、协同发展为目的，研究山东半岛城市群的空间关联结构时，城市群空间关联网络既不能简单依据铁路、公路、海运和航空的可达性来构建，也不能依据信息系统的硬件条件和信息流动的软件条件来构建，而必须基于城市间经济关联关系来构建；但因为山东省内企业活动的匮乏和产业关联数据的不可得，又不能依据企业活动和城市间产业关联来构建，从而能客观反映城市间经济关联关系的修正引力模型成为可靠选择，尤其是基于K_{ij}的修正以最大可能反映城市间经济关联强度的修正引力模型。

鉴于企业关联和产业关联是反映城市间经济关联关系的关键，而错位发展与互补性是建立企业关联和产业关联的关键，本章把产业同构系数的倒数作为引力模型典型公式的关联权重调节参数K_{ij}，从而综合产业结构、企业活动、经济总量、运输距离、人口等因素，构建反映城市间经济关联关系的城市群空间关联网络模型，并进一步采用网络分析法对山东半岛城市群空间关联结构进行分析，从而为山东半岛城市群区域经济融合互动、协同发展提供思路。

4.2　模型原理及研究方法

4.2.1　模型原理

城市群城市间因投入产出关联、供需关系、技术与知识外溢等外部性存在经济发展的相互影响。基于新经济地理学的"冰山运输成本"理论，邻近的供需活动更易于降低成本，形成规模经济优势；地理因素同样影响了知识和技术的扩散。凯勒（Keller, 2002）的实证研究表明，空间距离每增加 1200 千米，技术扩散就要减少 50%。因而，本章研究中充分重视距离因素对城市间经济活动的影响，同时综合考虑城市人口、经济总量等反映城市影响力的关键因素，总体上借鉴王欣等（2016）采用的测算长江三角洲各城市间经济联系强度的引力模型，但考虑互补性、错位发展对城市间经济关联的影响，笔者使用城市群各城市间产业同构系数的倒数，来修正王欣等（2016）所采用的引力模型中的关联权重调节参数 K_{ij}，从而综合考虑各类因素获得城市群城市间经济关联强度。王欣等（2016）采用的测算长江三角洲各城市间经济联系强度的引力模型公式如式（4-1）所示。

$$R_{ij} = K_{ij} \frac{\sqrt{L_i T_i} \cdot \sqrt{L_j T_j}}{D_{ij}^2} \qquad (4-1)$$

其中，R_{ij} 为城市 i 对城市 j 的经济关联强度，K_{ij} 为反映城市 i 对城市 j 经济关联权重的调节参数（以下简称关联权重参数），L_i 与 L_j 分别为城市 i 与城市 j 的人口数量，T_i 与 T_j 分别为城市 i 与城市 j 的 GDP，D_{ij} 为城市 i 与城市 j 的空间距离。

4.2.1.1 关联权重参数 K_{ij} 的确定

式（4-1）中参数 K_{ij} 的确定可以基于城市间贸易数据、投资数据、产业关联数据等，它量化了城市 i 对城市 j 的经济关联权重。因为山东半岛城市群城市间贸易、投资、产业关联等数据相对缺乏，所以本章根据各城市各产业年末就业人数，求得城市群各城市间产业同构系数，取其倒数作为城市间经济关联权重参数。产业同构系数自 1979 年由联合国工业发展组织提出后，被广泛用于分析国家间、地区间或城市间产业结构的相似程度。其计算公式为：

$$S_{ij} = \frac{\sum_{k=1}^{n} (x_{ik} x_{jk})}{\sqrt{\sum_{k=1}^{n} x_{ik}^2 \sum_{k=1}^{n} x_{jk}^2}} \qquad (4-2)$$

式（4-2）中，S_{ij}表示城市i城市j的产业同构系数，x_{ik}、x_{jk}分别为城市i和城市j中k产业就业人数在山东半岛城市群k产业就业总人数中所占比重。产业同构系数取值范围为0～1，量化了两城市产业结构的差异程度。其值越接近1，表示两城市的产业结构相似程度越高，产业互补性越差，错位发展水平越低，城市间经济关联强度越小；其值越接近0，表示两城市产业结构差异性越大，产业互补性越好，越能实现高水平的错位发展，城市间经济关联强度越大。

4.2.1.2 变量L_i（L_j）、T_i（T_j）及D_{ij}的确定

L_i（L_j）为城市$i(j)$的人口总量，通常常住人口相比户籍人口更能反映城市发展特征，受数据的客观性与可得性限制，本章取第七次人口普查推算数据与公安户籍统计数据的均值作为式（4-1）人口变量的取值。T_i（T_j）为城市$i(j)$的地区生产总值，反映城市的经济总量。D_{ij}为城市i与城市j的空间距离，为体现实际运输距离对城市间经济关联关系的影响，借鉴徐长乐和吴梦（2018）关于空间距离的定义，基于山东省实际侧重的运输方式近似确定距离变量的取值。

4.2.1.3 城市群空间关联网络模型的构建

K_{ij}、L_i、L_j、T_i、T_j及D_{ij}确定后，根据式（4-1）计算城市群各城市间经济关联强度，从而构建以城市为节点的、以城市间经济关联强度为边的山东半岛城市群空间关联网络模型$N=(V,E,W)$，其中，V为城市集，E为城市间连边集，$W=\{w_{ij}\}$为连边权重矩阵。

4.2.2 研究方法

在构建城市群空间关联网络模型基础上，本章采用网络分析法研究山东半岛城市群各类空间关联结构，分析城市群各城市间经济关联关系，根

据研究需要具体研究四类结构。

4.2.2.1 一般关联结构

一般关联结构是以度、二阶度两类指标量化的局域结构，反映了网络中各城市因直接关联和二阶间接关联而产生的对一阶邻居城市和二阶邻居城市的影响力。

在无向无权网络中，一个节点的度被定义为与该节点直接相连的边的数量，城市群空间关联网络是无向赋权网络，因此本章研究中一个城市的度被定义为与该城市直接相连的边的边权之和，刻画了各城市在城市群中的直接影响力。为简化结果，计算公式定义为节点度值与最大度值的比值：

$$D_i = \frac{\sum_{j=1}^{n} w_{ij}}{\max_i \sum_{j=1}^{n} w_{ij}} \qquad (4-3)$$

一个节点的重要性不仅取决于对邻居节点的直接影响力，而且取决于对二阶邻居节点的间接影响力，对邻居节点的直接影响力用节点的度衡量，对二阶邻居节点的间接影响力则用二阶度刻画。为简化结果，计算公式定义为节点二阶度值与最大二阶度值的比值：

$$D_i^2 = \frac{\sum_{j=1}^{n} w_{ij} D_j}{\max_i \sum_{j=1}^{n} w_{ij} D_j} \qquad (4-4)$$

4.2.2.2 基础关联结构

基础关联结构一般是指以最少的边把所有节点连接起来的最大权支撑树，是网络上相互作用最强烈的路径，反映了节点间最强烈的相互影响。最大权支撑树上的节点分为根节点、叶节点、主干节点和枝干节点四种类型。在城市群空间关联网络的最大权支撑树中，加权度最大的城市为根城市，对城市群具有最大的支撑作用；加权度为零的城市为叶城市，叶城市位于树的终端，支撑作用相对较弱；最长通道（半通道）是反映城市间经济关联关系的最长链条，是城市间相互影响的关键途径，最长通道（半通道）上除根城市和叶城市外的其他城市的集合为主干城市，主干城市间具有强烈的相互作用；其他城市构成枝干城市。

4.2.2.3　核关联结构

核关联结构是基于度值进行 k – 壳分解形成的分层结构，其中核度值最大的核是主核，由网络上相互影响最密集的节点构成。主核是最能维持城市群稳定性的城市子图，同时也是对城市群空间关联网络整体结构破坏性最强的城市子图，在整个城市群中的重要性和影响力都非常大。k – 壳分解计算步骤为：

第一，除去度 $k = 0$ 的孤立节点。

第二，除去度 $k = 1$ 的节点及其邻边，则可能出现新的 $k = 1$ 的节点，除去新出现的 $k = 1$ 的节点及其邻边，直到网络中不存在 $k = 1$ 的节点为止。那么，所有 $k = 1$ 的节点及其邻边构成网络的 1 – 壳。

第三，采用相同方法获得网络的 2 – 壳、3 – 壳等，直到网络中的节点都被划归到相应的 k – 壳中，且把网络中 $k = 0$ 的所有节点作为 0 – 壳，则获得网络 k – 壳结构。

第四，把所有 $k_s \geq k$ 的 k – 壳的并集作为网络的 k – 核。

因此，k – 核由网络中所有度值不小于 k 的节点及其连边组成。一般来说，k 越小，网络的连通程度越高；k 最大的子网络称为主核，是网络中关联最密集的子网络。

4.2.2.4　循环关联结构

循环关联结构是由网络节点圈度衡量的结构。节点圈度是经过节点的圈的个数，反映了节点对整个网络的循环带动能力，一般用相对圈度来度量，d_{c_i}为节点 i 的相对圈度，则 $d_{c_i} = \dfrac{c_i}{\sum\limits_{i=1}^{n} c_i}$ ，c_i 为经过节点 i 的圈的个数，

$i = 1$ ，2 ，$\cdots$ ，n 。

4.3 数据选取与实证分析

本章选取山东半岛城市群 16 城市 2020 年产业系统 19 个细分行业就业数据和 2020 年制造业 31 个细分行业就业数据[①]为数据来源，计算山东半岛城市群两两城市间产业结构相似系数 S_{ij}^{19} 和 S_{ij}^{31}，取 $1/(0.391S_{ij}^{19} + S_{ij}^{31})$[②] 作为城市间经济关联权重参数 K_{ij}；选取 2020 年山东半岛城市群 16 个城市 GDP 数据和第七次人口普查推算数据与公安户籍统计数据的均值作为城市特征数据 $L_i(L_j)$ 和 $T_i(T_j)$；笔者查询 2020 年山东省国民经济和社会发展统计公报数据发现，山东货物陆运量占了货物总运输量的近 90%，货物陆运周转量占了货物总周转量的近 70%，因此本章把 D_{ij} 定义为城市 i 与城市 j 的公路运输距离，并查询百度地图把各路线运输距离的均值作为 D_{ij}。基于以上数据，计算 $K_{ij} \dfrac{\sqrt{L_i T_i} \cdot \sqrt{L_j T_j}}{D_{ij}^2}$，从而获得山东半岛城市群 16 城市空间关联矩阵 R_{ij}，并进一步构建山东半岛城市群城市空间关联网络，进行空间关联结构分析。

4.3.1 城市群关联权重参数 K_{ij} 的计算

基于所选数据，按照模型原理部分 K_{ij} 的计算方法，求得山东半岛城市

---

① 2020 年制造业 31 个细分行业就业数据是目前能获取的最新数据，因此本章所有研究数据统一为 2020 年数据。

② 第一产业与第二产业占比之和为 0.391。

群 16 城市相互间关联权重参数，见表 4 - 1。

表 4 - 1 山东半岛城市群关联权重参数 K_{ij}

城市	济南	淄博	东营	泰安	德州	聊城	滨州	青岛	烟台	潍坊	威海	日照	枣庄	济宁	临沂	菏泽
济南	—															
淄博	1.118	—														
东营	1.825	1.250	—													
泰安	0.890	1.056	1.278	—												
德州	1.090	0.904	2.100	1.059	—											
聊城	1.223	1.127	2.656	1.137	1.020	—										
滨州	1.810	1.135	2.408	1.684	1.194	0.983	—									
青岛	1.087	1.412	2.846	1.264	1.212	1.550	2.066	—								
烟台	0.989	1.101	1.937	1.038	1.044	1.093	1.118	1.148	—							
潍坊	1.115	0.966	1.696	1.148	0.900	1.055	1.238	1.229	0.929	—						
威海	1.328	1.283	2.468	1.331	1.119	1.916	2.091	1.404	1.121	1.295	—					
日照	1.015	1.342	2.176	1.215	1.220	1.139	1.600	1.548	1.203	1.324	1.876	—				
枣庄	1.419	0.974	1.359	0.978	1.044	1.124	1.509	1.191	1.229	1.049	1.480	1.505	—			
济宁	1.326	1.028	1.273	0.961	1.037	1.129	1.636	1.415	1.090	1.026	1.341	1.450	0.805	—		
临沂	1.426	1.281	2.883	1.386	1.135	1.129	1.544	1.534	1.379	1.241	1.785	1.260	1.126	1.355	—	
菏泽	1.499	1.073	1.902	1.258	1.056	1.211	1.393	1.531	1.315	1.159	1.632	1.286	1.057	1.129	0.892	—

4.3.2 城市群空间关联矩阵的计算

基于所选数据，根据式（4 - 1），求得山东半岛城市群 16 城市空间关联矩阵（见表 4 - 2）。

表 4 - 2 山东半岛城市群空间关联矩阵

城市	济南	淄博	东营	泰安	德州	聊城	滨州	青岛	烟台	潍坊	威海	日照	枣庄	济宁	临沂	菏泽
济南	—	380	88	539	248	232	228	83	31	143	13	21	59	200	161	109
淄博	380	—	71	73	34	34	222	78	24	220	8	18	12	30	58	18
东营	88	71	—	16	35	24	239	92	28	177	10	15	5	12	53	12
泰安	539	73	16	—	43	92	44	40	24	47	4	13	33	142	96	53

续表

城市	济南	淄博	东营	泰安	德州	聊城	滨州	青岛	烟台	潍坊	威海	日照	枣庄	济宁	临沂	菏泽
德州	248	34	35	43	—	73	42	25	10	24	4	6	9	34	27	23
聊城	232	34	24	92	73	—	16	28	9	27	5	6	14	107	31	77
滨州	228	222	239	44	42	16	—	64	16	106	9	11	10	28	35	16
青岛	83	78	92	40	25	28	64	—	164	352	57	218	20	49	150	32
烟台	31	24	28	24	10	9	16	164	—	73	480	19	15	13	34	11
潍坊	143	220	177	47	24	27	106	352	73	—	26	83	13	30	104	22
威海	13	8	10	4	4	5	9	57	480	26	—	8	3	5	14	4
日照	21	18	15	33	6	6	11	218	19	83	8	—	14	20	120	10
枣庄	59	12	5	33	9	14	10	20	15	13	3	14	—	83	129	29
济宁	200	30	12	142	34	107	28	49	13	30	5	20	83	—	98	268
临沂	161	58	53	96	27	31	35	150	34	104	14	120	129	98	—	30
菏泽	109	18	12	53	23	77	16	32	11	22	5	10	29	268	30	—

4.3.3　城市群空间关联网络模型构建

基于城市群空间关联矩阵，运用 UCINET 软件进行可视化，得到山东半岛城市群空间关联网络模型，见图 4-1。

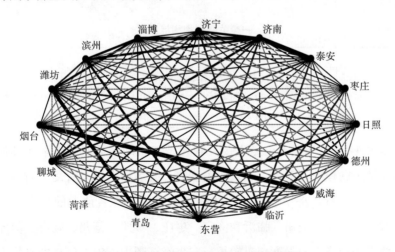

图 4-1　山东半岛城市群空间关联网络

注：节点连边代表城市间经济关联关系，连边越粗表示两城市经济关联关系越强。

由图4-1和表4-2可知，山东半岛城市群的空间关联结构是非均衡的，存在关联强度较大的城市对，如济南-泰安，也存在关联强度较小的城市对，如枣庄-威海。总体上看，济南在山东半岛城市群中居于核心位置，与泰安、淄博、德州、聊城、滨州、济宁、临沂等都存在较强的经济关联；青岛、潍坊、淄博在山东半岛城市群中的地位也相对重要，特别是青岛，作为副省级城市，与潍坊、日照、烟台和临沂的经济关联较为密切；另外，淄博与滨州和潍坊、烟台与威海和青岛、东营与滨州和潍坊、济宁与菏泽也存在程度不同的较强的经济关联；枣庄与其他城市的经济关联最弱，仅与临沂存在相对较强的经济关联。

4.3.4　城市群空间关联网络结构分析

4.3.4.1　一般关联结构分析

本章基于 MATLAB 软件计算度、二阶度等反映城市间直接经济关联强度和二阶间接经济关联强度的指标（见表4-3），刻画山东半岛城市群空间关联网络的一般关联结构。

表4-3　　　　　　　　　一般关联结构指标值

项目	省会经济圈							胶东经济圈					鲁南经济圈			
城市	济南	淄博	东营	泰安	德州	聊城	滨州	青岛	烟台	潍坊	威海	日照	枣庄	济宁	临沂	菏泽
度	1	0.505	0.345	0.497	0.251	0.306	0.429	0.572	0.374	0.571	0.257	0.230	0.176	0.441	0.450	0.282
二阶度	1	0.734	0.423	0.773	0.380	0.421	0.562	0.602	0.342	0.674	0.251	0.280	0.210	0.497	0.515	0.337

由表4-3可知，无论是直接关联还是二阶间接关联，济南与其他城市的经济关联程度都最大。从直接关联看，排名前七的是青岛、潍坊、淄博、泰安、临沂、济宁和滨州，从间接关联看，排名前七的是泰安、淄博、潍坊、青岛、滨州、临沂和济宁。枣庄、日照、德州、威海、菏泽与其他城市的经济关联强度相对较小。三大经济圈中，省会经济圈平均关联强度最大，鲁南经济圈平均关联强度最小。

4.3.4.2　基础关联结构分析

根据基础关联结构的定义，基于 MATLAB 软件，求得山东半岛城市群空间关联网络的最大权支撑树矩阵，并采用 UCINET 绘图，得到反映山东半岛城市群基础关联结构的最大权支撑树（见图4-2）。

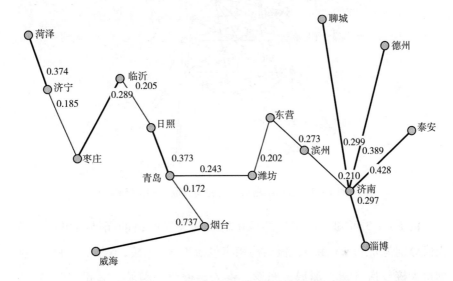

图4-2　山东半岛城市群最大权支撑树

由图4-2可知，山东半岛城市群最大权支撑树的树根是济南，主干是菏泽-济宁-枣庄-临沂-日照-青岛-潍坊-东营-滨州-济南-泰安，最大枝干是威海-烟台-青岛-潍坊-东营-滨州-济南-泰安，叶城市包括菏泽、威海、聊城、德州、泰安、淄博。说明济南是辐射带动山东半岛城市群经济发展最重要的城市，主干的11座城市构成山东半岛城市群经济发展最主要的辐射影响路径，最大枝干的8座城市则构成仅次于主干的山东半岛城市群经济发展的辐射影响路径。最大权支撑树的最右边是省会经济圈，通过东营与胶东经济圈相连，最左边是鲁南经济圈，通过日照与胶东经济圈相连，说明山东半岛城市群城市间最基础的辐射带动作用是发生在经济圈内的。

4.3.4.3 核关联结构分析

采用 UCINET 生成山东半岛城市群空间关联网络矩阵.net 格式文件,采用 Pajek 软件绘制山东半岛城市群空间关联网络的核结构图(见图 4-3)。

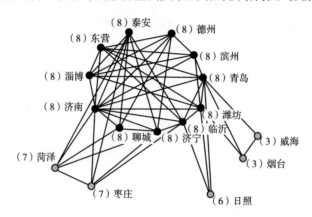

图 4-3 山东半岛城市群空间关联结构核结构

由图 4-3 可知,山东半岛城市群空间关联网络的壳结构包括 4 层,壳值分别为 8、7、6 和 3,核结构相应包括 8 核、7 核、6 核和 3 核。主核即最大核包括济南、淄博、东营、泰安、德州、聊城、滨州、青岛、潍坊、济宁、临沂等 11 座城市,核度值为 8,主核内城市具有最密集的经济关联,从而发生最密集的辐射带动作用。鲁南经济圈的菏泽、枣庄与胶东经济圈的日照、威海和烟台,不在主核内,因而与其他城市间辐射带动作用相对稀疏,特别是烟台和威海。

4.3.4.4 循环关联结构分析

根据圈度定义,采用 MATLAB 软件,编程求得山东半岛城市群空间关联网络中各城市的圈度(见表 4-4)。

表 4-4 山东半岛城市群各城市圈度

城市	济南	淄博	东营	泰安	德州	聊城	滨州	青岛
圈度值	0.086	0.078	0.071	0.075	0.066	0.074	0.068	0.077

续表

城市	烟台	潍坊	威海	日照	枣庄	济宁	临沂	菏泽
圈度值	0.010	0.080	0	0.042	0.056	0.077	0.086	0.053

由表4-4可知，济南与临沂的圈度最大，其次是潍坊，再其次是淄博、青岛、济宁、泰安、聊城、东营的圈度也相对较大，最小的是威海，烟台在威海之前，日照、菏泽位列倒数第三和第四。省会经济圈平均圈度最大，为0.074，胶东经济圈平均圈度最小，为0.042，鲁南经济圈平均圈度居中，为0.068，说明省会经济圈通过循环关联影响经济发展的能力最强，鲁南经济圈居中，胶东经济圈最弱。

4.4　结论与启示

因企业活动数据的匮乏和城市间产业关联数据的缺乏，山东半岛城市群各城市间真实的经济关联关系难以客观反映。因此，本章基于城市间产业互补利于推动城际产业合作的事实，用产业同构系数的倒数修正引力模型中经济关联权重参数K_{ij}，进而基于修正的引力模型，构建了山东半岛城市群空间关联网络模型，而后采用网络分析方法，从一般关联结构、基础关联结构、核关联结构和循环关联结构四个层面分析了山东半岛城市群的空间关联结构。具体结论如下：

（1）山东半岛城市群各城市间存在非均衡的经济关联。济南、青岛与其他城市间经济关联更为强烈和密切，山东半岛城市群双核引领的区域发展格局已然形成。济南作为省会城市和省会经济圈核心城市，不仅因经济关联推动了省会经济圈的经济一体化发展，而且因经济关联促进了济宁、临沂等其他城市的经济发展。青岛作为副省级城市和胶东经济圈核心城市，对胶东经济圈的潍坊、日照、烟台以及鲁南经济圈的临沂具有较大带动作用。总体上看，各经济圈内城市间经济关联更加密切、相互影响更为强烈，但圈际有些城市间也存在较为强烈的相互影响，比如，胶东经济圈的潍坊与省会经济圈的淄博、东营。三大经济圈中，鲁南经济圈四座城市间经济关联相对最弱，仅济宁与菏泽间存在相对较强的经济关联，与圈外其他城市间经济关联总体上也不强。

（2）山东半岛城市群各城市具有不同的经济地位和影响力。从山东半岛城市群空间关联网络基础关联结构看，省会济南作为位于主干上的"树根"城市，在山东半岛城市群中居于核心地位，是引领山东半岛城市群经济发展的重要增长极；济南与省会经济圈其他五座城市直接相连，济南的技术创新、产业升级能够直接辐射带动这五座城市的经济发展；济南位于山东半岛城市群相互作用最强路径上，其经济发展极易通过主干城市在城市群传播扩散。从山东半岛城市群空间关联网络一般关联结构、核关联结构、循环关联结构看，济南通过直接关联和二阶间接关联、循环关联对城市群经济发展具有最强的影响力；同时济南位于主核内，处于山东半岛城市群关联最密集的城市子群内，是关键城市子群的核心；经过济南的城市圈最多，济南具有最大的循环带动能力。因此，为进一步推动山东半岛城市群经济发展，应加大力度实施"强省会"战略，全面提升济南的综合竞争力，充分释放济南的区域辐射力。

作为副省级城市、沿海重要中心城市、国际性港口城市，青岛外向型经济发达，是连接山东半岛城市群与日、韩及"一带一路"沿线国家的重要纽带。从各类关联结构计算结果看，青岛相比济南没有优势，甚至在间接影响和循环带动作用发挥上不如潍坊与淄博，但不可否认，青岛在促进山东半岛城市群经济一体化发展上具有不可替代的重要地位。青岛通过直接关联强烈影响着潍坊、烟台、日照、临沂等城市的经济发展，通过二阶间接关联深刻影响着威海、济宁、泰安、潍坊、菏泽、聊城的经济发展。作为沿海城市，青岛海洋经济发达，是山东半岛蓝色经济区核心区，发挥青岛这一经济增长极对城市群经济发展的引领作用，必须坚持陆海统筹，拓展、延伸泛蓝色产业链，由纯蓝色产业向泛蓝色产业，由海洋向陆地延伸，并扮演好山东半岛城市群外向型经济发展的桥梁，撬动城市群经济发展。

烟台、潍坊等其他城市在城市群中均占据一定地位、具有一定影响力。烟台是重要港口城市、先进制造业名城、国家创新型试点城市，与青岛一样，也是连接日韩与城市群的重要纽带和城市群外向型经济发展的重要桥梁，从计算结果看，烟台与威海一样，与城市群其他城市间关联相对不强，仅两城市间存在较强的相互影响，因此推动二者更好辐射内地是关键。潍坊位于胶东半岛向山东腹地过渡的区域，是基础设施互联互通以及经济、人力密切往来的边界城市，优越的地理位置决定了潍坊具有较高的经济关联地位，连接了省会经济圈和胶东经济圈。淄博与东营相似，与圈内的滨州和胶东经济圈的潍坊间存在较强的相互影响，对城市群经济发展具有基本相同的循环带动能力。此外，滨州与济南、淄博、东营、潍坊间也存在较强的相互影响。枣庄、日照、德州、菏泽相比其他城市对城市群的影响力相对较小。

（3）山东半岛城市群"一群两心三圈"的区域发展格局正在形成。因地缘优势与产业特点，圈内城市间因存在相对更强的经济关联而产生相对更强的经济相互影响，胶东经济圈区域协同作用发挥最好，鲁南经济圈最差，但均好于圈际间。从圈际间城市相互影响看，省会经济圈与鲁南经济圈间区域协同发展最好，胶东经济圈与鲁南经济圈间最差。因此，在大力推动圈内城市间一体化发展的同时，特别是鲁南经济圈一体化发展的同时，需关注圈际城市的协同发展，基于比较优势，从产业关联视角，利用"飞地经济"等各种模式开展圈际城市产业合作，加快形成城市群协同发展良好格局。

第 5 章

山东半岛城市群产业关联结构研究

5.1 问题的提出

产业关联提供了冲击在产业系统传播的通道。以俄乌冲突导致全球粮食危机为例，军事冲突导致全球粮食危机存在多种途径，除导致乌克兰粮食减产、粮食运输通道受阻和俄乌两国主观限制粮食出口外，还存在一个重要途径，即军事冲突导致石油和天然气价格暴涨，天然气作为化肥的主要原料，其价格暴涨导致全球化肥价格急剧上涨，进而导致化肥采购量的减少，最终造成农产品产量下降。因此，军事冲突导致全球粮食危机除存在直接诱因外，还存在能源危机因产业关联导致粮食减产这一间接诱因。里昂惕夫用"波及"描述某一产业部门的变化，沿着不同的产业关联方式，引起与其存在直接和间接关联的产业部门变化的现象，并把波及的走向称为产业波及线路。众多学者也从学术角度研究了冲击在产业间传播的机制、路径等，王佳等（2013）把 DSGE 模型引入投入产出分析领域，构建了改进的 7 部门 DSGE 模型，采用脉冲响应方法分析了冲击沿部门的传导机制以及各部门产出波动对其他部门产出和总产出的影响。耿鹏和赵昕东（2009）把 GVAR 模型用于产业分析，发现外生冲击对各个产业的影响是沿着产业链传导的。苏樲芳、渠慎宁和陈昌楠（2015）构建了反映中国 33 个工业部门间内在联系的全局向量自回归模型（GVAR），发现国际资源价格波动沿着产业链内在联系构成的固定路径进行传导。

产业系统中各产业重要性不同，对经济发展作用各异。赫希曼（Hirschman，1958）认为经济发展是非均衡的，应先行发展具有战略意义和较大产业关联效应的主导部门，而后通过产业关联带动整个经济系统发展。佩鲁（Perroux，1950）指出，一些主导部门和具有创新能力的行业集中于一些地区形成"增长极"，不仅推动所在部门和地区迅速发展，而且带动其他部门和地区的发展。阿西莫格鲁等（Acemoglu et al，2012）研究发现产业系统中存在为较多产业提供中间投入的供应枢纽产业，该类产业全要素生产率波动等异质冲击能通过级联效应快速传导至下游大量产业部门，引起总产出波动；他们进一步指出供应枢纽的存在导致产业网络的非均衡性，非均衡的产业网络结构提供了异质冲击在产业系统传播扩散的机制，且产业网络结构的非对称性越大，部门异质冲击在产业系统扩散形成总产出波动的程度越大。里昂惕夫用影响力系数、感应度系数等分析产业系统中各产业的波及效果，从而量化各产业的不同地位和重要性。

城市群产业间因投入产出关联形成产业网络，由于各产业（产业群）影响力不同，城市群产业网络是非均衡的，存在重要性较大的节点（节点群）。有些学者认为中心性越高的节点具有越强的传播能力（Canright & Engø-Monsen，2006；Lü L et al，2011；Chen D et al，2012；Macdonald et al，2012），有些学者则认为中心性仅反映局域关联信息（Borge-Holthoefer et al，2012；Tanaka et al，2012）。基萨克（Kitsak et al，2010）基于全局关联信息进行研究，发现最有效的传播者是位于网络最大核内的节点。相雪梅等（2018）综合局域关联信息和全局关联信息，研究了经济系统中各节点影响力的不同。城市群非均衡的产业网络结构提供了城市群通过非均衡战略实现发展的动力机制。

为描述山东半岛城市群产业系统的结构，弄清山东半岛城市群各产业的地位和作用，揭示科技创新、投资、消费、进出口等因素对山东半岛城市群经济发展产生作用的机理和路径，更好制定山东半岛城市群产业发展政策，本章采用产业网络方法和产业关联方法研究山东半岛城市群产业关联结构，助力山东半岛城市群经济一体化发展。

5.2　研究方法与数据来源

5.2.1　研究方法

5.2.1.1　产业网络分析法

产业网络分析法是研究产业间相互作用类型及强度的常用方法。在产业网络中，节点代表产业，节点间连边代表产业间关联关系。本章借鉴赵炳新等（2011）构建产业网络的方法，基于直接消耗系数，采用威孚－托马斯指数去除产业间弱关联关系，获得反映产业间强关联关系的产业网络模型。产业间错综复杂的关联关系可以通过产业网络结构来反映，本章立足一般关联结构、基础关联结构、核关联结构等三类结构研究山东半岛城市群的产业关联结构。

1. 一般关联结构

一般关联结构是以关联度、二阶关联度等指标量化的结构，为更全面刻画产业网络各节点的重要性，本部分把接近中心性和中间中心性两个指标包括在内，以更好反映产业网络中各节点的"权力"，即节点对其他节点的影响力。

关联度反映了节点位置的重要性，产业的关联度越大意味着该产业具有越重要的位置，通过直接供需关联对其他产业产生的影响越大。对于一个具有 n 个节点的产业网络，某产业节点的度值为与该节点直接相连的边的数量，其最大可能度值为 $n-1$。产业网络是有向加权网络，因此分为加权入度和加权出度，若产业网络的邻接矩阵为w_{ij}，则产业i的入度d_i^{in}、出度d_i^o分别为：

$$d_i^{in} = \sum_{j=1}^n w_{ji}; i = 1,2,\cdots,n \qquad (5-1)$$

$$d_i^o = \sum_{j=1}^n w_{ij}; i = 1,2,\cdots,n \qquad (5-2)$$

产业节点的重要性不仅取决于与其存在直接供需关联的产业的数量（关联权重），而且取决于与其存在二阶间接供需关联的产业的数量（关联权重），用二阶关联度衡量产业因二阶间接关联产业而产生的重要性。产业网络是有向加权网络，因此产业的二阶关联度分为二阶加权入度d_i^{in-2}与二阶加权出度d_i^{o-2}，计算公式分别为：

$$d_i^{in-2} = \sum_{j=1}^n d_j^{in} w_{ji}; i = 1,2,\cdots,n \qquad (5-3)$$

$$d_i^{o-2} = \sum_{j=1}^n d_j^o w_{ij}; i = 1,2,\cdots,n \qquad (5-4)$$

接近中心性衡量了一产业与其他产业的"亲近"程度，用该产业到其他产业最短路径的距离和的倒数表示，一个产业的接近中心性越大，则该产业与其他产业的距离越近，越容易影响其他产业。用d_{ij}表示节点i到节点j的最短路径距离，则产业i的接近中心性为：

$$cc_i = \frac{1}{\sum_{j=1}^n d_{ij}}; i,j = 1,2,\cdots,n \qquad (5-5)$$

中间中心性衡量了产业作为"中介"节点的能力，一个产业位于联通其他产业的最短路径的数量越多，则该产业的中间中心性越大，从而该产业对其他产业的控制能力越强。以g_{st}代表节点s到节点t的最短路径数量，n_{st}^i为其中经过节点i最短路径数量。则产业i的中间中心性为：

$$bc_i = \frac{\sum_{s \neq i \neq t} n_{st}^i}{g_{st}}; i = 1,2,\cdots,n \qquad (5-6)$$

2. 基础关联结构

基础关联结构是指以最少的边把所有节点连接起来的最大权支撑树，是网络上相互作用最强烈的路径，反映了节点间最强烈的相互影响。

3. 核关联结构

核关联结构是基于度值进行 k – 壳分解形成的分层结构，其中核度值最大的核是主核，由网络上相互影响最密集的节点构成。

5.2.1.2 产业关联分析法

产业关联分析法以投入产出表和投入产出模型为基本工具，揭示了产业间联系与联系方式的量化比例。其中，产业波及效果分析作为产业关联的动态分析，能够刻画产业间发展变化的相互影响。本部分主要使用以下系数研究产业波及效果。

1. 影响力系数和感应度系数

影响力系数量化了一个产业影响其他产业的程度，其值大于 1 表明该产业影响其他产业的能力位居平均水平以上，小于 1 则相反。假设 A 为直接消耗系数矩阵，则产业 i 的影响力系数为：

$$T_i = \frac{\frac{1}{n}\sum_{i=1}^{n} A_{ij}}{\frac{1}{n^2}\sum_{i=1}^{n}\sum_{j=1}^{n} A_{ij}}; i,j = 1,2,\cdots,n \qquad (5-7)$$

感应度系数量化了一个产业受其他产业影响的程度，其值大于 1 意味着该产业受其他产业影响的程度位居平均水平以上，小于 1 则相反。假设 A 为直接消耗系数矩阵，则产业 i 的感应度系数为：

$$S_i = \frac{\frac{1}{n}\sum_{j=1}^{n} A_{ij}}{\frac{1}{n^2}\sum_{i=1}^{n}\sum_{j=1}^{n} A_{ij}}; i,j = 1,2,\cdots,n \qquad (5-8)$$

2. 生产诱发系数和生产依赖度系数

生产诱发系数量化了各产业部门的各最终需求项目（消费、投资、出口等）对生产的诱导作用的大小，其值越大说明最终需求项目增加 1 个单位时该产业诱发的生产越多。若 A 为直接消耗系数矩阵，L_i 为最终需求项目列向量，Y_L 为最终需求项目的合计数额，则产业 i 的最终需求项目 L 的生产诱发系数为：

$$W_{iL} = \frac{(I-A)^{-1}L_i}{Y_L}; i, L = 1, 2, \cdots, n \qquad (5-9)$$

生产的最终依赖度量化了产业生产对最终需求项目的依赖程度，其值越大说明该产业对最终需求项目的依赖越大。若 A 为直接消耗系数矩阵，L_i 为最终需求项目列向量，则产业 i 的最终需求项目 L 的生产诱发系数为：

$$Q_{iL} = \frac{(I-A)^{-1}L_i}{\sum_{i=1}^{n}(I-A)^{-1}L_i}; i, L = 1, 2, \cdots, n \qquad (5-10)$$

5.2.2 数据来源

本章选取 2012 年、2017 年山东省投入产出表数据①，采用产业网络方法和投入产出方法研究党的十八大前后山东半岛城市群产业关联结构的演变。

5.3 山东半岛城市群产业关联结构分析

5.3.1 一般关联结构分析

基于产业网络分析方法计算山东半岛城市群 2012 年、2017 年产业网

---

① 省级投入产出表在年份逢 2、逢 7 时编制，2017 年山东省投入产出表是目前可得的最新数据。

络邻接矩阵，绘制山东半岛城市群 2012 年、2017 年产业网络图（见图 5-1 和图 5-2）。由图 5-1 可知，山东半岛城市群 2012 年产业网络包含 42 个节点、123 条边，网络密度为 0.0076；由图 5-2 可知，山东半岛城市群 2017 年产业网络包含 42 个节点、77 条边，网络密度为 0.006。2017 年总产出为 26.19 万亿元，远高于 2012 年 1.74 万亿元的总产出。2017 年直接消耗系数之和为 27.9025，略高于 2012 年直接消耗系数之和 27.0342；采用威弗-托马斯指数过滤后，2012 年和 2017 年直接消耗系数之和分别为 13.0642 和 10.365。

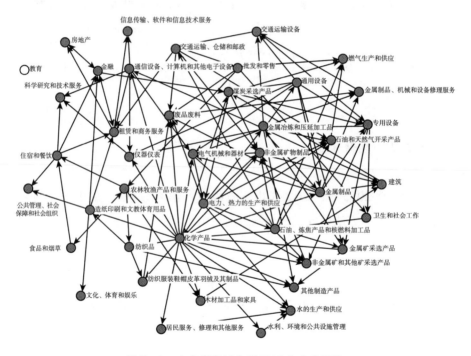

图 5-1 山东半岛城市群 2012 年产业网络

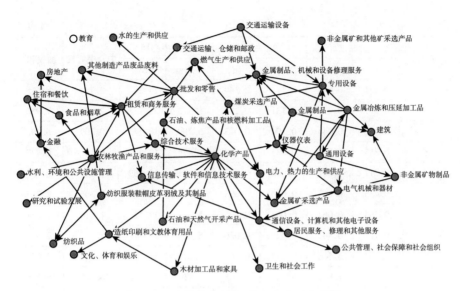

图 5 - 2　山东半岛城市群 2017 年产业网络

综合以上信息，一方面，2017 年相比 2012 年产业总产出获得了较大增长，物质投入在总投入中所占比重稍有增长；另一方面，各产业生产中其他产业投入的份额发生变化，以食品与烟草产业生产为例，2012 年农林牧渔产品和服务业在食品与烟草产业生产中的所占份额为 0.3528，2017年这一数值变为 0.2248，且这种变化更多体现在"头部"投入产业所占份额的变化上，导致以威弗 - 托马斯指数求拐点过滤后，2017 年相比2012 年山东半岛城市群强关联产业对（边）出现减少，山东半岛城市群2017 年产业网络相比 2012 年产业网络更为稀疏。根据式（5 - 1）~ 式（5 - 6），应用 Excel 表格和 UCINET 软件进一步获得山东半岛城市群 2012年和 2017 年产业网络一般关联结构信息（见表 5 - 1 和表 5 - 2）。

表 5 - 1　　山东半岛城市群 2012 年产业关联一般结构指标值

产业	关联度		二阶关联度		接近中心性		中介中心性	加权和*
	入	出	入	出	入	出		
1	0.241	0.751	0.053	0.224	5.663	20.197	6.179	8.327
2	0.446	0.566	0.146	0.294	5.977	25.625	23.019	14.018

续表

产业	关联度		二阶关联度		接近中心性		中介中心性	加权和*
	入	出	入	出	入	出		
3	0.331	0.848	0.114	0.340	5.783	24.26	2.784	8.615
4	0.377	0.218	0.131	0.253	5.775	22.778	2.274	7.952
5	0.465	0.046	0.194	0.013	5.799	18.142	0.109	6.192
6	0.353	0.313	0.085	0.141	5.474	19.34	0	6.427
7	0.217	0.501	0.046	0.042	5.671	18.062	1.159	6.425
8	0.436	0.065	0.090	0.003	5.968	2.498	0.366	2.357
9	0.265	0.064	0.053	0.003	5.663	17.521	1.514	6.271
10	0.171	0.302	0.026	0.026	5.663	19.712	5.64	7.885
11	0.644	0.568	0.222	0.268	5.679	31.298	9.524	12.051
12	0.124	1.819	0.066	0.365	5.71	38.318	20.748	16.788
13	0.370	0.282	0.128	0.018	5.899	21.693	5.431	8.455
14	0.203	1.723	0.078	0.515	5.726	28.671	10.247	11.791
15	0.425	0.554	0.096	0.081	5.616	24.699	0.884	8.089
16	0.362	0.566	0.091	0.178	5.586	26.797	0.655	8.559
17	0.387	0.379	0.113	0.060	5.624	23.429	1.693	7.921
18	0.176	0.184	0.046	0.046	5.578	23.837	1.571	7.860
19	0.517	0.142	0.123	0.115	5.824	26.452	10.874	11.012
20	0.100	0.483	0.016	0.024	5.601	23.837	2.183	8.061
21	0.361	0.048	0.058	0	5.968	2.439	0.691	2.391
22	0.498	0	0.109	0	6.092	2.381	0	2.270
23	0.507	0.050	0.127	0	6.634	2.439	0.874	2.658
24	0.432	0	0.160	0	6.879	2.381	0	2.463
25	0.399	0.930	0.185	0.413	5.849	32.54	27.08	16.849
26	0.679	0	0.242	0	6.25	2.381	0	2.388
27	0.617	0	0.129	0	6.856	2.381	0	2.496
28	0.459	0.050	0.147	0.028	5.874	20.707	4.004	7.817
29	0.105	0.288	0.029	0.036	5.416	18.721	1.245	6.460
30	0.272	0.392	0.143	0.121	5.548	25.153	4.262	8.973
31	0.274	0.301	0.089	0.028	5.511	19.807	4.014	7.506
32	0.198	0	0.031	0	6.056	2.381	0	2.167

续表

产业	关联度		二阶关联度		接近中心性		中介中心性	加权和*
	入	出	入	出	入	出		
33	0.274	0.162	0.060	0.043	5.75	22.283	13.587	10.540
34	0.116	0.055	0.035	0.009	5.663	18.386	0	6.066
35	0.338	0.163	0.075	0.013	5.849	18.636	2.573	6.912
36	0.169	0	0.039	0	6.298	2.381	0	2.222
37	0.076	0.188	0.009	0	5.832	2.439	0	2.136
38	0.061	0.064	0.008	0	5.832	2.439	0	2.101
39	0	0	0	0	2.381	2.381	0	1.191
40	0.402	0	0.063	0	6.021	2.381	0	2.217
41	0.096	0	0.016	0	5.783	2.381	0	2.069
42	0.122	0	0.029	0	5.874	2.381	0	2.102

注：（1）2012 年 1~42 号产业分别为：1 农林牧渔产品和服务，2 煤炭采选产品，3 石油和天然气开采产品，4 金属矿采选产品，5 非金属矿和其他矿采选产品，6 食品和烟草，7 纺织品，8 纺织服装鞋帽皮革羽绒及其制品，9 木材加工品和家具，10 造纸印刷和文教体育用品，11 石油、炼焦产品和核燃料加工品，12 化学产品，13 非金属矿物制品，14 金属冶炼和压延加工品，15 金属制品，16 通用设备，17 专用设备，18 交通运输设备，19 电气机械和器材，20 通信设备、计算机和其他电子设备，21 仪器仪表，22 其他制造产品，23 废品废料，24 金属制品、机械和设备修理服务，25 电力、热力的生产和供应，26 燃气生产和供应，27 水的生产和供应，28 建筑，29 批发和零售，30 交通运输、仓储和邮政，31 住宿和餐饮，32 信息传输、软件和信息技术服务，33 金融，34 房地产，35 租赁和商务服务，36 科学研究和技术服务，37 水利、环境和公共设施管理，38 居民服务、修理和其他服务，39 教育，40 卫生和社会工作，41 文化、体育和娱乐，42 公共管理、社会保障和社会组织。以下同。

（2）表中 * 表示关联度、二阶关联度、接近中心性、中介中心性各占 25% 权重。

表 5-2　　山东半岛城市群 2017 年产业关联一般结构指标值

产业	关联度		二阶关联度		接近中心性		中介中心性	加权和*
	入	出	入	度	入	出		
1	0.254	0.688	0.025	0.139	3.28	14.539	5.244	6.042
2	0.247	0.266	0.033	0	4.121	2.5	0.945	2.028
3	0.289	0.172	0.019	0.011	3.221	14.748	0.061	4.630
4	0.293	0.149	0.060	0.131	3.988	3.879	8.232	4.183
5	0.453	0	0.120	0	3.977	2.381	0	1.733
6	0.225	0.305	0.057	0.080	3.251	12.975	0.152	4.261

产业	关联度		二阶关联度		接近中心性		中介中心性	加权和*
	入	出	入	度	入	出		
7	0.194	0.414	0.084	0.066	3.475	2.498	0.417	1.787
8	0.610	0.160	0.093	0.041	3.454	2.5	0.386	1.811
9	0.104	0.059	0.007	0.015	3.231	11.485	0	3.725
10	0.249	0.246	0.019	0.025	3.244	12.615	3.201	4.900
11	0.231	0.065	0.053	0.133	3.272	16.942	13.537	8.558
12	0.065	2.038	0.015	0.301	3.246	19.903	15.122	10.173
13	0.098	0.292	0.016	0.016	3.821	3.857	0.366	2.117
14	0.149	0.879	0.044	0.227	3.927	3.935	8.171	4.333
15	0.194	0.305	0.029	0.006	4.016	2.564	0.081	1.799
16	0.166	0.313	0.025	0.114	3.872	3.897	1.118	2.376
17	0.264	0.723	0.033	0.042	3.89	3.875	2.927	2.939
18	0	0.221	0	0.047	2.381	20.297	0	5.737
19	0.218	0.284	0.030	0.070	3.886	3.894	2.246	2.657
20	0.181	0.474	0.028	0.037	4.116	2.63	3.14	2.652
21	0.434	0.061	0.062	0	4.302	2.439	0.335	1.908
22	0.149	0	0.042	0	3.609	2.381	0	1.545
23	0.574	0	0.092	0	4.602	2.381	0	1.912
24	0.494	0	0.063	0	4.561	2.381	0	1.875
25	0.189	0	0.033	0	4.334	2.381	0	1.734
26	0.346	0	0.019	0	3.352	2.381	0	1.525
27	0.434	0	0.057	0	4.205	2.381	0	1.769
28	0.056	1.025	0.020	0.070	3.275	17.083	15.62	9.287
29	0.056	0.088	0	0.045	2.439	15.83	1.341	4.950
30	0.308	0.163	0.078	0.065	3.277	13.758	0.976	4.656
31	0.333	0	0.076	0	4.371	2.381	0	1.790
32	0.262	0.245	0.080	0.065	3.296	13.758	4.472	5.545
33	0.238	0	0.075	0	3.388	2.381	0	1.521
34	0.366	0.515	0.082	0.089	3.301	15.649	16.362	9.091
35	0.083	0	0.021	0	3.358	2.381	0	1.461

续表

产业	关联度		二阶关联度		接近中心性		中介中心性	加权和 *
	入	出	入	度	入	出		
36	0.248	0	0.058	0	3.405	2.381	0	1.523
37	0.166	0	0.042	0	3.358	2.381	0	1.487
38	0.171	0.217	0.031	0	4.209	2.439	1.22	2.072
39	0	0	0	0	2.381	2.381	0	1.191
40	0.612	0	0.040	0	3.323	2.381	0	1.589
41	0.145	0	0.036	0	3.32	2.381	0	1.471
42	0.217	0	0.037	0	4.302	2.381	0	1.734

注：（1）2017 年 1～42 号产业分别为：1 农林牧渔产品和服务，2 煤炭采选产品，3 石油和天然气开采产品，4 金属矿采选产品，5 非金属矿和其他矿采选产品，6 食品和烟草，7 纺织品，8 纺织服装鞋帽皮革羽绒及其制品，9 木材加工品和家具，10 造纸印刷和文教体育用品，11 石油、炼焦产品和核燃料加工品，12 化学产品，13 非金属矿物制品，14 金属冶炼和压延加工品，15 金属制品，16 通用设备，17 专用设备，18 交通运输设备，19 电气机械和器材，20 通信设备、计算机和其他电子设备，21 仪器仪表，22 其他制造产品和废品废料，23 金属制品、机械和设备修理服务，24 电力、热力的生产和供应，25 燃气生产和供应，26 水的生产和供应，27 建筑，28 批发和零售，29 交通运输、仓储和邮政，30 住宿和餐饮，31 信息传输、软件和信息技术服务，32 金融，33 房地产，34 租赁和商务服务，35 研究和试验发展，36 综合技术服务，37 水利、环境和公共设施管理，38 居民服务、修理和其他服务，39 教育，40 卫生和社会工作，41 文化、体育和娱乐，42 公共管理、社会保障和社会组织。以下同。

（2）表中 * 表示关联度、二阶关联度、接近中心性、中介中心性各占 25% 权重。

　　基于表 5-1 和表 5-2，获得山东半岛城市群 2012 年和 2017 年产业网络一般关联结构指标值排名前 10 的产业信息和综合排名前 10 的产业信息（见表 5-3）。由表 5-1、表 5-2 和表 5-3 可知，五年来，山东半岛城市群产业网络一般结构发生了较大变化。

表 5-3　山东半岛城市群产业网络一般关联结构指标值排名前 10 的
产业信息和综合排名前 10 的产业信息

指标			产业
关联度	2012 年	入	26、11、27、19、23、22、5、28、2、8
		出	12、14、25、3、1、11、16、2、15、7
	2017 年	入	40、8、23、24、5、21、27、34、26、31
		出	12、28、14、17、1、34、20、7、16、6

续表

指标			产业
二阶关联度	2012 年	入	26、11、5、25、24、28、2、30、4、27
		出	14、25、12、3、2、11、4、1、16、6
	2017 年	入	5、8、23、7、34、32、30、31、33、24
		出	12、14、1、11、4、16、34、6、19、28
接近中心性	2012 年	入	24、27、23、36、26、22、32、40、2、8、21
		出	12、25、11、14、16、19、2、30、15、3
	2017 年	入	23、24、31、25、21、42、38、27、2、20
		出	18、12、28、11、29、34、3、1、30、32
中介中心性	2012 年		25、2、12、33、19、14、11、1、10、13
	2017 年		34、28、12、11、4、14、1、32、10、20
综合	2012 年		25、12、2、11、14、19、33、30、3、16
	2017 年		12、28、34、11、1、18、32、29、10、30

（1）从 2012 年和 2017 年关联入度和出度排名前十的产业看。2012 年的 26 号燃气生产和供应，11 号石油、炼焦产品和核燃料加工品，19 号电气机械和器材，22 号其他制造产品，23 号废品废料，28 号建筑，2 号煤炭采选产品，跌出了关联入度排名前十的产业群组，说明这些产业直接拉动其上游邻居产业发展的能力相对减弱了；取而代之的是 2017 年的 40 号卫生和社会工作，23 号金属制品、机械和设备修理服务，24 号电力、热力的生产和供应，21 号仪器仪表，34 号租赁和商务服务，31 号信息传输、软件和信息技术服务。2012 年的 25 号电力、热力的生产和供应，3 号石油和天然气开采产品，11 号石油、炼焦产品和核燃料加工品，2 号煤炭采选产品，15 号金属制品，跌出了关联出度排名前十的产业群组，说明这些产业直接推动其下游邻居产业发展的能力相对减弱了；取而代之的是 2017 年的 28 号批发和零售，17 号专用设备，34 号租赁和商务服务，20 号通信设备、计算机和其他电子设备，6 号食品和烟草。产业关联度排名的变化说明，具有较强直接带动上下游邻居产业发展能力的产业中，生产性服务业数量增加了，高新技术产业数量增加了。也不可否认，水的生

产和供应、建筑、非金属矿和其他矿采选产品、纺织服装鞋帽皮革羽绒及其制品、化学产品、金属冶炼和压延加工品、农林牧渔产品和服务、通用设备、纺织品等九产业五年来对其上游或下游邻居产业发展一直具有较强的直接拉动或直接推动作用。

（2）从2012年和2017年二阶关联入度和二阶关联出度排名前十的产业看。2012年的26号燃气生产和供应，11号石油、炼焦产品和核燃料加工品，28号建筑，30号交通运输、仓储和邮政，2号煤炭采选产品，4号金属矿采选产品，27水的生产和供应，均跌出了二阶关联入度排名前十的产业群组，说明这些产业通过其上游邻居产业间接拉动其上游的上游邻居产业发展的能力相对减弱了；取而代之的是2017年的8号纺织服装鞋帽皮革羽绒及其制品，7号纺织品，34号租赁和商务服务，32号金融，30号住宿和餐饮，31号信息传输、软件和信息技术服务，33号房地产。2012年25号燃气生产和供应、3号石油和天然气开采产品、2号煤炭采选产品跌出了二阶关联出度排名前十的产业群组，说明这些产业通过其下游邻居产业间接推动其下游的下游邻居产业发展的能力相对减弱了；取而代之的是2017年的34号租赁和商务服务、19号电气机械和器材、28号批发和零售。产业二阶关联度排名的变化说明，具有较强的通过上游或下游邻居产业间接带动上游的上游邻居产业或下游的下游邻居产业发展能力的产业中，服务业数量增加，挖掘采掘等基础工业在减少。但也不可否认，非金属矿和其他矿采选产品，电力、热力的生产和供应，金属制品、机械和设备修理服务，化学产品，金属冶炼和压延加工品，农林牧渔产品，服务，石油、炼焦产品和核燃料加工品，金属矿采选产品，通用设备，食品和烟草等产业，五年来通过其邻居产业对其上游的上游或下游的下游邻居产业发展一直具有较强的间接拉动或推动作用。

（3）从2012年和2017年接近中心性入度和出度排名前十的产业看。2012年的36号科学研究和技术服务，27号水的生产和供应，22号其他制造产品，32号信息传输、软件和信息技术服务，40号卫生和社会工作，2号煤炭采选产品，8号纺织服装鞋帽皮革羽绒及其制品，均跌出了接近中心性入度排名前十的产业群组，说明这些产业通过需求向上游影响山东半岛城市群各产业发展的能力相对减弱了；取而代之的是 2017 年的 31 号信息传输、软件和信息技术服务、24 号电力、热力的生产和供应、42 号公共管理、社会保障和社会组织、38 号居民服务、修理和其他服务、27 号建筑、2 号煤炭采选产品、20 号通信设备、计算机和其他电子设备。2012年的 25 号燃气生产和供应、14 号金属冶炼和压延加工品、16 号通用设备、19 号电气机械和器材、2 号煤炭采选产品、15 号金属制品跌出了接近中心性出度排名前十的产业群组，说明这些产业通过供给向下游影响山东半岛城市群各产业发展的能力相对减弱了；取而代之的是 2017 年的 18号交通运输设备、28 号批发和零售、34 号租赁和商务服务、1 号农林牧渔产品和服务、30 号住宿和餐饮、32 号金融。产业接近中心度排名变化说明，通过需求或供给具有较强影响上下游各产业能力的产业中，服务业数量，特别是生产性服务业明显增加。也不可否认，金属制品、机械和设备修理服务，燃气生产和供应，仪器仪表，化学产品，石油、炼焦产品和核燃料加工品，交通运输、仓储和邮政，石油和天然气开采产品等产业，五年来通过需求和供给对其上游产业或下游产业发展一直具有较强的拉动或推动作用。

（4）从 2012 年和 2017 年中介中心性排名前十的产业看。2012 年的25 号燃气生产和供应、2 号煤炭采选产品、19 号电气机械和器材、13 号非金属矿物制品均跌出了中介中心性排名前十的产业群组，说明这些产业控制其他产业的能力相对减弱了；而 2017 年的 34 号租赁和商务服务、28号批发和零售、4 号金属矿采选产品、20 号通信设备、计算机和其他电子设备等产业控制其他产业的能力却相对增强了，说明生产性服务业和高技术产业控制其他产业的能力增强了。但也不可否认，化学产品，石油、炼焦产品和核燃料加工品，金属冶炼和压延加工品，农林牧渔产品和服务，金融，造纸印刷和文教体育用品等产业，五年来控制其他产业的能力一直较强。

（5）从综合排名前 10 的产业看。党的十八大以来，2012 年的 25 号电力、热力的生产和供应，2 号煤炭采选产品，14 号金属冶炼和压延加工品，19 号电气机械和器材，3 号石油和天然气开采产品，16 号通用设备等产业，对其上下游产业的影响力相对减弱；2017 年的 28 号批发和零售、34 号租赁和商务服务、1 号农林牧渔产品和服务、18 号交通运输设备、10 号造纸印刷和文教体育用品、30 号住宿和餐饮等产业对上下游产业的影响力相对增强；化学产品，石油、炼焦产品和核燃料加工品，金融，交通运输、仓储和邮政等产业，一直保持对其上下游产业较强的影响力。由此可见，第一产业和第三产业的影响力，特别是生产性服务业的影响力在增强，第二产业的影响力，特别是挖掘采掘业，电力、热力的生产和供应，金属冶炼和压延加工等产业的影响力在减弱。

5.3.2 基础关联结构分析

基于基础关联结构的定义，采用 MATLAB 软件，通过编程进一步获得山东半岛城市群 2012 年和 2017 年产业网络的最大权支撑树相关信息。图 5－3 和图 5－4 分别为 2012 年和 2017 年山东半岛城市群最大权支撑树，表 5－4 和表 5－5 分别为 2012 年和 2017 年山东半岛城市群最大权支撑树的边权。

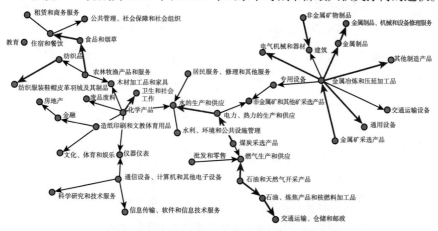

图 5－3　山东半岛城市群 2012 年最大权支撑树

表 5 - 4   山东半岛城市群 2012 年最大权支撑树的边权

序号	边	边权	序号	边	边权	序号	边	边权
1	1→6	0.353	15	12→10	0.117	29	17→5	0.156
2	1→7	0.166	16	12→21	0.096	30	20→21	0.158
3	1→9	0.168	17	12→23	0.192	31	20→32	0.150
4	2→25	0.303	18	12→27	0.126	32	20→36	0.066
5	2→26	0.218	19	12→40	0.294	33	25→5	0.130
6	3→11	0.599	20	13→28	0.236	34	25→27	0.240
7	3→26	0.249	21	14→15	0.279	35	29→26	0.138
8	4→14	0.147	22	14→16	0.286	36	31→35	0.113
9	6→31	0.210	23	14→17	0.141	37	31→42	0.075
10	7→8	0.390	24	14→18	0.109	38	33→34	0.063
11	10→33	0.098	25	14→19	0.278	39	37→27	0.188
12	10→41	0.096	26	14→22	0.302	40	38→27	0.064
13	11→30	0.202	27	14→28	0.110	—	—	—
14	12→9	0.097	28	15→24	0.266	—	—	—

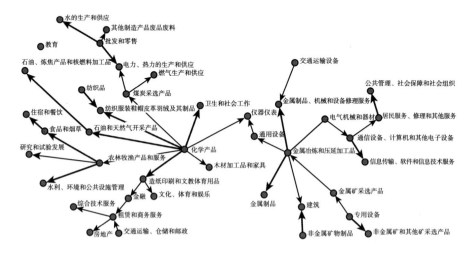

图 5 - 4   山东半岛城市群 2017 年最大权支撑树

表 5 – 5　　　　　山东半岛城市群 2017 年最大权支撑树的边权

序号	边	边权	序号	边	边权	序号	边	边权
1	1→6	0.225	15	12→8	0.196	29	18→23	0.107
2	1→35	0.083	16	12→9	0.104	30	19→20	0.106
3	1→37	0.166	17	12→10	0.190	31	20→31	0.247
4	2→24	0.150	18	12→21	0.161	32	20→38	0.171
5	2→25	0.116	19	12→40	0.612	33	28→22	0.088
6	3→11	0.172	20	13→27	0.237	34	28→24	0.288
7	4→14	0.149	21	14→15	0.194	35	28→26	0.346
8	6→30	0.248	22	14→16	0.166	36	29→34	0.088
9	7→8	0.414	23	14→19	0.163	37	32→34	0.127
10	10→32	0.101	24	14→23	0.151	38	34→33	0.120
11	10→41	0.145	25	14→27	0.109	39	34→36	0.103
12	12→1	0.100	26	16→21	0.105	40	38→42	0.217
13	12→2	0.162	27	17→4	0.130	—	—	—
14	12→3	0.289	28	17→5	0.453	—	—	—

　　由图 5 – 3 和表 5 – 4 可知，2012 年山东半岛城市群最大权支撑树的树根为 14 号金属冶炼和压延加工品；主干为"35 号租赁和商务服务←31 号住宿和餐饮←6 号食品和烟草←1 号农林牧渔产品和服务→9 号木材加工品和家具←12 号化学产品→27 号水的生产和供应←25 号电力、热力的生产和供应←2 号煤炭采选产品→26 号燃气生产和供应←3 号石油和天然气开采产品→11 号石油、炼焦产品和核燃料加工品→30 号交通运输、仓储和邮政"，它描述了内外冲击在城市群产业系统中的主要传播路径；最大枝干为"35 号租赁和商务服务←31 号住宿和餐饮←6 号食品和烟草←1 号农林牧渔产品和服务→9 号木材加工品和家具←12 号化学产品→27 号水的生产和供应←25 号电力、热力的生产和供应→5 号非金属矿和其他矿采选产品←17 号专用设备←14 号金属冶炼和压延加工品→15 号金属制品→24 号金属制品、机械和设备修理服务"，它是内外冲击在产业系统中的最

大次要传播路径。

由图 5 – 4 和表 5 – 5 可知，2017 年山东半岛城市群最大权支撑树的树根为 12 号化学产品；主干为"26 号水的生产和供应←28 号批发和零售→24 号电力、热力的生产和供应←2 号煤炭采选产品←12 号化学产品→21 号仪器仪表←16 号通用设备←14 号金属冶炼和压延加工品←4 号金属矿采选产品←17 号专用设备→5 号非金属矿和其他矿采选产品"，它描述了内外冲击在城市群产业系统中的主要传播路径；最大枝干为"26 号水的生产和供应←28 号批发和零售→24 号电力、热力的生产和供应←2 号煤炭采选产品←12 号化学产品→21 号仪器仪表←16 号通用设备←14 号金属冶炼和压延加工品→19 号电气机械和器材→20 号通信设备、计算机和其他电子设备→38 号居民服务、修理和其他服务→42 号公共管理、社会保障和社会组织"，它是内外冲击在产业系统中的最大次要传播路径。

2017 年相比 2012 年，山东半岛城市群根产业由 14 号金属冶炼和压延加工品转变为 12 号化学产品，无论是联系广度还是联系强度，化学产品在山东半岛城市群均取得进一步发展，是山东半岛城市群最关键的产业；金属冶炼和压延加工品虽然地位有所下降，但在山东半岛城市群依然有较高的地位。租赁和商务服务从叶产业发展到枝干产业，地位更加凸显。化学产品投入卫生和社会工作的比例、专用设备投入非金属和其他矿采选产品的比例、纺织品投入纺织服装鞋帽皮革羽绒的比例、其他产业投入科学研究与技术服务上的比例均在增大，这些产业间的相互影响也在增大。

5.3.3 核关联结构分析

基于核关联结构的定义，利用 Pajek 软件获得山东半岛城市群 2012 年和 2017 年产业网络核结构（见图 5 – 5 和图 5 – 6）。

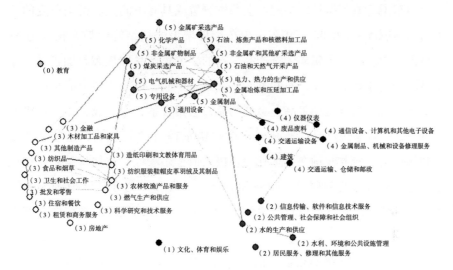

图 5-5 山东半岛城市群 2012 年产业网络核结构

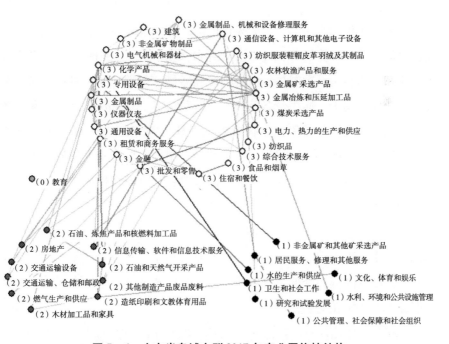

图 5-6 山东半岛城市群 2017 年产业网络核结构

山东半岛城市群核结构把产业系统分解成具有不同关联密集程度的子网络。由图 5 – 5 可知，2012 年山东半岛城市群核结构的最大核度为 5；主核由化学产品，金属矿采选产品，石油、炼焦产品和核燃料加工品，非金属矿和其他矿采选品，石油和天然气开采产品，电力、热力的生产和供应，金属冶炼和压延加工品，金属制品，通用设备，专用设备，电器机械和器材，煤炭采选产品，非金属矿物质品等 13 个产业构成，这些产业间关联最密集。服务业均在主核外，且核度值普遍较低，比如科学研究和技术服务、租赁与商务服务、住宿和餐饮、批发和零售在核度值为 3 的核内，信息传输、软件和信息技术服务在核度值为 2 的核内，教育的核度值为 0。

2017 年山东半岛城市群核结构的最大核度为 3；主核由租赁和商务服务，金融，批发和零售，住宿和餐饮，食品和烟草，农林牧渔产品和服务，综合技术服务，纺织品，电力、热力的生产和供应，煤炭采选产品，金属冶炼和压延加工品，金属矿采选产品，纺织服装鞋帽皮革羽绒及其制品，通信设备、计算机和其他电子设备，金属制品、机械和设备修理服务，建筑，非金属矿物制品，电气机械和器材，化学产品，专用设备，金属制品，仪器仪表，通用设备等 23 个产业构成。主核内出现租赁和商务服务、金融、批发和零售、住宿和餐饮、综合技术服务业多个服务业产业。其他服务业产业核度值依然在主核外，比如信息传输、软件和信息技术服务在核度值为 2 的核内，研究与试验发展、卫生与社会工作的核度值为 1，教育的核度值依然为 0。

2017 年相比 2012 年，最大核由 5 降为 3，说明产业间关联密集度整体减小，主核内出现服务业，说明服务业与其他产业的关联没有因为整体关联密集度的降低而降低，服务业在山东半岛城市群的地位在提高，对城市群发展的作用在增强。

5.3.4 产业波及效果分析

基于产业关联分析法量化 2012 年和 2017 年山东半岛城市群的产业波及效果，即计算其感应度系数、影响力系数、生产诱发系数和生产依赖度系数（见表 5-6 和表 5-7）。

表 5-6　　　　山东半岛城市群 2012 年产业波及效果各系数值

产业	感应度系数	影响力系数	生产诱发系数						生产依赖度系数					
			消费	投资	进口	出口	国内省外流入	国内省外流出	消费	投资	进口	出口	国内省外流入	国内省外流出
1	4.236	0.699	0.299	0.057	0.430	0.267	0.219	0.253	0.104	0.015	0.136	0.077	0.066	0.075
2	3.593	1.007	0.055	0.090	0.082	0.075	0.196	0.080	0.019	0.023	0.026	0.022	0.058	0.024
3	2.127	0.904	0.062	0.082	0.224	0.113	0.266	0.150	0.022	0.021	0.071	0.033	0.079	0.044
4	1.686	1.119	0.024	0.091	0.127	0.033	0.131	0.036	0.008	0.024	0.040	0.010	0.039	0.011
5	1.632	1.172	0.006	0.030	0.020	0.008	0.030	0.007	0.002	0.008	0.006	0.002	0.009	0.002
6	1.523	1.011	0.334	0.024	0.087	0.322	0.055	0.460	0.116	0.006	0.028	0.093	0.016	0.136
7	1.466	1.145	0.064	0.033	0.028	0.324	0.031	0.121	0.022	0.009	0.009	0.094	0.009	0.036
8	1.433	1.249	0.043	0.019	0.017	0.157	0.019	0.034	0.015	0.005	0.005	0.045	0.006	0.010
9	1.420	1.133	0.016	0.075	0.034	0.052	0.024	0.020	0.006	0.020	0.011	0.015	0.007	0.006
10	1.414	1.205	0.085	0.049	0.040	0.119	0.045	0.061	0.030	0.013	0.013	0.034	0.013	0.018
11	1.372	1.219	0.089	0.125	0.126	0.172	0.130	0.229	0.031	0.033	0.040	0.050	0.039	0.068
12	1.275	1.284	0.293	0.297	0.298	0.549	0.286	0.552	0.102	0.077	0.094	0.159	0.085	0.163
13	1.256	1.186	0.059	0.276	0.145	0.059	0.123	0.056	0.021	0.072	0.046	0.017	0.037	0.017
14	1.247	1.361	0.118	0.464	0.271	0.161	0.381	0.175	0.041	0.121	0.086	0.047	0.114	0.052
15	1.077	1.225	0.038	0.161	0.081	0.046	0.080	0.051	0.013	0.042	0.025	0.013	0.024	0.015
16	1.073	1.229	0.042	0.222	0.078	0.070	0.096	0.087	0.015	0.058	0.025	0.020	0.029	0.026
17	1.027	1.212	0.029	0.152	0.047	0.082	0.054	0.078	0.010	0.040	0.015	0.024	0.016	0.023
18	0.996	1.353	0.095	0.193	0.042	0.035	0.098	0.056	0.033	0.050	0.013	0.010	0.029	0.017
19	0.970	1.331	0.052	0.137	0.059	0.072	0.075	0.081	0.018	0.036	0.019	0.021	0.022	0.024
20	0.962	1.465	0.085	0.098	0.061	0.053	0.061	0.066	0.030	0.026	0.019	0.015	0.018	0.020
21	0.921	1.204	0.008	0.018	0.015	0.010	0.017	0.012	0.003	0.005	0.005	0.003	0.005	0.003
22	0.739	1.154	0.005	0.006	0.003	0.014	0.004	0.004	0.002	0.002	0.001	0.004	0.001	0.001

续表

产业	感应度系数	影响力系数	生产诱发系数						生产依赖度系数					
			消费	投资	进口	出口	国内省外流入	国内省外流出	消费	投资	进口	出口	国内省外流入	国内省外流出
23	0.693	1.121	0.004	0.012	0.020	0.005	0.022	0.005	0.001	0.003	0.006	0.001	0.006	0.001
24	0.658	1.063	0.002	0.003	0.006	0.003	0.009	0.004	0.001	0.001	0.002	0.001	0.003	0.001
25	0.606	0.998	0.098	0.153	0.129	0.127	0.254	0.127	0.034	0.040	0.041	0.037	0.076	0.038
26	0.520	0.978	0.002	0	0.001	0	0.001	0.012	0.001	0	0	0	0	0.004
27	0.498	1.084	0.003	0.001	0.001	0.001	0.002	0.001	0.001	0	0	0	0.001	0
28	0.491	1.122	0.023	0.526	0.271	0.011	0.174	0.012	0.008	0.137	0.086	0.003	0.052	0.004
29	0.475	0.466	0.056	0.074	0.053	0.271	0.047	0.279	0.020	0.019	0.017	0.078	0.014	0.083
30	0.449	0.829	0.102	0.150	0.192	0.101	0.176	0.107	0.036	0.039	0.061	0.029	0.053	0.032
31	0.403	0.668	0.067	0.024	0.034	0.024	0.037	0.024	0.023	0.006	0.011	0.007	0.011	0.007
32	0.400	0.783	0.028	0.022	0.021	0.009	0.011	0.008	0.010	0.006	0.007	0.003	0.003	0.002
33	0.395	0.749	0.103	0.057	0.045	0.053	0.059	0.057	0.036	0.015	0.014	0.015	0.018	0.017
34	0.362	0.458	0.081	0.043	0.009	0.007	0.029	0.007	0.028	0.011	0.003	0.002	0.009	0.002
35	0.361	0.837	0.050	0.035	0.032	0.032	0.068	0.032	0.018	0.009	0.010	0.009	0.020	0.010
36	0.345	0.814	0.011	0.018	0.009	0.004	0.007	0.012	0.004	0.005	0.003	0.001	0.002	0.004
37	0.334	0.766	0.016	0.000	0.001	0.001	0.001	0.003	0.006	0.000	0.000	0.000	0.000	0.001
38	0.323	0.737	0.032	0.006	0.005	0.013	0.005	0.016	0.011	0.002	0.002	0.004	0.002	0.005
39	0.314	0.541	0.077	0.001	0.017	0.001	0.003	0.001	0.027	0.000	0.005	0.000	0.001	0.000
40	0.311	0.834	0.079	0.000	0.001	0.001	0.019	0.001	0.027	0.000	0.000	0.000	0.006	0.000
41	0.310	0.659	0.011	0.002	0.002	0.001	0.003	0.001	0.004	0.000	0.001	0.000	0.001	0.000
42	0.305	0.628	0.120	0.001	0.001	0.001	0.001	0.001	0.042	0.000	0.000	0.000	0.000	0.000

表5-7　　　　山东半岛城市群2017年产业波及效果各系数值

产业	感应度系数	影响力系数	生产诱发系数						生产依赖度系数					
			消费	投资	进口	出口	国内省外流入	国内省外流出	消费	投资	进口	出口	国内省外流入	国内省外流出
1	1.288	0.669	0.151	0.045	0.119	0.148	0.094	0.276	0.050	0.011	0.033	0.037	0.025	0.067
2	0.736	0.970	0.025	0.039	0.035	0.031	0.032	0.035	0.008	0.010	0.010	0.008	0.009	0.008
3	0.757	0.845	0.031	0.036	0.207	0.041	0.077	0.065	0.010	0.009	0.057	0.010	0.021	0.016
4	0.927	1.099	0.016	0.082	0.148	0.057	0.138	0.055	0.005	0.021	0.041	0.014	0.037	0.013

产业	感应度系数	影响力系数	生产诱发系数						生产依赖度系数					
			消费	投资	进口	出口	国内省外流入	国内省外流出	消费	投资	进口	出口	国内省外流入	国内省外流出
5	0.413	1.263	0.003	0.027	0.018	0.006	0.021	0.005	0.001	0.007	0.005	0.002	0.006	0.001
6	1.484	1.075	0.265	0.059	0.101	0.276	0.112	0.954	0.087	0.015	0.028	0.069	0.030	0.231
7	1.798	1.461	0.101	0.062	0.063	0.252	0.077	0.156	0.033	0.016	0.017	0.063	0.021	0.038
8	0.672	1.414	0.068	0.022	0.022	0.103	0.025	0.031	0.022	0.006	0.006	0.026	0.007	0.008
9	0.842	1.330	0.036	0.071	0.052	0.077	0.043	0.026	0.012	0.018	0.014	0.019	0.012	0.006
10	1.365	1.335	0.091	0.076	0.081	0.209	0.080	0.107	0.030	0.019	0.022	0.052	0.022	0.026
11	2.000	1.166	0.134	0.143	0.161	0.171	0.225	0.298	0.044	0.037	0.045	0.043	0.061	0.072
12	4.607	1.236	0.389	0.321	0.459	0.734	0.397	0.643	0.128	0.082	0.127	0.184	0.108	0.156
13	0.943	1.154	0.043	0.291	0.184	0.067	0.172	0.054	0.014	0.074	0.051	0.017	0.047	0.013
14	2.411	1.258	0.071	0.359	0.251	0.255	0.414	0.250	0.023	0.092	0.069	0.064	0.112	0.061
15	1.166	1.314	0.035	0.171	0.099	0.088	0.100	0.059	0.011	0.044	0.027	0.022	0.027	0.014
16	1.257	1.226	0.038	0.223	0.103	0.119	0.117	0.080	0.013	0.057	0.030	0.030	0.030	0.019
17	1.223	1.362	0.024	0.163	0.076	0.083	0.073	0.064	0.008	0.042	0.021	0.021	0.020	0.015
18	1.687	1.263	0.143	0.099	0.083	0.187	0.157	0.174	0.047	0.025	0.023	0.047	0.043	0.042
19	1.198	1.316	0.056	0.126	0.101	0.105	0.089	0.101	0.019	0.032	0.028	0.026	0.024	0.024
20	1.539	1.397	0.084	0.090	0.137	0.167	0.097	0.097	0.028	0.023	0.038	0.042	0.026	0.024
21	0.505	1.403	0.013	0.015	0.015	0.011	0.008	0.010	0.004	0.004	0.004	0.003	0.002	0.002
22	0.427	0.662	0.008	0.013	0.028	0.012	0.028	0.009	0.003	0.003	0.008	0.003	0.008	0.002
23	0.331	1.081	0.001	0.002	0.002	0.002	0.002	0.003	0.000	0.001	0.001	0.001	0.001	0.001
24	0.895	0.930	0.054	0.055	0.055	0.057	0.059	0.058	0.018	0.014	0.015	0.014	0.016	0.014
25	0.573	0.884	0.006	0.005	0.005	0.005	0.005	0.006	0.002	0.001	0.001	0.001	0.001	0.001
26	0.356	0.624	0.005	0.008	0.006	0.003	0.005	0.003	0.002	0.002	0.002	0.001	0.001	0.001
27	0.297	1.118	0.014	0.665	0.384	0.001	0.331	0.001	0.005	0.170	0.106	0.000	0.090	0.000
28	2.065	0.503	0.106	0.171	0.145	0.333	0.147	0.197	0.035	0.044	0.040	0.083	0.040	0.048
29	1.670	0.909	0.117	0.129	0.126	0.165	0.119	0.117	0.038	0.033	0.035	0.041	0.032	0.028
30	0.644	0.762	0.057	0.034	0.030	0.028	0.032	0.024	0.019	0.009	0.008	0.007	0.009	0.006
31	0.318	0.896	0.018	0.041	0.028	0.003	0.011	0.002	0.006	0.010	0.008	0.001	0.003	0.000
32	0.939	0.678	0.127	0.064	0.061	0.055	0.077	0.047	0.042	0.016	0.017	0.014	0.021	0.011
33	0.305	0.557	0.173	0.062	0.087	0.002	0.172	0.001	0.057	0.016	0.024	0.000	0.047	0.000
34	1.205	0.807	0.093	0.082	0.077	0.077	0.094	0.066	0.031	0.021	0.021	0.019	0.026	0.016

续表

产业	感应度系数	影响力系数	生产诱发系数						生产依赖度系数					
			消费	投资	进口	出口	国内省外流入	国内省外流出	消费	投资	进口	出口	国内省外流入	国内省外流出
35	0.389	0.755	0.004	0.000	0.000	0.003	0.000	0.003	0.001	0.000	0.000	0.001	0.000	0.001
36	0.397	0.840	0.043	0.022	0.017	0.013	0.015	0.015	0.014	0.006	0.005	0.003	0.004	0.004
37	0.417	0.648	0.015	0.008	0.008	0.008	0.008	0.007	0.005	0.002	0.002	0.002	0.002	0.002
38	0.516	0.901	0.047	0.017	0.014	0.022	0.014	0.015	0.016	0.004	0.004	0.006	0.004	0.004
39	0.443	0.438	0.077	0.012	0.013	0.010	0.011	0.011	0.025	0.003	0.003	0.003	0.003	0.002
40	0.282	1.084	0.100	0.000	0.000	0.000	0.000	0.000	0.033	0.000	0.000	0.000	0.000	0.000
41	0.429	0.797	0.023	0.008	0.011	0.005	0.012	0.004	0.007	0.002	0.003	0.001	0.003	0.001
42	0.284	0.570	0.133	0.000	0.000	0.000	0.001	0.000	0.044	0.000	0.000	0.000	0.000	0.000

由表5-6和表5-7可知，不同产业影响整个产业系统的能力不同，产业系统的波动对其造成影响的程度也不同，消费、投资、进口、出口、国内省外流入、国内省外流出等最终需求项对其生产诱发的程度不同，其生产对各最终需求项的依赖程度也不同。这为通过产业政策制定，与市场这只看不见的手相结合，通过外部冲击更好促进城市群产业发展"质量"的提升提供了依据。

根据表5-6和表5-7整理得到2012年和2017年山东半岛城市群具有产业波及优势的产业，见表5-8和表5-9，其中第二行和第三行是感应度系数与影响力系数大于1的产业，其余为指标值在均值以上的产业。

表5-8　　　山东半岛城市群2012年产业波及效果优势产业

指标		优势产业（按排名排序）
感应度系数		12、14、25、20、11、1、2、3、7、16、30、15、10、13、19、4、6
影响力系数		20、14、18、19、12、8、16、15、11、17、10、21、13、5、22、7、9、28、23、4、27、24、6、2
生产诱发系数	消费	6、1、12、42、14、33、30、25、18、11、10、20、34、40、39、31
	投资	28、14、12、13、16、18、15、25、17、30、19、11、20、4

续表

指标		优势产业（按排名排序）
生产诱发系数	出口	12、7、6、29、1、11、14、8、25、10、3、30、17
	进口	1、12、28、14、3、30、13、25、4、11、6、2、15、16
	国内省外流出	12、6、29、1、11、14、3、25、7、30、16、19、2
	国内省外流入	14、12、3、25、1、2、30、28、4、11、13、18、16、15
	综合	12、14、1、6、28、3、25、11、30、29、13、7、16、2、18
生产依赖度系数	消费	6、1、12、42、14、33、30、25、18、11、10、20、34、40、39
	投资	28、14、12、13、16、18、15、25、17、30、19、11、20、4
	出口	12、7、6、29、1、11、14、8、25、10、3、30、17
	进口	1、12、28、14、3、30、13、25、4、11、6、2、15、16
	国内省外流出	12、6、29、1、11、14、3、25、7、30、16、19、2
	国内省外流入	14、12、3、25、1、2、30、28、4、11、13、18、16、15
	综合	12、1、14、6、28、3、25、11、30、29、13、7、16、18

表 5 – 9　　　山东半岛城市群 2017 年产业波及效果优势产业

指标		优势产业（按排名排序）
感应度系数		12、14、28、11、7、18、29、20、6、10、1、16、17、34、19、5
影响力系数		7、8、21、20、17、10、9、19、15、5、18、14、12、16、11、13、27、4、40、23、6
生产诱发系数	消费	12、6、33、1、18、11、42、32、29、28、7、40、34、10、20、39
	投资	27、14、12、13、16、28、15、17、11、29、19、18
	出口	12、28、6、14、7、10、18、11、20、29、1、16、19、8
	进口	12、27、14、3、13、11、4、28、20、29、1、16、6、19、15、33
	国内省外流出	6、12、11、1、14、28、18、7、29、10、19
	国内省外流入	14、12、27、11、33、13、18、28、4、29、16、6、15、20、34、1、19
	综合	12、6、14、27、11、28、18、1、13、29、7、16、20、10、19、15

续表

指标		优势产业（按排名排序）
生产依赖度系数	消费	12、6、33、1、18、11、42、32、29、28、7、40、34、10、20、39
	投资	27、14、12、13、16、28、15、17、11、29、19、18
	出口	12、28、6、14、7、10、18、11、20、29、1、16、19、8
	进口	12、27、14、3、13、11、4、28、20、29、1、16、19、15、33
	国内省外流出	6、12、11、1、14、28、18、7、29、10、19、20
	国内省外流入	14、12、27、11、33、13、18、28、4、29、16、6、15、20、34、1、19
	综合	12、6、14、27、11、28、18、1、13、29、7、20、16、10、19、15、33

由表5-8和表5-9可知，2017年相比2012年，感应度系数较大的产业，即受国民经济其他部门生产波动影响较大的产业，发生了较大变化。2012年的2号煤炭采选产品、3号石油和天然气开采产品、4号金属矿采选产品、15号金属制品、13号非金属矿物制品以及25号电力、热力的生产和供应等基础工业和传统工业受国民经济其他部门生产波动的影响程度减弱到平均水平以下，2017年的28号批发和零售、18号交通运输设备、17号专用设备、34号租赁和商务服务、5号非金属矿和其他矿采选产品等产业受国民经济其他部门生产波动的影响程度增强到平均水平以上。从而，服务业和涵盖高端设备的产业受国民经济其他部门生产波动的影响程度在增强。当然，化学产品，金属冶炼和压延加工品，石油、炼焦产品和核燃料加工品，纺织品，交通运输、仓储和邮政，通信设备、计算机和其他电子设备，食品和烟草，造纸印刷和文教体育用品，农林牧渔产品和服务，通用设备，电气机械和器材等产业，受国民经济其他部门生产波动的影响程度一直相对较大。

2017年相比2012年，影响力系数较大的产业，即其生产波动对国民经济其他部门影响较大的产业，发生变化较小。2012年的22号其他制造产品、23 号废品废料、27 号水的生产和供应、2 号煤炭采选产品等产业的生产波动对其他产业的影响降到均值以下，2017 年的 40 号卫生和社会工作的生产波动对其他产业的影响提高到均值以上。纺织品，纺织服装鞋帽皮革羽绒及其制品，仪器仪表，通信设备、计算机和其他电子设备，专用设备，造纸印刷和文教体育用品，木材加工品和家具，电气机械和器材，金属制品，非金属矿和其他矿采选产品，交通运输设备，金属冶炼和压延加工品，化学产品，通用设备，石油、炼焦产品和核燃料加工品，非金属矿物制品，建筑，金属矿采选产品，金属制品、机械和设备修理服务，食品和烟草等优势产业，一直保持对其他产业的较强影响力。

2017 年相比 2012 年，生产诱发系数较大的产业，即其生产容易受消费、投资、出口、进口、国内省外流入、国内省外流出等最终需求项影响的产业，发生变化不大。2012 年的 3 号石油和天然气开采产品，25 号电力、热力的生产和供应以及 2 号煤炭采选产品等产业，受消费等最终需求项的影响程度降到均值以下；2017 年的 20 号通信设备、计算机和其他电子设备，10 号造纸印刷和文教体育用品，19 号电气机械和器材以及 15 号金属制品等产业，受消费等最终需求项的影响程度提高到均值以上。化学产品，食品和烟草，金属冶炼和压延加工品，建筑，石油、炼焦产品和核燃料加工品，批发和零售，交通运输设备，农林牧渔产品和服务，非金属矿物制品，交通运输、仓储和邮政，纺织品，通用设备等产业，其生产一直受消费等最终需求项的较大影响。

2017 年相比 2012 年，生产依赖度系数较大的产业，即其生产在较大程度上依赖消费、投资、出口、进口、国内省外流入、国内省外流出等最终需求的产业，发生变化不大。2012 年，3 号石油和天然气开采产品，25 号电力、热力的生产和供应以及 2 号煤炭采选产品等产业，其生产对最终需求项的依赖程度减小到均值以下；2017 年，20 号通信设备、计算机和其他电子设备，10 号造纸印刷和文教体育用品，19 号电气机械和器材，15 号金属制品，33 号房地产等产业，对最终需求项的依赖程度提高到均值以上。化学产品，食品和烟草，金属冶炼和压延加工品，建筑，石油、炼焦产品和核燃料加工品，批发和零售，交通运输设备，农林牧渔产品和服务，非金属矿物制品，交通运输、仓储和邮政，纺织品，通用设备等产业，其生产对最终需求项一直有较大的依赖。

需要补充的是，虽然有些产业的生产受消费、投资、进口、出口等最终需求项的诱发程度都较大，比如 12 号化学产品，但大多数产业的生产受各最终需求项的诱发程度是不同的。比如，2017 年，27 号建筑受投资的诱发程度最大，其次是受进口的诱发；6 号食品和烟草受国内省外流出的诱发最大，其次是受出口和消费的诱发；28 号批发和零售受出口的诱发程度最大；40 号卫生和社会工作以及 42 号公共管理、社会保障和社会组织两产业则只受消费的诱发。各产业对最终需求项的生产依赖也是存在类似的特征，比如 12 号化学产品对消费等各最终需求项的依赖程度都较大，39 号教育主要受消费的影响，7 号纺织品主要受出口的影响，其次是受消费和国内省外流出的影响。

5.4　结论与启示

本章采用产业网络分析法和产业关联分析法，使用 2012 年和 2017 年山东省投入产出数据，分析党的十八大前后山东半岛城市群产业关联结构的变化，得出以下结论和启示。

第一，山东半岛城市群的产业网络结构是不对称的，存在一些重要性程度较高的产业，比如化学产品，石油、炼焦产品和核燃料加工品，金融，交通运输、仓储和邮政，这些产业因产业关联对其他产业存在较大影响。制定产业政策时，应充分发挥这些关键产业的关联结构效应，以更好促进整个产业系统的提升和发展。

第二，山东半岛城市群存在一些产业波动扩散的关键路径，这些关键路径可以是最大权支撑树的主干，也可以是枝干。制定产业政策时，可以选择这些关键路径上的关键产业制造正向冲击，使得冲击在这些关键路径上传播扩散，更好提升整个产业系统的发展质量。

第三，山东半岛城市群存在一些关联密集度较大的关键产业群组，由核度值较大的核内产业构成，密集的关联更容易让正向冲击在核内产业间扩散，促进核内产业的发展，进而推动整个产业系统的发展。

第四，山东半岛城市群存在产业波及，每个产业对产业系统发生单位波动的感应程度不同，每个产业的单位波动对其他产业的影响程度不同，每个产业的生产受消费、投资、进口、出口、国内省外流入、国内省外流出等最终需求项的诱发程度不同，每个产业的生产对消费、投资、进口、出口、国内省外流入、国内省外流出等最终需求项的依赖程度也不同。因此在制定产业政策时，应注意触发不同产业发展的敏感元素，有的放矢对症下药，力求达到事半功倍的效果。

第五，党的十八大前后，山东半岛城市群关键产业、关键路径、关键产业群组发生变化，总体上看，挖掘采掘等基础工业、金属冶炼和压延加工品等传统工业的重要性有所下降，涵盖高端装备、高端化工、信息技术等行业的产业和第三产业，尤其是租赁和商务服务、金融、信息传输、软件和信息技术服务、研究和试验发展、综合技术服务等生产性服务业的重要性在提升，对产业系统的作用在增大。

第六，山东半岛城市群各城市产业布局不同，有自己的优势产业和重点产业，各城市在制定产业扶持政策时，也应参考产业间相互影响的定量关系，有针对性地进行扶持和刺激。

第 *6* 章

山东半岛城市群"两业"融合发展水平研究

6.1 问题的提出

"两业"融合是指先进制造业和现代服务业相融相长、耦合共生①。在机械工业信息研究院发布的研究报告《先进制造业定义与对策》中，先进制造业被定义为：应用创新的技术、工艺、材料等要素，并能充分体现先进生产力发展方向的制造业总称。先进制造业涵盖两类来源：一是"有中出新"，即传统制造业经过先进技术的改造提升转型而成；二是"无中生有"，即新技术催生的先进制造业和制造业服务化过程中涌现的新业态、新模式。因而，先进制造业是产业链上附加值、利润率最高的领域，也是制造业中最具创新活力、复杂度最高和成果最丰富的领域。而根据我国科技部发布的《现代服务业科技发展"十二五"专项规划》，现代服务业是指以现代科学技术特别是信息网络技术为主要支撑，建立在新的商业模式、服务方式和管理方法基础上的服务产业。现代服务业也涵盖两类来

---

① 资料来源：国家发展改革委等多部委联合发布的《关于推动先进制造业和现代服务业深度融合发展的实施意见》。

源：一是"无中生有"地随着技术发展产生的新兴服务业态；二是"有中出新"地运用现代技术改造和提升的传统服务业。因此，科技创新是先进制造业和现代服务业产生和发展的关键。

发达国家在工业化后期就开始重视先进制造业和现代服务业的融合发展。比如，美国实施自主创新驱动战略，通过在本土大力发展信息技术服务业等知识密集型服务业，逐步实现制造业与服务业的融合发展，推动了本国制造业向价值链上游的攀升。美国、德国、日本、英国、芬兰等发达国家的经验表明，"两业"融合是制造业升级的有效途径，也是制造业未来发展的必然趋势。我国是制造大国，早在 2019 年 11 月 10 日，国家发展改革委就发布了《关于推动先进制造业和现代服务业深度融合发展的实施意见》，力求通过"两业"融合发展增强制造业核心竞争力、培育现代产业体系、实现经济高质量发展。作为制造大省的山东要实现《山东省"十四五"制造强省建设规划》目标，完成山东制造业由大到强的转变，即到 2025 年山东基本建成制造强省，初步形成具有山东特色的现代制造业体系，制造业高质量发展始终走在全国第一方阵，就亟须深入推动"两业"融合发展。作为山东省发展的重要区域，山东半岛城市群经济一体化发展同样需要先进制造业与现代服务业深度融合发展的推动。

无论在产业层面还是创新发展层面，山东半岛城市群均具有"两业"融合发展的良好基础。[①] 主要原因有以下五点：

第一，工业门类非常齐全。山东是工业大省，规模以上工业企业数量超过 3 万家，在联合国分类中，拥有全部 41 个工业大类，207 个工业中类拥有 197 个，666 个小类拥有 526 个，是全国工业门类最为齐全、基础最为雄厚、结构最为完善、配套最为完备的省份之一，具有发展先进制造业的产业基础。

第二，动能转换加快突破。近年来，山东省加快培育"十强"产业，2021 年新一代信息技术、新能源新材料、高端装备产业增加值分别增长

---

① 本章未标注数据来自山东省工业和信息化厅与山东省发展和改革委员会。

17.1%、32.2%和17.5%，光电子器件、半导体分立器件、集成电路、工业机器人等高端智能产品产量分别增长73.1%、34.6%、65.2%和38.7%，软件业务收入7970.4亿元，增长29.3%。2021年新技术、新产业、新业态、新模式"四新"经济投资占比51.2%，经济增加值占比为31.7%。高新技术企业总数突破2万家，比2020年增长38.2%，创历史新高。高新技术产业产值占规模以上工业产值的比重为46.8%，比2020年提高1.7个百分点①。105个雁阵形产业集群规模突破5.7万亿元，智能家电、轨道交通装备、高端医疗器械等先进制造业集群入围国家队。

第三，创新平台加快打造。山东省加大财政支持力度，实施省级以上创新平台倍增计划，每年100亿元财政资金，谋划实施大科学计划和大科学工程，整合设立科技创新发展资金；积极建立新型研发机构，成立山东产业技术研究院、山东高等技术研究院、山东能源研究院等新型研发机构；加快建设重大创新平台，国家超算中心、青岛中科院海洋大科学中心、海洋试点国家实验室落户山东，成立了5家山东省实验室、30家省级创新创业共同体；加快建设产业技术创新平台，高水平建设国家高速列车技术创新平台、国家云计算装备产业创新中心、国家先进印染技术创新中心、国家碳纤维技术创新中心、国家微纳与智能制造创新中心，国家燃料电池技术创新中心已通过科技部论证，国家级技术创新中心数量占全国一半，在生物合成、高端医疗器械、碳纤维等领域布局建设65家升级技术创新中心。山东不断强化省级制造业创新中心、省级服务业创新中心、"一企一技术"研发中心、省级技术创新示范企业的认定，认定省级服务业创新中心139家，"一企一技术"研发中心培育库涵盖400余家企业，培育国家技术创新示范企业63家，并获批建设国家高端智能化家用电器创新中心。

第四，关键技术实现突破。山东省实施省级企业技术创新项目2937项，突破关键核心技术（产品）105项；大力推动国产产品适配适用，开

---

① 资料来源：《2021年山东省国民经济和社会发展统计公报》。

发首台套装备 264 项，推广应用首批次新材料 231 项；北京冬奥会雪蜡车、深海 1 号、时速 600 公里高速磁浮列车等一批"大国重器"填补国内空白。潍柴动力"重型商用车动力总成关键技术及应用项目"获得 2019 年国家科技进步奖一等奖，建成了内燃机可靠性国家重点实验室和国家商用汽车动力系统总成工程技术研究中心等 4 个国家科技创新平台，引领了全球商用车动力总成行业技术发展，使我国商用车核心技术牢牢掌握在自己手中。威高集团自主研发的血液透析技术打破国外垄断，"聚砜膜"透析器产品经山东省科技厅鉴定，技术上处于国际先进水平，是目前国内唯一的血液透析器自主品牌产品，价格却比国外同类产品低 30% 左右。

第五，创新主体不断壮大。培育创新型企业群体。实施高新技术企业倍增计划，培育一批具有全球影响力的领军企业、骨干企业、创新型企业；实施科技型企业梯次培育行动计划，构建科技型中小企业、高新技术企业、创新型领军企业全生命周期梯次培育体系；开展中小微企业创新竞技行动，大力培育"瞪羚"企业、"独角兽"企业和制造业单项冠军。累计培育国家级制造业单项冠军 39 家、服务型制造示范企业 17 家、国家专精特新"小巨人"企业 362 家，均居全国前列。截至 2021 年底，工业企业研发经费投入超过 1200 亿元，占全社会总投入的 80% 以上。

要切实了解山东半岛城市群"两业"融合发展水平还需要进行量化分析与论证。

6.2　研究方法与数据来源

6.2.1　研究方法

6.2.1.1　互动关系分析

产业间存在普遍的投入产出关联，形成复杂多样的关联方式。当国民经济产业体系中某一产业发生变化时，这一变化会沿着不同的产业关联方式，如生产技术联系、价格联系、劳动就业联系、投资联系等，引起与其存在直接关联关系的一阶上下游邻居产业的变化，并且一阶上下游邻居产业的变化又会导致产业二阶上下游邻居产业的变化，依次传递，直到影响力消失，这一过程被称为波及。作为产业体系的构成部分，山东半岛城市群先进制造业与现代服务业间同样存在波及，波及体现了先进制造业与现代服务业间的互动关系，其效果可以用影响力系数和感应度系数来定量描述。

1. 影响力系数

影响力系数是反映国民经济某一部门增加 1 个单位的最终使用时，对国民经济各部门所产生的生产需求波及程度。影响力系数越大的产业，表明该产业对其他部门的拉动作用越大。某产业的影响力系数大于 1 或小于 1，表明该产业的影响力在全部产业中居平均水平以上或以下。用 b_{ij} 表示里昂惕夫矩阵，则影响力系数计算公式为：

$$F_j = \frac{\sum\limits_{i=1}^{n} \overline{b_{ij}}}{\frac{1}{n}\sum\limits_{i=1}^{n}\sum\limits_{j=1}^{n} \overline{b_{ij}}}; j = 1, 2, \cdots, n \qquad (6-1)$$

2. 感应度系数

感应度系数是指国民经济各部门每增加 1 个单位最终使用时，某一部门由此而受到的需求感应程度，也就是需要该部门为其他部门生产而提供的产出量。感应度系数越高的行业，表明该部门对经济发展的需求感应程度强；反之，则表示对经济发展需求感应程度弱。某产业的感应度系数若大于 1 或小于 1，表明该产业的感应度系数在全部产业中居于平均水平以上或以下。用 b_{ij} 表示里昂惕夫矩阵，则感应度系数计算公式为：

$$E_i = \frac{\sum\limits_{j=1}^{n} \overline{b_{ij}}}{\frac{1}{n}\sum\limits_{i=1}^{n}\sum\limits_{j=1}^{n} \overline{b_{ij}}}; i = 1, 2, \cdots, n \qquad (6-2)$$

6.2.1.2　融合程度分析

先进制造业与现代服务业的融合程度可以用现代服务业投入率、先进制造业需求率、先进制造业投入率、现代服务业需求率四大指标来度量。其中，现代服务业投入率和先进制造业需求率从投入和消耗视角量化了先进制造业向现代服务业融合的程度；先进制造业投入率和现代服务业需求率从投入和消耗视角量化了现代服务业向先进制造业融合的程度。

现代服务业投入率反映了先进制造业单位总投入中包含的生产性服务业的多少，用先进制造业中现代服务业的投入除以先进制造业的总投入计算得到：

$$FTP = \frac{ZFT}{ZT} \qquad (6-3)$$

其中，FTP 表示现代服务业投入率，ZFT 表示先进制造业中现代服务业的投入，ZT 表示先进制造业的总投入。

先进制造业需求率反映了先进制造业单位总产出中有多少是被现代服务业消耗的，用先进制造业被现代服务业消耗的部分除以先进制造业的总产出计算得到：

$$ZXP = \frac{ZFX}{ZC} \qquad (6-4)$$

其中，ZXP 表示先进制造业需求率，ZFX 表示先进制造业总产出中被现代服务业消耗的部分，ZC 表示先进制造业总产出。

先进制造业投入率反映了在现代服务业的单位总投入中包含的先进制造业的多少，用现代服务业中先进制造业的投入除以现代服务业的总投入计算得到：

$$ZTP = \frac{FZT}{FT} \qquad (6-5)$$

其中，*ZTP* 表示先进制造业投入率，*FZT* 表示现代服务业中先进制造业的投入，*FT* 表示现代服务业总投入。

现代服务业需求率反映了现代服务业单位总产出中有多少是被先进制造业消耗的，用现代服务业被先进制造业消耗的部分除以现代服务业的总产出计算得到：

$$FXP = \frac{FZX}{FC} \qquad\qquad (6-6)$$

其中，*FXP* 表示现代服务业需求率，*FZX* 表示现代服务业总产出中被先进制造业消耗的部分，*FC* 表示现代服务业总产出。

6.2.2　数据来源

本章选取 2012 年、2017 年山东省投入产出表数据，通过计算感应度系数和影响力系数量化山东半岛城市群先进制造业与现代服务业间的互动关系，通过计算现代服务业投入率、先进制造业需求率、先进制造业投入率、现代服务业需求率四大指标量化山东半岛城市群"两业"融合的程度。

6.3　山东半岛城市群"两业"互动关系分析

基于山东省 2012 年和 2017 年两年的投入产出表中现代服务业和先进制造业交叉部门数据，根据式（6-1）和式（6-2），计算山东半岛城市群 2012 年和 2017 年先进制造业和现代服务业相互间的感应度系数和影响力系数（见表 6-1）。其中，先进制造业选择食品和烟草等 17 个行业，现代服务业选择金属制品、机械和设备修理服务等 8 个行业。

表6-1　现代服务业与先进制造业各行业影响力系数与感应度系数

两业	行业名称	影响力系数		感应度系数	
		（1）	（2）	（3）	（4）
		2012 年	2017 年	2012 年	2017 年
先进制造业	食品和烟草	0.62	0.80	0.36	0.91
	纺织品	0.66	1.34	0.63	1.77
	纺织服装鞋帽皮革羽绒及其制品	0.81	1.32	0.35	0.67
	木材加工品和家具	0.79	1.23	0.20	0.78
	造纸印刷和文教体育用品	1.15	1.26	2.49	1.04
	石油、炼焦产品和核燃料加工品	0.37	0.87	2.28	1.56
	化学产品	0.98	1.13	2.56	2.72
	非金属矿物制品	1.29	1.02	0.39	0.81
	金属冶炼和压延加工品	0.89	0.91	2.08	2.03
	金属制品	0.87	1.16	0.80	1.00
	通用设备	0.99	1.08	0.63	1.07
	专用设备	0.81	1.28	0.31	0.67
	交通运输设备	0.85	1.30	1.32	1.50
	电气机械和器材	1.05	1.21	0.95	0.92
	通信设备、计算机和其他电子设备	1.22	1.37	4.08	1.16
	仪器仪表	0.80	1.33	0.36	0.52
	其他制造产品和废品废料	0.71	0.64	0.21	0.43
	均值	0.87	1.13	1.18	1.15
现代服务业	金属制品、机械和设备修理服务	0.72	1.03	0.01	0.35
	批发和零售	0.34	0.51	1.12	1.15
	交通运输、仓储和邮政	1.62	0.90	1.99	1.28
	信息传输、软件和信息技术服务	1.90	0.86	0.11	0.35
	金融	1.35	0.59	1.06	0.68
	租赁和商务服务	1.66	0.66	0.63	0.84
	科学研究与技术服务	1.87	0.76	0.08	0.38
	教育	0.69	0.44	0.01	0.40
	均值	1.27	0.72	0.63	0.68

由表 6-1 列（1）和列（2）数据可知，2012~2017 年，山东半岛城市群先进制造业影响力系数总体上明显增大，只有非金属矿物制品、其他制造产品和废品废料两个行业的影响力系数出现减小。说明除非金属矿物制品、其他制造产品和废品废料两个行业外，山东半岛城市群先进制造业的拉动作用大幅增强。特别是，纺织品，纺织服装鞋帽皮革羽绒及其制品，木材加工品和家具，石油、炼焦产品和核燃料加工品，专用设备，交通运输设备等六大制造业的拉动作用增强一半以上。现代服务业影响力系数总体上显著减小，只有批发和零售业以及金属制品、机械和设备修理服务两行业的影响力系数出现增大，说明除这两个行业外，山东半岛城市群现代服务业的拉动作用大幅降低。特别是，信息传输、软件和信息技术服务，金融，租赁和商务服务，科学研究与技术服务四大行业的拉动作用降低一半以上。发展到 2017 年，先进制造业有 14 个行业的影响力系数大于 1，占比 82%；尤其是纺织品，纺织服装鞋帽皮革羽绒及其制品，交通运输设备，通信设备、计算机和其他电子设备，仪器仪表，专用设备等六大行业，相比其他先进制造业行业具有更强的拉动作用。现代服务业仅有金属制品、机械和设备修理服务行业大于 1，另外，交通运输、仓储和邮政以及信息传输、软件和信息技术服务两行业对先进制造业的拉动作用也较强，分别为 0.90 和 0.86。

由表 6-1 列（3）和列（4）数据可知，2012~2017 年，山东半岛城市群先进制造业感应度系数总体上下降。造纸印刷和文教体育用品，石油、炼焦产品和核燃料加工品，金属冶炼和压延加工品，电气机械和器材，通信设备、计算机和其他电子设备等五个制造业的感应度系数出现不同程度的减小，其中通信设备、计算机和其他电子设备减小幅度最大；其他行业感应度系数则存在不同程度的增大。说明除列举的五个行业外，山东半岛城市群先进制造业对经济发展的需求感应程度均有所提高，经济社会发展对这些行业的拉动作用有所增强。现代服务业感应度系数总体上稍有增长。交通运输、仓储和邮政服务以及金融两服务业的感应度系数降低，说明除交通运输、仓储和邮政服务以及金融行业外，山东半岛城市群现代服务业对经济发展的需求感应程度均有所增长。特别是，信息传输、软件和信息技术服务，科学研究与技术服务业、教育等三大行业对经济发展的需求感应程度增长三倍以上。发展到 2017 年，先进制造业仅有 9 个行业的感应度系数大于 1，占比 53%；尤其是纺织品，石油、炼焦产品和核燃料加工品，化学产品，金属冶炼和压延加工品，交通运输设备等五个行业，相比其他先进制造业对经济发展具有更大的需求感应程度。现代服务业仅有 2 个行业的感应度系数大于 1，分别是批发和零售，以及交通运输、仓储和邮政，感应度系数分别为 1.15 和 1.28。

综合分析山东半岛城市群先进制造业与现代服务业的影响力系数和感应度系数，可知：经济社会发展对先进制造业的拉动作用（1.15）总体上大于对现代服务业的拉动作用（0.68），先进制造业对自身及现代服务业的拉动作用（1.13）总体上大于现代服务业对自身及先进制造业的拉动作用（0.72）。因此，山东半岛城市群先进制造业在经济社会发展中以及"两业"互动作用中具有更重要的作用。

6.4 山东半岛城市群"两业"融合程度分析

6.4.1 融合程度分析

基于山东省 2012 年和 2017 年两年的投入产出表中现代服务业和先进制造业交叉部门数据，基于现代服务业投入率、先进制造业需求率、先进制造业投入率、现代服务业需求率四大指标的定义和计算方法，计算山东半岛城市群 2012 年和 2017 年食品和烟草等 17 个先进制造业行业的现代服务业投入率和先进制造业需求率两大指标（见表 6 - 2），计算山东半岛城市群 2012 年和 2017 年批发和零售等 8 个现代服务业行业的先进制造业投入率和现代服务业需求率两大指标（见表 6 - 3）。

表6-2   现代服务业对先进制造业的影响程度

先进制造业名称	现代服务业投入率		先进制造业需求率	
	（1）	（2）	（3）	（4）
	2012年	2017年	2012年	2017年
先进制造业	0.8809	1.1937	0.7343	1.3200
食品和烟草	0.0576	0.0381	0.0067	0.0063
纺织品	0.0415	0.0337	0.0009	0.0015
纺织服装鞋帽皮革羽绒及其制品	0.0424	0.0448	0.0368	0.0319
木材加工品和家具	0.0523	0.1099	0.0189	0.0084
造纸印刷和文教体育用品	0.0731	0.0567	0.1287	0.1453
石油、炼焦产品和核燃料加工品	0.0367	0.0705	0.1636	0.0585
化学产品	0.0624	0.0871	0.0068	0.0082
非金属矿物制品	0.1176	0.0912	0.0027	0.0007
金属冶炼和压延加工品	0.0610	0.0903	0.0018	0.0017
金属制品	0.0479	0.0690	0.0292	0.0304
通用设备	0.0617	0.0868	0.0091	0.0078
专用设备	0.0346	0.0533	0.0110	0.0036
交通运输设备	0.0289	0.0635	0.0768	0.0588
电气机械和器材	0.0550	0.0509	0.0230	0.0258
通信设备、计算机和其他电子设备	0.0493	0.0791	0.0894	0.1463
仪器仪表	0.0226	0.0497	0.0828	0.1536
其他制造产品和废品废料	0.0364	0.1190	0.0461	0.6312

表6-3   先进制造业对现代服务业的影响程度

现代服务业名称	先进制造业投入率		现代服务业需求率	
	（1）	（2）	（3）	（4）
	2012年	2017年	2012年	2017年
现代服务业	1.9519	1.5542	2.2706	1.6977
金属制品、机械和设备修理服务	0.5498	0.5069	0.5285	0.3635
批发和零售	0.0147	0.0522	0.2175	0.4219
交通运输、仓储和邮政	0.3410	0.1202	0.5206	0.2099

续表

现代服务业名称	先进制造业投入率		现代服务业需求率	
	(1)	(2)	(3)	(4)
	2012 年	2017 年	2012 年	2017 年
信息传输、软件和信息技术服务	0.2394	0.3051	0.0806	0.0218
金融	0.1949	0.1247	0.3206	0.1687
租赁和商务服务	0.2286	0.1314	0.4506	0.3329
科学研究和技术服务	0.2696	0.2584	0.1444	0.1370
教育	0.1138	0.0553	0.0078	0.0421

由表 6-2 和表 6-3 中列（1）和列（2）数据可知，从投入视角看，2012~2017 年先进制造业中现代服务业的投入率有所升高，现代服务业中先进制造业的投入率出现下降，但到 2017 年现代服务业投入率仍然小于先进制造业投入率。说明先进制造业对现代服务业的投入依赖在增强，而现代服务业对先进制造业的投入依赖在减弱，且到 2017 年先进制造业对现代服务业的投入依赖仍然小于现代服务业对先进制造业的投入依赖。

具体到各行业，在先进制造业中，木材加工品和家具，其他制造产品和废品废料，石油、炼焦产品和核燃料加工品，交通运输设备，仪器仪表等制造业对现代服务业的投入依赖显著增强。非金属矿物制品对现代服务业的投入依赖虽然有所下降，但仅低于其他制造产品和废品废料以及木材加工品和家具两制造业，位列第三。金属冶炼和压延加工品以及通用设备两制造业对现代服务业的投入依赖则分别为第四和第五位。虽然现代服务业对先进制造业的投入依赖整体上有所下降，但批发和零售以及信息传输、软件和信息技术服务等行业对先进制造业的投入依赖却有所上升。另外金属制品、机械和设备修理服务对先进制造业的投入依赖虽然有所下降，但相比除信息传输、软件和信息技术服务业外的其他现代服务业，仍然对先进制造业存在最大投入依赖。

由表 6-2 和表 6-3 中列（3）和列（4）数据可知，从使用视角看，2012~2017 年，现代服务业对先进制造业的需求率显著提高；相反，先进制造业对现代服务业的需求率显著下降。说明先进制造业在消耗使用上对现代服务业的依赖显著增强，现代服务业对先进制造业的使用依赖显著减弱。但到 2017 年先进制造业对现代服务业的使用依赖仍小于现代服务业对先进制造业的使用依赖。

具体到各行业，在先进制造业中，现代服务业对造纸印刷和文教体育用品，通信设备、计算机和其他电子设备，仪器仪表等三个制造业的需求率一直相对较大，三大行业 2012 年在先进制造业中排名分别为第二、第三和第四，2017 年的排名则分别为第四、第三和第二。说明这三个行业对现代服务业的使用依赖较大。在现代服务业中，先进制造业对金属制品、机械和设备修理服务，租赁和商务服务，批发和零售，交通运输、仓储和邮政，金融等五个服务业的需求相对较大，对信息传输、软件和信息技术服务，教育，科学研究和技术服务业等三个行业的需求相对较小，说明前五个行业对先进制造业的使用依赖较大，后三个行业对先进制造业的使用依赖较小。

6.4.2 融合均衡度分析

通常用先进制造业投入率与现代服务业投入率的比值来反映两类产业在物质投入关系上的融合均衡度，用现代服务业需求率与先进制造业需求率的比值来反映两类产业在产出使用关系上的融合均衡度。从理论上讲，融合均衡度越高，表明先进制造业向现代服务业融合的程度越大；反之，表明现代服务业向先进制造业融合的程度越大。如果接近 1，则说明两类产业相互融合程度处于对称状态。基于表 6－2 和表 6－3 的数据，计算先进制造业与现代服务业的融合均衡度（见表 6－4）。

表 6－4　　　　　　　先进制造业与现代服务业融合均衡度比较

融合动力均衡度（投入）		融合动力均衡度（使用）	
2012 年	2017 年	2012 年	2017 年
2.2158	1.3020	3.0922	1.2861

由表6-4不难看出，在投入层面，随着现代服务业的加快发展，先进制造业融合于现代服务业的程度在减弱，现代服务业融合于先进制造业的程度在增强，但现代服务业向先进制造业融合的程度仍然小于先进制造业向现代服务业融合的程度。在使用层面亦然。

6.4.3　融合程度的比较

先进制造业包括原材料制造业、消费品制造业和装备制造业等三类。原材料制造业包括：石油加工、炼焦产品和核燃料加工业；化学产品；非金属矿物制品业，金属冶炼和压延加工业，金属制品业。消费品制造业包括：食品制造及烟草加工业；纺织业；纺织服装鞋帽皮革羽绒及其制品业；木材加工及家具制造业；造纸印刷及文教体育用品制造业。装备制造业包括：通用、专用设备制造业；交通运输设备制造业；电气、机械和器材制造业；通信设备、计算机及其他电子设备制造业；仪器仪表制造业。基于表6-2和表6-3分类统计三类先进制造业的现代服务业投入使用程度（见表6-5）。

表6-5　原材料制造业等三类先进制造业的现代服务业投入使用程度

先进制造业行业名称	现代服务业投入率		先进制造业需求率	
	2012 年	2017 年	2012 年	2017 年
原材料制造业	0.3255	0.4081	0.2041	0.0995
消费品制造业	0.2670	0.2832	0.1921	0.1934
装备制造业	0.2521	0.3835	0.2921	0.3959

由表6-5可知，2012~2017年，装备制造业的现代服务业投入率涨幅最大（52.12%），消费品制造业的现代服务业投入率涨幅最小（6.06%）。至2017年，原材料制造业的现代服务业投入率最大，消费品制造业的现代服务业投入率最小，装备制造业居中。即，从投入角度看，原材料制造业对现代服务业的投入依赖最大，消费品制造业对现代服务业

的投入依赖最小，装备制造业对现代服务业的投入依赖增长最多，从而现代服务业向原材料制造业融合的程度最大，向消费品制造业融合的程度最小，向装备制造业融合的程度增长最快。五年来，现代服务业对原材料制造业的需求率出现大幅下跌，对消费品制造业需求率稍有增长，对装备制造业的需求率出现大幅上涨。至 2017 年，装备制造业对现代服务业的使用依赖最大，其次是消费品制造业，原材料制造业最小。即，从使用视角看，现代服务业向装备制造业融合的程度最大，向原材料制造业融合的程度最小。

6.5　研究结论与原因分析

6.5.1　基于鲁粤苏浙比较的结论分析

当前，山东半岛城市群"两业"融合程度不断加深、趋势不断增强，但相比广东、江苏、浙江三省仍存在一定差距，综合看主要表现在以下五个方面。

（1）山东半岛城市群现代服务业相比广东、江苏两省发展规模不够大，相比江苏、浙江两省在先进制造业总投入中占比不够高。根据 2017 年山东、广东、江苏、浙江投入产出表，四省作为中间投入的现代服务业规模分别为 3.03 万亿元、3.49 万亿元、3.84 万亿元、2.27 万亿元，其中用于先进制造业的现代服务业中间投入占比分别约 37.29%、34.38%、41.41%、37.44%，相比广东和江苏，山东半岛城市群现代服务业规模不够高，相比江苏、浙江两省的现代服务业在先进制造业总投入中的比重不够高，对先进制造业的支撑作用发挥不够大。

（2）随着"两业"融合的不断深化，山东半岛城市群第二产业就业人数高位徘徊，第三产业就业人数不断增长，但先进制造业向现代服务业融合的程度和现代服务业向先进制造业融合的程度与广东、江苏、浙江相比存在不同。由表6-6可知，山东半岛城市群现代服务业向先进制造业融合的程度（现代服务业投入率+先进制造业需求率）总体上小于先进制造业向现代服务业融合的程度（先进制造业投入率+现代服务业需求率），也小于广东、江苏和浙江三省；先进制造业向现代服务业融合的程度则高于广东，低于浙江和江苏，但与江苏差距不大。由四省融合均衡度（投入）可知，在投入层面，山东先进制造业向现代服务业融合的程度大于现代服务业向先进制造业融合的程度，其他三省则相反；由四省融合均衡度（使用）可知，在使用层面，四省先进制造业向现代服务业融合的程度均大于现代服务业向先进制造业融合的程度，但四省两者差距大小不同，浙江先进制造业向现代服务业融合的程度显著大于现代服务业向先进制造业融合的程度，江苏则相对更为均衡。

表6-6 2017年四省先进制造业和现代服务业融合程度及融合均衡度

项目	山东	广东	江苏	浙江
（1）现代服务业投入率	1.1937	1.4963	1.8611	1.9979
（2）先进制造业需求率	1.3200	1.2706	1.6211	1.2310
（1）+（2）	2.5137	2.7669	3.4821	3.2289
（3）先进制造业投入率	1.5542	1.0555	1.4276	0.9939
（4）现代服务业需求率	1.6977	1.6791	1.9675	4.5765
（3）+（4）	3.2519	2.7346	3.3951	5.5704
（5）融合均衡度（投入）	1.3020	0.7054	0.7671	0.4975
（6）融合均衡度（使用）	1.2861	1.3215	1.2137	3.7178

（3）山东半岛城市群不同类别先进制造业向现代服务业融合的程度与广东、江苏、浙江相比存在差距。由表6-7可知，从投入视角看，山东半岛城市群现代服务业向三类先进制造业融合的程度均小于广东、江苏和浙江。从使用视角看，总体上山东半岛城市群现代服务业向先进制造业融合的程度大于广东、浙江，小于江苏；分类别看，山东半岛城市群现代服务业向原材料制造业融合的程度在四省中是最小的；向消费品制造业融合

的程度大于广东、浙江，小于江苏；向装备制造业融合的程度大于广东、江苏，小于浙江。

表 6-7　　　　2017 年四省三类先进制造业的现代服务业投入使用程度

行业	现代服务业投入率				先进制造业需求率			
	山东	广东	江苏	浙江	山东	广东	江苏	浙江
先进制造业	1.1937	1.4963	1.8611	1.9979	1.3200	1.2706	1.6211	1.2310
原材料制造业	0.4081	0.4918	0.5245	0.5859	0.0995	0.5346	0.4979	0.4584
消费品制造业	0.2832	0.4786	0.5957	0.7780	0.1934	0.1178	0.3133	0.1675
装备制造业	0.3835	0.4916	0.6249	0.5864	0.3959	0.2618	0.2082	0.4012

（4）山东半岛城市群先进制造业对现代服务业及自身的拉动作用总体上强于现代服务业对先进制造业及自身的拉动作用；经济发展对先进制造业的拉动作用总体上强于对现代服务业的拉动作用。经济发展更易拉动先进制造业的发展，先进制造业的发展更易拉动现代服务业和自身的发展。这与广东、江苏、浙江三省情况相似，但发生作用的具体程度不同。由表 6-8 可知，山东经济发展对先进制造业和现代服务业的拉动作用相差最大，其次是广东，然后是浙江，江苏最小。山东先进制造业和现代服务业对两类产业的拉动作用也相差最大，其次是广东，然后是江苏，浙江最小。

表 6-8　　　　　　　2017 年四省先进制造业和现代服务业

影响力系数和感应度系数

系数	山东		广东		江苏		浙江	
	先进制造业	现代服务业	先进制造业	现代服务业	先进制造业	现代服务业	先进制造业	现代服务业
影响力系数	1.13	0.72	1.13	0.73	1.09	0.81	1.10	0.79
感应度系数	1.15	0.68	1.09	0.82	1.05	0.89	1.02	0.96

（5）山东半岛城市群"两业"融合新业态、新模式发展水平不同，

"两业"融合不同路径发展程度不同；总体上看，先进制造业向现代服务业融合的程度（即制造业服务化水平）发展较好，现代服务业向先进制造业融合的程度（即服务业制造化水平）发展稍逊，"两业"协同发展处于价值链低端，集群式融合和区域性融合处于初期阶段。从山东省"两业"融合8家国家级试点和40家省级试点看，山东半岛城市群"两业"融合多围绕制造业展开，比如推进建设智能工厂、发展共享生产平台、智能引领的产品全生命周期融合发展、围绕制造的产品研发等，无论采用何种模式，基于科技创新和新一代信息技术发展的制造业向服务业的延伸发展都是山东半岛城市群"两业"融合的主要方向。相反，以服务环节为核心的企业向产品制造环节增值延伸，推动生产性服务企业向专业化和价值链高端延伸，促进生活性服务业向品质化、多元化、个性化升级的服务业制造化则相对欠缺。比如缺乏服务业企业基于大数据优势，向工厂反向输出标准，进行定制化批量生产的模式，缺乏制造企业利用服务企业的优势资源和市场竞争力规模化代工生产新产品的模式等。另外，"两业"协同发展模式主要以制造外包和服务外包为主，已经成为普遍存在的"两业"融合模式，但外包业务多居于价值链的低端；南海新区、威海经济技术开发区等以集群为载体、以区域为依托的融合发展模式逐渐推开，但尚在培育成长阶段。与广东、江苏、浙江三省相比，山东半岛城市群"两业"融合发展特色不够明显，品牌不够响亮，动力不够强劲，范围不够广，程度不够深，水平不够高，具有巨大的发展空间。

6.5.2　原因分析

分析山东半岛城市群两业融合相比粤、苏、浙落后的原因，主要可以归结到以下四个方面。

（1）产业发展惯性较大。在山东、广东、江苏、浙江四省中，山东是产业结构最晚进入"三二一"的省份。山东产业结构偏重，传统产业占工业的70%，重化工业占传统产业的70%，相比其他三省，山东通过采用先进技术推动传统制造业转型升级发展先进制造业的难度最大。图6-1给出了山东、广东、江苏、浙江四省三次产业占比。由图6-1可知，山东是农业大省，第一产业占比一直高于广东、江苏和浙江三省；服务业发展较为滞后，2012年服务业占比刚刚超过40%，而广东、江苏、浙江服务业占比突破40%的年份分别发生在1998年、2010年和2002年。生产性服务业成为发达省份发展的新动力，2020年广东省生产性服务业占服务业比重达65%以上，接近发达国家生产性服务业占服务业70%的水平。总体上看，由于产业惯性，山东发展先进制造业与现代服务业阻力相比广东、江苏、浙江要大，"两业"融合发展面临的挑战相比广东、江苏、浙江要多。

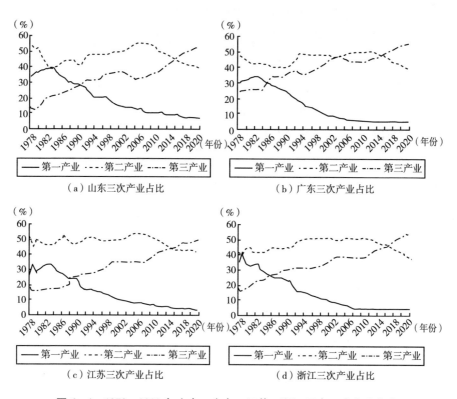

（a）山东三次产业占比　　　　（b）广东三次产业占比

（c）江苏三次产业占比　　　　（d）浙江三次产业占比

图6-1　1978~2020年山东、广东、江苏、浙江四省三次产业占比

（2）技术创新推动不够。近些年，山东省新旧动能转换势头强劲，创新动力显著增强，创新发展取得一定成效。截至 2021 年"四新"经济增加值占比达 31.7%，"四新"经济投资占比达 51.2%，高新技术企业总数突破 2 万家，高新技术产业产值占规模以上工业产值的比重为 46.8%。有效发明专利拥有量 150776 件，每万人口有效发明专利量 14.85 件[①]。但相比广东、江苏、浙江三省，山东创新驱动仍然存在差距，这里从研发经费投入的投入角度和有效发明专利拥有量的产出角度略作说明。由图 6－2 和图 6－3 可知，首先，山东省研发经费投入相对不足。山东研发经费投入强度在四省中最低，投入总量小于广东、江苏，大于浙江，但 2019 年后，被浙江超过。其次，研发经费投入增长不够显著。无论是研发投入总量还是研发投入强度，山东在四省中都是增长最不显著的，且四省中只有山东出现"升－降－升"交错的情况，其他三省都是一路上升。另外，有效发明专利拥有量相对不多。由表 6－9 可知，山东相比广东、江苏、浙江无论是有效发明专利拥有量还是每万人口有效发明专利量都是最少的。

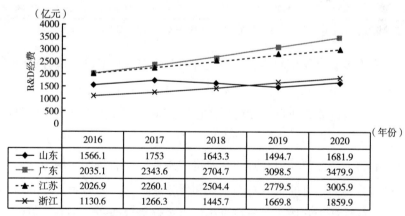

（亿元）	2016	2017	2018	2019	2020
山东	1566.1	1753	1643.3	1494.7	1681.9
广东	2035.1	2343.6	2704.7	3098.5	3479.9
江苏	2026.9	2260.1	2504.4	2779.5	3005.9
浙江	1130.6	1266.3	1445.7	1669.8	1859.9

图 6－2　2016～2020 年山东、广东、江苏、浙江四省 R&D 经费

资料来源：2021 年山东、广东、江苏、浙江四省的统计年鉴。

---

① 资料来源：《2021 年山东省国民经济和社会发展统计公报》。

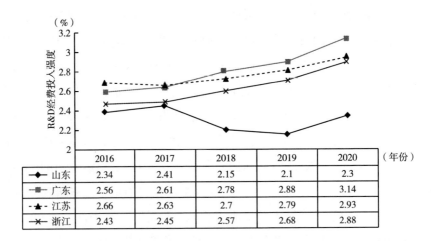

图 6-3 2016~2020 年山东、广东、江苏、浙江四省 R&D 投入经费强度

资料来源：2021 年山东、广东、江苏、浙江四省统计年鉴。

表 6-9 山东、广东、江苏、浙江四省发明专利情况（截至 2021 年底）

有效发明专利拥有量（万件）				每万人口有效发明专利量（件）			
山东	广东	江苏	浙江	山东	广东	江苏	浙江
15.08	43.96	34.9	25.04	14.85	34.89	41.2	38.8

资料来源：2021 年山东、广东、江苏、浙江四省统计年鉴。

（3）企业认知不够精准。有些企业对先进制造业和现代服务业融合发展的内涵、形态、机制等方面的认识存在偏差。有的企业认为"两业"融合发展就是制造业企业自主发展生产性服务业，向服务环节延伸的纵向一体化发展过程；有的企业将"两业"融合等同于制造企业主辅分离，把价值链低端的制造环节外包；有的企业将"两业"融合理解为服务业企业发展生产制造业务；有的企业对制造业和服务业融合发展的趋势与战略地位认识不充分，认为制造业企业提供售后服务就是"两业"融合；有的企业照抄照搬其他企业的做法，缺乏对自身情况、行业特征和市场环境的科学判断，对融合发展的重要性和趋势的认识不充分；有的企业对新一代信息技术在"两业"融合发展中发挥的作用缺乏正确认知；有的企业认识不到

"两业"融合是发展趋势,对市场规律缺乏正确认知。

(4)政策环境有待改善。继 2019 年 11 月国家发展改革委等 15 部门联合印发《关于推动先进制造业和现代服务业深度融合发展的实施意见》,山东出台了《山东省服务业创新发展行动纲要(2017 – 2025 年)》《山东省服务业数字化转型行动方案(2021 – 2025)》《山东省智能制造"1 + N"带动提升行动实施方案(2018 – 2020 年)》《关于加快促进服务型制造发展的实施意见》等"一揽子"政策措施,并积极做好"两业"融合国家级试点的组织服务工作和省级试点的认定培育工作,加快推动现代服务业与先进制造业深度融合发展。但仍存在一些不利于"两业"融合发展的体制机制障碍,比如行业资质管理方式滞后、税收政策不配套、标准不健全、数据不开放等。特别的,在公共数据获取、数据确权和交易、数据安全等方面缺乏制度保障,影响了企业数字化服务化转型。

6.6 山东半岛城市群"两业"融合发展的对策建议

早在 20 世纪七八十年代,发达国家处于工业化后期乃至后工业化时期时,其制造业企业就经过"产品→产品 + 服务→产品 + 服务 + 技术 + 整体解决方案"的过程进行转型升级。随着产业结构的不断升级和市场需求的不断演进,各国政府积极推出相关财税、金融等政策,大力支持两业融合发展。推动"两业"深度融合发展是提升先进制造业竞争力、培育现代产业体系、实现经济高质量发展的重要途径。对山东半岛城市群而言,在当前发展基础上,要进一步顺应科技革命、产业变革和消费升级的趋势,深化技术渗透、链条延伸、业务关联,探索"两业"融合新业态、新模式、新路径,推动先进制造业和现代服务业融合共生。

6.6.1 适应把握引领市场规律，加强"两业"融合新业态、新模式、新路径的探索

随着社会生产力的发展，消费者需求不断升级，在个性化、多样化基础上又衍生出智慧化、绿色化、智能化等新特征，为适应消费者需求的变化，产业之间合作持续加强，产品与技术的边界日益模糊，产业融合发展、耦合共生成为趋势，不断催生"两业"融合新业态、新模式、新路径。山东半岛城市群两业融合发展取得一定成效，形成了一些典型模式、路径，比如，海尔卡沃斯、浪潮云洲、蓝海、橙色云等"双跨"工业互联网平台的打造和使用，形成平台化设计、智能化制造、网络化协同、个性化定制、服务化延伸、数字化管理六大新模式；山东百龙创园等通过自主创新、协同创新等突破关键核心技术壁垒，实现产业链上下游融合发展、耦合协同的新模式；日照市岚山区、烟台经济技术开发区等围绕链主企业开展重大项目建设和产业链招商等集群化融合发展新路径；某药业集药品研发、生产、贸易及医疗健康服务为一体的"1 + 3 + 6 + N"的创新发展模式；山东京博物流、山东泰宝信息科技等以数字化、网络化、智能化赋能现代服务业，实现与先进制造业更好对接的新路径；鲁南制药、双星集团等借助互联网、物联网等把业务向下游延伸，更好服务消费者的新模式，等等。

总结国外、国内先行省市及自身发展经验，山东半岛城市群应聚焦以下七方面探索"两业"融合发展新业态、新模式、新路径。

（1）推进建设智能工厂。国内外许多企业把新一代信息技术应用于制造业，打造了智能工厂、工业互联网等新业态，实现了产品全生命周期的数字化、自动化、智能化生产和管理，满足了客户个性化需求。山东半岛城市群拥有海尔卡奥斯等四大国家级"双跨"工业互联网平台，比较优势明显，下一步在加快工业互联网平台体系建设基础上，要加快发展一批具有高支撑价值和国际竞争力的安全可靠的工业 APP 企业，引导和鼓励制

造业企业采用智能化理念和生产模式,建立智能工厂,推动智能化生产。

(2)大力发展大规模定制。把信息技术应用于制造业,促进了制造企业流程再造,通过在线下单、实时传输、智能制造、柔性制造,使得大规模定制成为可能。山东半岛城市群应立足市场需求的变化,基于互联网、云计算、大数据、物联网等新技术的使用,把前端的客户体验数据、在线设计数据和网络大数据等转化为生产订单,以零件标准化、部件模块化和产品个性化重组增强柔性制造能力,提供以客户为中心的个性化大规模定制服务,有效满足消费者在服装、家居、家电、专用装备等各领域的多样化需求。

(3)适度发展服务反向制造。服务反向制造是服务业制造化模式的一种,主要是指大型服务业企业(大型零售业或知名品牌运营商)通过直接进入或贴牌生产(OEM)进入上游生产制造环节,通过授权、特许、原始设计等方式发展制造业的"两业"融合模式,目前已广泛用于家电、服饰、玩具、食品、礼品等消费品领域。如新冠疫情期间,某网络平台通过自身累积的大数据优势,向工厂反向输出标准,工厂发挥加工制造优势,进行定制化批量生产,降低生产损耗的同时也提高了生产效率。山东半岛城市群应鼓励大型网络零售业的发展和知名品牌的培育和维护,引导相关龙头企业利用自身核心技术、信息、营销渠道、创意等价值链高端的控制力,通过贴牌生产等方式发展服务反向制造,实现现代服务业与先进制造业的融合发展,拓展两类产业的增长空间和增值能力。

(4)积极培育共享生产平台。共享生产平台是一种以产能和服务分享为特征的产业融合发展新模式,其本质是以"租赁"服务的形式把制造企业的产品设计、生产、配送能力分享出来,从而实现资源的高效利用和价值共享。共享生产平台往往具备在线编排生产计划、生产订单实时下发、机床运行智能诊断等工业4.0功能,符合山东制造强省建设的方向,其积极推广一方面可以提升产能利用水平,另一方面有利于B2B、B2C、B2M、C2M、O2O、ODM、共享工厂等模式的发展,推动设计和制造、生产与消费的无缝对接。

（5）开展工业文化旅游。工业文化旅游是依托工业资源的新型文旅形式，起源于发达国家，近年来在我国逐渐兴起，涌现出上海宝钢、青岛海尔等工业文化旅游品牌，不仅提升了工业品牌美誉度，而且丰富了旅游产品门类。山东半岛城市群拥有丰富的工业遗产和工业资源，如博山千年圆窑、坊子炭矿、中兴煤矿、张裕酿酒公司、泰山体育等，应支持有条件的工业遗产和企业、园区、基地等充分挖掘其历史文化底蕴和文旅价值，推进文化旅游与制造业深度融合，打造集合生产、展示、观光、休闲、体验、科普、购物等于一体的工业旅游产品，提升制造业的品牌影响力和产品附加值。

（6）提升总集成总承包水平。发达国家"两业"融合发展的重要特点就是企业从提供单一产品和服务向提供整体解决方案转型。山东省先行发展企业也作出了良好示范。比如，山东豪迈机械科技股份有限公司发展了"覆盖轮胎模具全生命周期的制造业服务化"商业模式，为法国米其林、日本普利司通、德国大陆等轮胎客户，提供覆盖研发、设计、试验、生产、维护、再制造、培训等环节的模具整体解决方案。青岛海利尔药业集团股份有限公司开展环境友好型农药的研制开发、生产和销售，不断提升"产品即服务、服务即产品"整体解决方案供给能力及水平。山东半岛城市群应引导鼓励更多企业提升总集成总承包水平，在提供整体解决方案方面不断探索。

（7）加强全生命周期管理。信息技术的不断发展使得实时监测、动态追踪成为可能，越来越多的企业实现了闭环管理，能够通过建立监测系统、应答中心、追溯体系等方式，提供远程运维、状态预警、故障诊断等在线服务。生态文明理念不断深入人心和低碳循环经济的发展，使得社会各界越来越重视基于产品全生命周期开展产品再制造、再利用，以实现经济、社会生态价值最大化。也有企业围绕主导产品创新发展模式，在产品链上延伸拓展业务，实现产品全生命周期管理。比如某药业公司基于药物制造，依托"互联网＋医疗＋医药＋患者"的创新思路，初步形成了集药品研发、生产、贸易及医疗健康服务为一体的"1＋3＋6＋N"融合创新发展模式，做到了产品全生命周期的价值最大化。

此外，应积极推动现代物流、研发设计、金融服务等生产性服务业与制造业的融合发展，推进医疗、健康、教育等重点消费领域制造业的创新发展，比如医疗领域重点发展手术机器人、医学影像、远程诊疗等高端医疗设备，健康领域重点发展可穿戴监测、运动、婴幼儿监护、适老化健康养老等智能设备，教育领域重点发展智能测评系统、智能教学系统、虚拟现实教育和教育机器人等。

6.6.2　由点到面层层递进，强化多元化融合主体的打造

基于当前山东半岛城市群"两业"融合试点信息，融合主体多以企业和区域形式出现，前者较为常见，后者载体则为园区或行政区，比如烟台经济技术开发区是园区，日照市岚山区是行政区。现实中还存在以集群为载体的"两业"融合发展形式。比如，泰州集聚700多家长城汽车企业，产品涵盖多个种类，在政府引导下，长城汽车内装饰品等配套产业也在不断发展，泰州市汽车行业集群产业链不断优化；江苏高端纺织产业集群为打造世界级高端纺织产业集群，与南京女装集群及周边先进制造业集群融合发展。以企业为点、以集群和区域为面，构成"两业"融合多元主体的层次结构。

（1）打造企业级融合主体，夯实"两业"融合根基。企业作为市场活动的主体，是"两业"融合最基本的单元。"两业"融合的实质是产业链的渗透与重构，以制造企业为基本单元，"两业"融合就是实现生产环节向价值链上游和下游环节的延伸，完成服务化转型；以服务企业为基本单元，"两业"融合就是依托服务企业对价值链两端的控制力向生产环节延伸，完成制造化转型；同时考虑两类企业，"两业"融合就是制造企业与服务企业的协同发展，可以是制造（服务）企业通过招投标，采用服务（制造）外包，将非核心业务交托给专业化服务（制造）企业，两类企业共同打造产品全生命周期，也可以是其他形式。因此，企业是"两业"融

合的重要主体。

在企业主体中，产业链龙头企业、行业骨干企业对"两业"融合发展起引领示范作用。要加大力度培育产业链龙头企业和行业骨干企业，构建以链主企业为核心、辐射带动配套关联企业的全产业链融合发展格局，引领产业链深度融合和高端跃升；推动行业骨干企业在产业融合的方向、路径、模式上先行先试，形成一批融合发展效果好、转型升级效应强的经验做法，探索形成行业系统解决方案，示范带动全行业创新能力和整体实力提升。专精特新中小微企业贴近市场、机制灵活，平台型企业和机构的综合服务效能强，高等院校、职业学校以及科研、咨询、金融、投资、知识产权等机构具有人才、资本、技术、数据等优势，应充分重视这些主体对"两业"融合发展的推动作用，打通制造企业和关联服务企业的供需对接，形成融合共生的产业生态圈。

（2）发展集群式融合主体，提高"两业"融合层次。同一行业内具有竞争关系的企业及其互动合作企业、供应商、服务商、相关产业厂商和相关机构（如大学、科研机构、制定标准的机构、产业公会等）在某特定地域聚集形成产业集群，构成"两业"融合的第二类重要载体。处于种子期的产业集群，产业链供应链尚不完善，容易引导进行产业链的渗透和供应链的重构，具有开展"两业"融合发展的优势和动力。处于发展期的产业集群，产业链供应链基本形成，但产业链关联度不高、核心技术尚未突破，亟须群外产业链龙头企业因知识溢出带来的"创造性破坏"，推动集群内企业创新能力和技术水平的不断提高，提供"两业"融合发展的机遇，但也面临挑战。传统制造业产业集群虽然具有一定规模，产业链供应链也相对完善，但科技水平及生产效率不高，具有与现代服务业产业集群融合发展的较大需求。

山东半岛城市群产业门类丰富，产业集群发展迅猛。截至 2022 年 4 月，山东半岛城市群拥有烟台先进结构材料产业集群等 7 个国家级战略性新兴产业集群、青岛工业互联网产业集群等 25 个省级战略性新兴产业集群、威海高新区高端医疗器械创新型产业集群等 15 家国家级创新型产业集群试点（培育）、济南人工智能技术创新与产业发展融合集群等28家雁阵型产业集群、日照市汽车整车及零部件产业集群等多个先进制造业产业集群、威海经济技术开发区服务贸易集聚示范区产业集群等多个现代服务业产业集群，具有依托产业集群开展"两业"融合的基础。下一步应基于调研信息绘制山东半岛城市群产业集群图谱，然后分类施策，针对不同类别产业集群出台不同政策进行引导调节。比如针对种子期产业集群可以出台相关政策实施产业规划调整，并给予土地和税收优惠政策等，使企业由零星状向簇拥式发展，从而在完善产业链供应链过程中实现融合发展；针对发展期产业集群可以充分发挥"双链"模式的作用，实现产业集群与产业链龙头企业的融合发展；针对传统制造业产业集群可以基于优势互补原则整合资源要素，实现与现代服务业产业集群的产业共生、资源共享，打造塑强全产业链集群。

（3）强化区域级融合主体，共享"两业"融合成果。区域是产业培育发展壮大的载体，也是"两业"融合的重要主体。区域与产业集群既有联系又有区别，一方面产业集群是个地理概念，产业集群依托区域存在，另一方面产业集群涵盖产业可能只是区域产业的一部分，可能正好相等，也可能跨多个区域。如烟台先进结构材料产业集群与烟台经济技术开发区是共享一些行业企业的两个不同载体。烟台经济技术开发区通过科技创新赋能先进制造业发展、新材料研发服务和制造业有机融合、节能环保服务促进先进制造业绿色健康发展等途径推动"两业"融合发展。烟台先进结构材料产业集群因为涵盖了工程塑料及合成树脂、高性能有色金属及合金材料、新型结构陶瓷材料、高品质特种钢铁材料等，作为一个相对成熟的产业集群，其"两业"融合发展具有更多内容。

山东半岛城市群拥有国家级经开区、省级开发区、国家级高新区、国家级新区、国家级自贸区、国家级自创区等近200个，13家百强县，拥有依托区域开展"两业"融合的条件。既可以通过区域产业规划、产业链招商等，促进区域内先进制造业与现代服务业的融合发展，也可以以地方政府为交流平台，通过建立区域产业联盟及其他协调合作机制，以产业链龙头企业和行业骨干企业为载体，推动多个地区先进制造业与现代服务业采用纵向联合方式，实现区域间资源共享和"两业"融合发展。

6.6.3 软硬兼顾两手抓两手硬，加强优良融合环境的打造

"两业"融合发展需要土地、资金、人才、数据、技术、行业规范等要素支撑。其中把土地、资金、人才定义为硬件要素，把数据、技术、行业政策定义为软件要素。从强化软硬件要素支撑角度加强优良融合环境的打造。

（1）强化硬件要素支撑。"人、地、钱"是推动"两业"融合发展的重要要素。土地是稀有资源，要不断创新用地供给，比如对闲置土地和城镇低效用地进行盘活，并通过长期租赁、先租后让、租让结合等供应方式保障两业融合发展用地需求。"两业"融合发展需要资金支持，要鼓励金融机构基于市场化原则，向"两业"融合发展企业和项目提供融资、并购贷款、供应链金融等相关服务；对于符合条件的企业，应支持其使用上市融资和发行企业债券、公司债券、非金融企业债务等融资工具；并搭建知识产权质押信息平台，不断扩大知识产权质押融资规模；从税收财政方面看，可以采用减免、赊欠和财政支持等多种方式减少"两业"融合资金压力，从多个维度解决"两业"融合资金问题。人才是创新的主体，也是"两业"融合的重要要素，要从人才培养、引进、评价、激励等多环节改革完善相应制度，为"两业"融合提供综合型、创新型、技能型、领军型人才。

（2）强化软件要素支撑。在数字经济时代，数据的重要性日益凸显。要推动数据共享平台建设，加强山东半岛城市群数据开放共享，并加强相关制度机制建设，发挥社会数据资源价值，推进数据资源整合和安全保护。鼓励企业开展技术创新，推动发挥链主企业、行业骨干企业技术溢出效应，形成协同创新生态。清理制约"两业"融合发展的规章、规范性文件和其他政策措施，制定利于"两业"融合的行业标准和规范。对于工业

互联网和智能设备应用等代表"两业"融合重要方向的领域，要加快建立利于其推广适用的标准体系。放宽市场准入，对"两业"融合新业态采取包容审慎的监管。构建"两业"融合试点政策体系，支持有条件的企业、产业集群、产业园区、城市先行先试，探索可行模式、路径，创新管理方式、完善工作机制和创新用地、统计、市场监管等。

第 7 章

山东半岛城市群产业分工
与一体化发展研究

7.1 问题的提出

综观中外,城市群科学合理的产业分工与高质量的产业一体化发展,是实现优势互补、错位发展及合作共赢的重要前提。大量研究也发现产业分工与一体化发展对城市群经济增长具有显著正向作用,因此研究山东半岛城市群产业分工与一体化发展,针对性提出推动山东半岛城市群产业一体化发展的对策建议,不仅有利于其自身发展壮大和经济一体化发展,而且有利于服务国家"两横三纵"的城镇化战略格局。

区域产业分工最早可以追溯到亚当·斯密(Adam Smith)的《国富论》,是特定区域内的经济体在市场调节和政府宏观调控双重作用下,基于绝对优势理论、比较优势理论或要素禀赋理论实施经济行为的结果,与社会劳动分工相辅相成,表现为产业空间关联的不同和区域产业结构的差异。而城市群产业分工空间格局的形成过程,往往伴随着产业转移、产业合作与产业错位发展,是产业竞争力理论与梯度转移理论等协同作用的结果。产业一体化是经济一体化的核心,产业功能互补和产业纵向一体化是实现经济一体化的关键;产业一体化是区域一体化的基础,区域产业间的合作、互补是实现区域一体化的前提。产业一体化通过合理的生产布局和专业化分工不仅可以降低经济行为成本，而且能够实现区域内产业协调发展、低成本规模扩张、区域经济创新性的增强和区域经济系统的良性运转。因此产业一体化是城市群一体化的根基，应在体制机制上进一步推动城市群的产业一体化发展，在此之前则需要明确城市群产业分工格局与一体化发展水平。

目前关于区域产业分工与一体化发展的定量研究很多，所用方法主要包括：基于全局 Moran's I 系数的新指数、区位熵法、区位熵灰色关联分析法、产业同构系数法、产业专业化指数、产业多样化指数等。但是，这些方法都存在某类缺陷，比如产业同构系数法适用于更细的产业分类，因为若基于费希尔提出的三次产业分类，地区间产业结构必然具有较大的相似性，同时相似系数不能反映具体的产业内部结构；区位熵法不能从整体上度量产业结构的相似程度，但能够反映具体的产业内部结构；区位熵灰色关联分析法不能直接测度两两城市间的产业结构相似程度；产业专业化指数不能测度各地区每个产业的专业化程度；产业多样化指数不能反映地区间产业一体化发展具体情况。本章基于分析山东半岛城市群产业分工与一体化发展的实际需要，以及深入分析省会、胶东和鲁南三大经济圈产业分工与一体化发展的现实需要，基于一二三产业 19 个细分产业数据和制造业 31 个细分行业数据，选择产业同构系数和区位熵指数为主要研究方法，探究山东半岛城市群及其三大经济圈产业分工与产业一体化发展的时空演变，最终尝试性提出推动山东半岛城市群产业一体化发展的对策建议。

7.2　研究方法与数据来源

7.2.1　研究方法

7.2.1.1　产业同构系数

产业同构系数自 1979 年由联合国工业发展组织提出后，被广泛用于分析国家或地区间产业结构的相似程度，为量化产业一体化发展水平提供了定量依据。其计算公式为：

$$S_{ij} = \frac{\sum_{k=1}^{n}(x_{ik}\,x_{jk})}{\sqrt{\sum_{k=1}^{n}x_{ik}^2 \sum_{k=1}^{n}x_{jk}^2}} \qquad (7-1)$$

式（7-1）中，S_{ij}表示地区i地区j的产业同构系数；x_{ik}、x_{jk}分别为地区i和地区j中k产业就业人数在研究范围内k产业就业人数中所占比重。产业同构系数取值范围为（0，1），本研究中其值越接近1，表示两城市的产业结构相似程度越高，产业互补性越差，产业一体化发展水平越低；越接近0，表示两城市产业结构差异性越高，产业互补性越好，越能错位发展，产业一体化发展水平越高。

7.2.1.2　区位熵指数法

在空间经济学中，区位熵（location quotient，LQ）指数是测度地区专业化程度的常用指标，其作用主要有二：第一，判断各产业在各地区是否具有比较优势，或各地区有无形成产业专业化；第二，决定了各地区是否具有外向功能量，能否辐射带动其他地区的产业发展。本研究中，区位熵指数法成为产业结构相似系数的很好补充，前者从整体上量化了城市群各城市间产业结构的相似程度，后者具体分析各城市存在哪些专业化水平较高的优势产业，即城市群具体的产业分工是怎样的。其计算公式为：

$$LQ_j^i = \frac{E_j^i / E^i}{E_j / E} \qquad (7-2)$$

式（7-2）中，LQ_j^i表示i地区j产业的区位熵，E_j^i为i地区j产业的就业人数，E^i为i地区总就业人数，E_j为研究范围内j产业的总就业人数，E为所有研究地区所有产业就业人数。区位熵取值范围为（0，+∞），本研究中区位熵大于1表示该产业在该城市的专业化程度优于城市群平均水平，

为该城市的优势产业，具有外向功能量，能够辐射带动城市群其他城市产
业发展。

7.2.2　数据来源

以往研究往往基于三次产业分类或基于一二三产业 19 细分产业分类
数据，不能真实反映山东半岛城市群的产业分工与一体化程度，本章研究
在基于一二三产业 19 个细分产业数据开展研究基础上，进一步基于制造
业 31 个细分行业展开研究，一方面弱化了方法的局限性，另一方面使得
研究结果更能客观反映现实。山东半岛城市群各城市一二三产业 19 个细
分产业的就业人数来自相应年份的《中国城市统计年鉴》，各城市制造业
31 个细分产业的就业人数来自各城市统计局。缺失数据用均值补齐，并
在实际研究中，剔除对相应城市相应产业的具体分析。

7.3　山东半岛城市群产业一体化发展的时空分析

7.3.1　基于产业系统 19 个细分产业的分析

根据公式（7 - 1）基于产业系统 19 个细分产业的就业数据，计算山
东半岛城市群 2008 年、2014 年、2020 年两两城市间产业同构系数（见表
7 - 1）。进一步基于表 7 - 1 计算 2008 年、2014 年、2020 年三大经济圈的
产业同构系数及圈内、圈间城市间产业同构系数的标准差（表 7 - 2）。

表 7 - 1　　　基于 19 个细分产业的山东半岛城市群产业同构系数

城市	年份	济南	莱芜	淄博	东营	泰安	德州	聊城	滨州	青岛	烟台	潍坊	威海	日照	枣庄	济宁	临沂
	2008	0.71															
莱芜	2014	0.73															
	2020	\															

173

续表

城市	年份	济南	莱芜	淄博	东营	泰安	德州	聊城	滨州	青岛	烟台	潍坊	威海	日照	枣庄	济宁	临沂
淄博	2008	0.81	0.92														
	2014	0.72	0.69														
	2020	0.79	\														
东营	2008	0.54	0.37	0.38													
	2014	0.44	0.54	0.62													
	2020	0.36	\	0.38													
泰安	2008	0.64	0.83	0.87	0.50												
	2014	0.61	0.71	0.80	0.73												
	2020	0.70	\	0.82	0.75												
德州	2008	0.68	0.82	0.88	0.29	0.71											
	2014	0.75	0.68	0.85	0.47	0.73											
	2020	0.71	\	0.87	0.28	0.70											
聊城	2008	0.76	0.86	0.86	0.33	0.69	0.92										
	2014	0.70	0.68	0.81	0.37	0.64	0.95										
	2020	0.67	\	0.74	0.24	0.72	0.76										
滨州	2008	0.62	0.86	0.84	0.29	0.68	0.89	0.86									
	2014	0.69	0.65	0.81	0.46	0.76	0.83	0.79									
	2020	0.64	\	0.80	0.30	0.71	0.82	0.81									
青岛	2008	0.89	0.78	0.84	0.43	0.66	0.79	0.87	0.78								
	2014	0.77	0.64	0.80	0.45	0.76	0.86	0.82	0.91								
	2020	0.91		0.72	0.32	0.68	0.72	0.77	0.74								
烟台	2008	0.85	0.85	0.93	0.46	0.84	0.85	0.88	0.81	0.94							
	2014	0.76	0.80	0.85	0.56	0.75	0.93	0.88	0.81	0.89							
	2020	0.84		0.86	0.47	0.83	0.86	0.83	0.87	0.90							
潍坊	2008	0.76	0.91	0.93	0.34	0.78	0.94	0.93	0.93	0.86	0.91						
	2014	0.80	0.72	0.86	0.47	0.73	0.97	0.92	0.85	0.89	0.93						
	2020	0.71	\	0.75	0.28	0.61	0.68	0.69	0.64	0.71	0.78						
威海	2008	0.81	0.86	0.93	0.35	0.72	0.90	0.91	0.84	0.92	0.93	0.93					
	2014	0.71	0.67	0.82	0.42	0.71	0.93	0.86	0.83	0.88	0.93	0.93					
	2020	0.47	\	0.75	0.21	0.54	0.82	0.48	0.66	0.47	0.72	0.48					
日照	2008	0.77	0.82	0.83	0.27	0.69	0.87	0.92	0.80	0.89	0.88	0.90	0.89				
	2014	0.67	0.69	0.77	0.35	0.65	0.87	0.91	0.71	0.83	0.85	0.89	0.85				
	2020	0.73	\	0.65	0.28	0.55	0.78	0.63	0.68	0.83	0.76	0.58	0.44				

续表

城市	年份	济南	莱芜	淄博	东营	泰安	德州	聊城	滨州	青岛	烟台	潍坊	威海	日照	枣庄	济宁	临沂
枣庄	2008	0.53	0.68	0.72	0.55	0.86	0.59	0.61	0.56	0.59	0.75	0.63	0.58	0.54			
	2014	0.55	0.78	0.81	0.75	0.93	0.72	0.65	0.64	0.63	0.77	0.70	0.66	0.61			
	2020	0.67	\	0.73	0.77	0.96	0.66	0.72	0.69	0.66	0.78	0.63	0.38	0.59			
济宁	2008	0.66	0.83	0.83	0.52	0.94	0.73	0.77	0.68	0.68	0.83	0.77	0.71	0.72	0.88		
	2014	0.53	0.76	0.77	0.74	0.89	0.69	0.68	0.59	0.60	0.73	0.67	0.62	0.63	0.96		
	2020	0.47	\	0.55	0.93	0.90	0.48	0.52	0.52	0.47	0.65	0.43	0.34	0.39	0.92		
临沂	2008	0.68	0.78	0.86	0.37	0.76	0.94	0.90	0.85	0.79	0.86	0.92	0.84	0.83	0.73	0.78	
	2014	0.72	0.63	0.82	0.50	0.73	0.91	0.88	0.91	0.83	0.91	0.86	0.86	0.70	0.72		
	2020	0.82	\	0.88	0.34	0.78	0.91	0.87	0.85	0.85	0.91	0.84	0.63	0.80	0.78	0.55	
菏泽	2008	0.63	0.74	0.77	0.42	0.68	0.93	0.91	0.82	0.73	0.78	0.89	0.81	0.84	0.10	0.71	0.93
	2014	0.50	0.46	0.66	0.36	0.65	0.80	0.79	0.56	0.62	0.65	0.73	0.72	0.77	0.08	0.64	0.83
	2020	0.69	\	0.75	0.41	0.78	0.78	0.90	0.75	0.71	0.79	0.76	0.44	0.64	0.85	0.65	0.91

注：因2020年莱芜已并入济南，故2020年产业同构系数缺失，用"\"代替。

表7-2　　基于19个细分产业的三大经济圈产业同构系数及标准差

经济圈	2008 年			2014 年			2020 年		
	省会经济圈	胶东经济圈	鲁南经济圈	省会经济圈	胶东经济圈	鲁南经济圈	省会经济圈	胶东经济圈	鲁南经济圈
省会经济圈	0.69 (0.20)			0.69 (0.13)			0.65 (0.20)		
胶东经济圈	0.78 (0.17)	0.91 (0.03)		0.76 (0.15)	0.89 (0.04)		0.66 (0.18)	0.67 (0.16)	
鲁南经济圈	0.72 (0.15)	0.75 (0.11)	0.69 (0.30)	0.69 (0.14)	0.72 (0.09)	0.65 (0.30)	0.72 (0.17)	0.63 (0.18)	0.78 (0.15)

　　分析表7-1和表7-2，可得出以下结论：

　　第一，从19个细分产业看，2008年、2014年、2020年三年的统计数据显示，省会经济圈、胶东经济圈、省会-胶东间、胶东-鲁南间的产业同构系数持续下降，胶东经济圈下降幅度最大，产业错位发展改善最好，且从标准差看，胶东经济圈实现了从较为普遍的同质化发展到不同程度的错位发展；省会-鲁南间先下降后反弹到2008年的水平；只有鲁南经济圈先下降后反弹到高于 2008 年的水平，说明鲁南经济圈产业同质化竞争依然较为激烈。

第二，具体来看，城市间产业结构相似程度极不平衡，省会经济圈的泰安与鲁南经济圈的枣庄、济宁，省会经济圈的德州与鲁南经济圈的临沂，省会经济圈的聊城与鲁南经济圈的菏泽，胶东经济圈的潍坊与鲁南经济圈的临沂，鲁南经济圈的枣庄与济宁、菏泽与临沂，等等，产业结构相似系数均大于 0.9，非常不利于产业错位发展。省会经济圈的东营与圈内的德州、聊城、滨州和胶东五市以及鲁南经济圈的临沂、菏泽，产业同构系数除 2014 年的临沂和烟台外均低于 0.5，能够较好实现错位发展。

第三，城市间产业结构相似程度具有一定的稳健性，但总体上看存在下降的趋势。两城市间产业结构相似性源于产业布局的趋同性、资源禀赋的相似性和地理邻近性等，因此，其相似程度难以短期内发生较大改变，从而具有一定的稳健性，比如鲁南经济圈的菏泽与临沂、济宁与枣庄，等等。但从 2008 年、2014 年、2020 年数据看，大多数城市间的产业结构相似程度存在下降趋势。

7.3.2 基于制造业 31 个细分产业的分析

根据公式（7-1）基于制造业 31 个细分产业的就业数据，计算山东半岛城市群 2014 年、2020 年制造业两两城市间产业同构系数（见表 7-3），基于表 7-3 计算得到这两年三大经济圈的产业同构系数及圈内、圈间城市间产业同构系数的标准差（见表 7-4）。

表 7-3　基于制造业 31 个细分产业的山东半岛城市群产业同构系数

城市	年份	济南	淄博	东营	泰安	德州	聊城	滨州	青岛	烟台	潍坊	威海	日照	枣庄	济宁	临沂
淄博	2014	0.41														
	2020	0.58														
东营	2014	0.24	0.72													
	2020	0.41	0.65													

续表

城市	年份	济南	淄博	东营	泰安	德州	聊城	滨州	青岛	烟台	潍坊	威海	日照	枣庄	济宁	临沂
泰安	2014	0.42	0.69	0.45												
	2020	0.85	0.63	0.49												
德州	2014	0.42	0.73	0.51	0.76											
	2020	0.64	0.76	0.37	0.67											
聊城	2014	0.42	0.59	0.40	0.71	0.71										
	2020	0.56	0.60	0.28	0.60	0.68										
滨州	2014	0.22	0.56	0.44	0.48	0.59	0.71									
	2020	0.30	0.57	0.30	0.32	0.52	0.70									
青岛	2014	0.50	0.45	0.32	0.66	0.67	0.48	0.42								
	2020	0.56	0.43	0.23	0.52	0.54	0.34	0.20								
烟台	2014	0.36	0.44	0.33	0.61	0.57	0.70	0.52	0.60							
	2020	0.68	0.57	0.33	0.64	0.62	0.59	0.55	0.52							
潍坊	2014	0.38	0.62	0.48	0.67	0.68	0.65	0.63	0.58	0.64						
	2020	0.62	0.74	0.48	0.63	0.85	0.68	0.56	0.53	0.77						
威海	2014	0.57	0.49	0.33	0.63	0.63	0.51	0.39	0.83	0.67	0.57					
	2020	0.57	0.48	0.33	0.54	0.57	0.34	0.22	0.53	0.61	0.59					
日照	2014	0.67	0.54	0.40	0.58	0.61	0.63	0.38	0.49	0.52	0.54	0.53				
	2020	0.70	0.49	0.35	0.61	0.52	0.63	0.36	0.32	0.53	0.53	0.36				
枣庄	2014	0.23	0.47	0.32	0.59	0.71	0.39	0.27	0.58	0.34	0.46	0.41	0.28			
	2020	0.44	0.74	0.44	0.65	0.70	0.61	0.39	0.58	0.51	0.71	0.53	0.43			
济宁	2014	0.37	0.73	0.52	0.79	0.88	0.77	0.54	0.66	0.57	0.68	0.68	0.56	0.60		
	2020	0.57	0.76	0.42	0.69	0.78	0.68	0.41	0.52	0.66	0.81	0.61	0.54	0.88		
临沂	2014	0.32	0.52	0.35	0.55	0.68	0.70	0.45	0.51	0.47	0.53	0.50	0.44	0.46	0.65	
	2020	0.38	0.44	0.21	0.41	0.53	0.55	0.32	0.32	0.37	0.48	0.31	0.48	0.58	0.52	
菏泽	2014	0.25	0.54	0.37	0.52	0.72	0.60	0.57	0.55	0.38	0.63	0.51	0.43	0.44	0.64	0.84
	2020	0.40	0.64	0.36	0.49	0.64	0.47	0.42	0.38	0.45	0.56	0.44	0.53	0.61	0.63	0.76

注：制造业数据从 2014 年开始统计汇总，故无 2008 年数据，且新汇总时莱芜数据直接并入济南。

表 7 – 4　　　　　　基于制造业 31 个细分产业的三大经济圈

产业同构系数及标准差

经济圈	2014 年			2020 年		
	省会经济圈	胶东经济圈	鲁南经济圈	省会经济圈	胶东经济圈	鲁南经济圈
省会经济圈	0.53 (0.16)			0.55 (0.16)		
胶东经济圈	0.53 (0.12)	0.6 (0.10)		0.52 (0.15)	0.53 (0.12)	
鲁南经济圈	0.53 (0.18)	0.51 (0.10)	0.6 (0.15)	0.52 (0.15)	0.51 (0.14)	0.67 (0.13)

　　基于表 7 – 3 和表 7 – 4 数据可知，山东半岛城市群制造业的一体化发展存在以下特征：

　　第一，各圈内和圈际制造业一体化发展趋势不同。总体上看，省会经济圈与鲁南经济圈制造业一体化发展出现下降趋势，胶东 – 鲁南经济圈保持不变，而胶东、省会 – 胶东、胶东 – 鲁南经济圈呈上升趋势，其中胶东经济圈制造业错位发展成效更为显著。

　　第二，具体来看，城市间制造业产业结构相似度整体上呈下降趋势。分别计算 2014 年与 2020 年城市群制造业同构系数的均值，发现前者为 0.54，后者为 0.53，表明山东半岛城市群制造业错位发展有所改善，产业一体化水平有所提高。

　　第三，制造业一体化发展存在城际的不平衡。2020 年鲁南经济圈的菏泽与临沂以及济宁与枣庄，鲁南经济圈的济宁、枣庄与胶东经济圈的潍坊和省会经济圈的淄博、德州，省会经济圈的聊城与滨州、淄博与德州、潍坊以及济南与泰安，产业同构系数均大于 0.7，说明当前这些城市间制造业的一体化发展相比其他城市较差。2020 年省会经济圈的东营与圈内的聊城、滨州、胶东经济圈的青岛、鲁南经济圈的临沂，省会经济圈的滨州与圈内的济南、胶东经济圈的青岛、威海，产业同构系数均小于 0.3，说明当前这些城市间制造业的产业一体化发展相比其他城市较好。

7.4　山东半岛城市群产业分工的时空分析

7.4.1　山东半岛城市群产业专业化发展存在城际的不平衡

7.4.1.1　基于产业系统19个细分产业的分析

根据公式（7−2）计算山东半岛城市群2008年、2014年、2020年各城市各产业区位熵，保留区位熵大于1的产业，即保留产业专业化程度优于平均水平、具有外向功能量的优势产业（见图7−1和表7−5）。

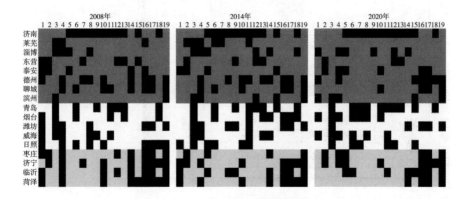

图7−1　基于19个细分产业的各城市区位熵大于1的产业

注：（1）图中涂黑区域对应城市对应产业的区位熵大于1；且1~19号产业分别为：1第一产业，2采矿业，3制造业，4电力、热力、燃气及水生产和供应业，5建筑业，6批发和零售业，7交通运输、仓储和邮政业，8住宿和餐饮业，9信息传输、计算机服务和软件业，10金融业，11房地产业，12租赁和商务服务业，13科学研究和技术服务业，14水利、环境和公共设施管理业，15居民服务、修理和其他服务业，16教育，17卫生和社会工作，18文化、体育和娱乐业，19公共管理、社会保障和社会组织。以下同。

（2）图中深灰色区域为省会经济圈，包括济南市（因2019年莱芜并入济南，本研究把2008年、2014年的莱芜市纳入省会经济圈）、淄博市、东营市、泰安市、德州市、聊城市和滨州市；白底色区域为胶东经济圈，包括青岛市、烟台市、潍坊市、威海市和日照市；浅灰色区域为鲁南经济圈包括枣庄市、济宁市、临沂市和菏泽市。以下同。

表 7－5　各城市 2008 年、2014 年和 2020 年 19 个细分产业区位熵（值＞1）

产业	济南 2008年	济南 2014年	济南 2020年	莱芜 2008年	莱芜 2014年	莱芜 2020年	淄博 2008年	淄博 2014年	淄博 2020年	东营 2008年	东营 2014年	东营 2020年	泰安 2008年	泰安 2014年	泰安 2020年	德州 2008年	德州 2014年	德州 2020年
1									1.87	1.77			1.01	1.25		2.05		2.52
2					1.85					4.55	4.60	8.14	2.79	2.64	2.14			
3				1.29	1.26		1.18	1.02										
4				1.32	1.04		1.12	1.27	1.42						1.02	1.38	1.26	1.12
5	2.45	1.68	1.50				1.50	1.90	1.98				1.46	1.39	1.81			
6	1.92	1.00	1.28		1.19													
7	2.45	4.27	1.18		2.06		1.06			1.46						1.05		
8	1.70	1.51	1.55													1.14	1.27	
9	2.33	1.48	2.87						1.46		1.24							
10	1.22	1.53	1.05													1.36	1.22	
11	1.92	1.46	1.71		1.70										1.08		1.10	
12	1.52	1.42	1.42					1.09	1.14	3.57	5.21	3.71						
13	2.10	1.84	2.52					1.04	1.16	2.33	1.09	1.26						
14			1.25	1.01									1.01			1.00	1.15	
15	2.08	1.28	1.44							10.67				2.39			1.51	2.55
16													1.03		1.02	1.32	1.25	1.29
17								1.17							1.08	1.03	1.11	1.19
18	1.88	2.00	1.49															1.27
19																1.71	1.70	1.67

续表

产业	聊城 2008年	聊城 2014年	聊城 2020年	滨州 2008年	滨州 2014年	滨州 2020年	青岛 2008年	青岛 2014年	青岛 2020年	烟台 2008年	烟台 2014年	烟台 2020年	潍坊 2008年	潍坊 2014年	潍坊 2020年	威海 2008年	威海 2014年	威海 2020年
1						1.08				1.05		1.13	1.03			1.08		5.67
2																		
3	1.31			1.56	1.56	1.64	1.51	1.43	1.16	1.24	1.32	1.49	1.17	1.12	1.39	1.44	1.66	1.97
4		1.12			1.32	2.52						1.02	1.01	1.01		1.55	1.23	1.08
5																		
6	1.05	1.26					1.65	1.79	1.43	1.04	1.34	1.08						1.09
7									1.76			1.18						
8								1.18	1.71			1.13	1.04	1.43		1.16		1.28
9							1.24							1.04		1.33		
10	1.31	1.73	2.15						1.56			1.21						
11	1.01						1.24	1.06	1.30	1.56	1.49			1.13		1.22	1.43	1.26
12					1.02		1.12	1.08	1.13									
13							1.20	1.13	1.53	1.09	1.31						1.43	
14	1.15										1.28				3.19		1.32	
15					2.07	1.04		2.24	1.18									
16	1.24	1.17	1.54				1.15	1.37	1.31		1.15		1.30	1.27	1.06			
17	1.33	1.27	1.41								1.06		1.25	1.32	1.08			
18										1.09	1.02							
19	1.52	1.60	1.46	1.33	1.14	1.10							1.02	1.03	1.02			

续表

产业	日照 2008年	日照 2014年	日照 2020年	枣庄 2008年	枣庄 2014年	枣庄 2020年	济宁 2008年	济宁 2014年	济宁 2020年	临沂 2008年	临沂 2014年	临沂 2020年	菏泽 2008年	菏泽 2014年	菏泽 2020年
1	1.00	1.42		1.51				1.20		2.22	1.87		2.38	4.94	
2				3.90	3.06	2.31	3.05	3.63	4.52						
3		1.16	1.01												
4	1.55			1.04		1.09	1.29	1.27	1.16	1.01			1.81	1.47	
5		1.08			1.38	1.54			1.01		1.08	1.06			
6	2.32	2.24	1.34									1.31			
7			2.86				1.23								
8	1.37										1.53				
9											2.15				
10	1.23	1.17					1.35	1.35	1.08	1.63			1.30	1.16	
11		1.20	1.00									1.03			
12			1.85	3.06						1.41					
13															
14			4.07	1.37	1.28		1.29			1.68	1.40	1.14	1.99	1.91	1.01
15													1.26		
16	1.38			1.04		1.25	1.22	1.00	1.08	1.59	1.23	1.27	2.11	1.94	1.82
17	1.19			1.04		1.17	1.16	1.00	1.18	1.47	1.18	1.31	1.86	1.82	1.71
18	1.23						1.21	1.21	1.08			1.32	1.17	1.06	
19	1.08			1.22	1.21	1.27	1.32	1.20	1.24	1.41	1.10	1.33	2.23	2.34	2.09

基于表 7-5 各城市 19 个细分产业区位熵具体数值进行统计分析得到表 7-6。

表 7-6 基于 19 个细分产业的各城市区位熵大于 1 的产业的统计分布

经济圈	城市	2008 年			2014 年			2020 年		
		数量	均值	和值	数量	均值	和值	数量	均值	和值
省会经济圈	济南	11	1.96	21.57	11	1.77	19.48	12	1.60	19.26
	莱芜	3	1.21	3.62	6	1.52	9.10	\	\	\
	淄博	4	1.22	4.87	6	1.25	7.48	6	1.51	9.04
	东营	6	4.06	24.35	4	3.03	12.14	3	4.37	13.11
	泰安	5	1.46	7.30	4	1.92	7.67	6	1.36	8.15
	德州	9	1.34	12.04	9	1.29	11.57	7	1.66	11.61
	聊城	9	1.25	11.29	6	1.36	8.15	4	1.64	6.56
	滨州	2	1.44	2.89	5	1.42	7.11	5	1.47	7.37
	标准差	3.12	0.97	8.14	2.45	0.59	4.14	2.91	1.07	4.42
胶东经济圈	青岛	7	1.30	9.11	8	1.41	11.29	10	1.41	14.07
	烟台	6	1.18	7.07	8	1.24	9.95	7	1.18	8.25
	潍坊	7	1.12	7.82	8	1.17	9.34	5	1.55	7.73
	威海	6	1.30	7.78	5	1.42	7.08	6	2.06	12.36
	日照	9	1.37	12.35	6	1.38	8.28	6	2.02	12.15
	标准差	1.22	0.10	2.10	1.41	0.11	1.60	1.92	0.39	2.77
鲁南经济圈	枣庄	8	1.77	14.18	4	1.73	6.93	6	1.44	8.63
	济宁	9	1.46	13.11	8	1.48	11.86	8	1.54	12.35
	临沂	8	1.55	12.43	8	1.44	11.53	8	1.22	9.77
	菏泽	9	1.79	16.11	8	2.08	16.64	4	1.66	6.63
	标准差	0.58	0.16	1.61	2.00	0.29	3.96	1.91	0.19	2.39

注：表中 2020 年莱芜市相应数值缺失，是因为 2019 年莱芜市并入济南。

结合图 7-1、表 7-5 和表 7-6 分析可知：

第一，三大经济圈存在产业专业化发展城际的不平衡和圈际产业专业化发展的不平衡。省会经济圈制造业专业化水平高于城市群平均水平、具有外向功能和比较优势的城市主要有淄博、滨州和并入济南前的莱芜；采矿业主要有东营、滨州和并入济南前的莱芜；建筑业有济南、淄博和泰安。总体上看，济南是服务业专业化水平最高的城市，2008年、2014年和2020年济南市的信息传输、计算机服务和软件业均具有较大的区位熵，除2008年外，济南市优势产业区位熵的和值也最高；另外，德州和聊城的服务业专业化程度也相对较高。胶东经济圈制造业比较优势普遍较大，且威海市制造业比较优势大于烟台；胶东经济圈五市的采矿业均不具备比较优势；胶东经济圈内，除2014年外，日照市服务业专业化水平最高，而2008年、2014年和2020年青岛市服务业专业化水平均较高。鲁南经济圈制造业专业化程度低于山东半岛城市群平均水平，枣庄和济宁的采矿业则具有较大比较优势；相比而言，枣庄的建筑业与菏泽的服务业的专业化水平在鲁南经济圈是最高的。另外，省会经济圈的德州和泰安、胶东经济圈的威海和烟台、鲁南经济圈的菏泽和临沂的第一产业相对具有更高的专业化水平。

第二，省会经济圈产业专业化发展的城际不平衡特征更为显著。从极值看，无论是2008年、2014年还是2020年，济南专业化水平高于山东半岛城市群均值的产业数量不仅在省会经济圈具有绝对优势，而且在山东半岛城市群中也位居第一；相反，滨州市则无论在省会经济圈还是在山东半岛城市群，其具有比较优势的产业的数量均位居最末。从统计分布看，三大经济圈各城市具有比较优势的产业数量的标准差，省会经济圈具有最大的差异性。计算2008年、2014年和2020年三大经济圈具有比较优势产业的区位熵的标准差，得出省会经济圈、胶东经济圈和鲁南经济圈的该标准差分别为2008年的1.48、0.26、0.66，2014年的0.86、0.30、0.89，以及2020年的1.16、0.98、0.71，说明省会经济圈具有比较优势的产业的区位熵具有最大的离散程度，即省会经济圈具有比较优势的产业的"质量"具有最大的离散性。三大经济圈各城市具有比较优势的产业的区位熵

的均值与和值两项统计变量也证明了，省会经济圈各城市具有比较优势的
产业的发展"质量"具有最大的不均衡性。

7.4.1.2　基于制造业 31 个细分产业的分析

根据公式（7-2）计算制造业 31 个细分产业的区位熵，保留区位熵
大于 1 的产业（见图 7-2 和表 7-7）。

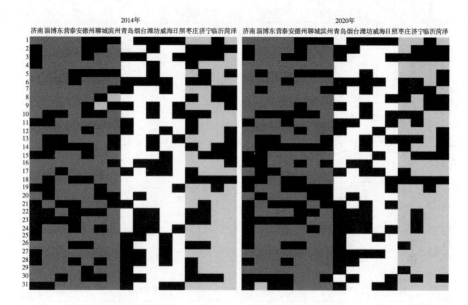

图 7-2　基于制造业 31 个细分产业的各城市区位熵大于 1 的产业

注：1~31 号产业分别为：1 农副食品加工业，2 食品制造业，3 酒、饮料和精制茶制造业，
4 烟草制品业，5 纺织业，6 纺织服装、服饰业，7 皮革、毛皮、羽毛及其制品和制鞋业，8 木材加
工和木、竹、藤、棕、草制品业，9 家具制造业，10 造纸和纸制品业，11 印刷和记录媒介复制业，
12 文教、工美、体育和娱乐用品制造业，13 石油、煤炭及其他燃料加工业，14 化学原料和化学制
品制造业，15 医药制造业，16 化学纤维制造业，17 橡胶和塑料制品业，18 非金属矿物制品业，
19 黑色金属冶炼和压延加工业，20 有色金属冶炼和压延加工业，21 金属制品业，22 通用设备制
造业，23 专用设备制造业，24 汽车制造业，25 铁路、船舶、航空航天和其他运输设备制造业，
26 电气机械和器材制造业，27 计算机、通信和其他电子设备制造业，28 仪器仪表制造业，29 其
他制造业，30 废弃资源综合利用业，31 金属制品、机械和设备修理业。以下同。

表7－7　　各城市2014年和2020年制造业31个细分产业区位熵（值＞1）

产业	济南 2014年	济南 2020年	淄博 2014年	淄博 2020年	东营 2014年	东营 2020年	泰安 2014年	泰安 2020年	德州 2014年	德州 2020年	聊城 2014年	聊城 2020年	滨州 2014年	滨州 2020年	青岛 2014年	青岛 2020年
1	1.16	1.74							1.07	1.20	1.05	1.28	1.07	1.20		
2	1.69	1.15							1.65	1.30	1.18					1.00
3	2.48							1.10	1.50	1.12					1.24	2.33
4																
5				1.18			1.06		1.32	1.60	2.07	2.36	4.16	3.67		
6							1.37	1.51							2.04	1.49
7				1.16									1.37	1.02	3.30	2.23
8											1.56					
9			1.51	1.15	1.22	1.00		1.20	1.94	1.02			1.68		1.72	1.87
10	1.70	2.41	1.05						1.36	1.31	2.02	2.48				
11															2.11	1.68
12								1.67	1.03	2.20					2.18	1.43
13			3.21	2.94	6.96	7.45							1.74	1.34		
14	1.22	1.63	2.08	2.34	2.49	2.21	1.11	1.09	1.18	1.36		1.06	1.00	1.29		
15		1.11	1.82	1.95					1.38							
16				1.19	4.89	4.80				2.37			1.47	1.78		
17				0.69											1.32	1.39
18		1.40	2.95	2.53			1.38	1.71	1.43	1.26						
19	5.17	2.95	1.19					1.37		1.03	1.28	2.25		1.44		
20			1.01	1.13							2.44	2.09	3.54	6.49		
21	1.61	1.62			1.41	1.02	1.22	1.27		1.21			1.54	1.27	1.49	1.24

186

续表

产业	济南		淄博		东营		泰安		德州		聊城		滨州		青岛	
	2014年	2020年	2014年	2020年	2014年	2020年	2014年	2020年	2014年	2020年	2014年	2020年	2014年	2020年	2014年	2020年
22	1.38	1.67	1.08	1.18			1.71		1.29	1.25	1.49	1.11				1.29
23	1.00	1.15	1.18	1.35	1.60	1.21	1.56	1.10		1.18	2.00	1.45				1.03
24	1.91	1.77					1.24									1.16
25	1.65	1.10					2.10	3.09	1.01	1.16					3.67	4.68
26		1.31													1.65	2.21
27	1.29						1.91	1.36			1.10				1.35	1.23
28	1.76	2.61							1.84						1.77	1.92
29					1.54	1.12			1.82		1.46				1.80	5.64
30		1.20		1.45			1.82	1.02						1.19	1.20	
31	8.75	3.66	0.51			3.91	2.87	2.87							1.31	1.20

菏泽

产业	烟台		潍坊		威海		日照		枣庄		济宁		临沂		菏泽	
	2014年	2020年	2014年	2020年	2014年	2020年	2014年	2020年	2014年	2020年	2014年	2020年	2014年	2020年	2014年	2020年
1	1.37	1.41	1.02	1.18	1.99	1.17	1.72	1.46	1.00		1.69	1.35	1.67	1.75	1.37	1.49
2	1.00	1.05	1.24						1.38	1.02	1.33	1.13	1.33	1.01		
3	1.10						1.87	1.12	1.33				1.04	1.14		1.13
4			1.60	1.26												
5	1.13	1.07	1.38	1.00	1.18						1.40				2.03	2.39
6			1.16	1.13	1.27	2.31			2.26	2.76	1.19	2.03	1.35	1.48		1.59
7										2.47		1.95			1.09	
8									1.03				5.04	7.10	4.47	4.16
9	1.18	1.25	1.18	1.25			1.91	1.00		1.40				1.88	2.94	3.09

续表

产业	烟台 2014年	烟台 2020年	潍坊 2014年	潍坊 2020年	威海 2014年	威海 2020年	日照 2014年	日照 2020年	枣庄 2014年	枣庄 2020年	济宁 2014年	济宁 2020年	临沂 2014年	临沂 2020年	菏泽 2014年	菏泽 2020年
10			1.20	1.24			1.28	1.49	1.88	2.08	2.55	2.89				
11		1.03						1.28	1.15			1.13				
12					2.11	3.51			1.66						2.92	2.36
13			1.11	1.07			1.30	1.17		1.29		1.15			1.23	1.86
14			1.34	1.22					1.14	1.31			1.17		1.28	1.26
15	1.45				1.94	3.45					1.64	1.30	1.39	1.03	1.58	1.34
16		1.56	3.94	2.17											1.93	
17			1.04	1.12	1.52	1.41			1.14	1.34						
18								1.05	2.11	2.39	1.15	1.15	1.37	1.33	1.01	1.15
19							2.99	5.57					1.40	1.58		
20	3.11	2.30														
21				1.12				1.18			1.10					
22	1.00	1.30	1.00	1.14					1.02		1.29	1.28				
23	1.15	1.12	1.60	1.39					1.15		1.39	1.39				
24	2.07	1.79	1.25	1.14			4.07	2.34				1.01				
25	1.00				2.23	1.65										
26					1.78				1.36	1.24	1.17					
27	3.79	2.72		1.71	2.26	2.74										
28	1.66	1.66			1.19				1.13	1.29						
29									8.62							
30	1.79	1.72						4.08	2.06		1.02	1.26	1.84			4.05
31					1.95	2.24	2.04	1.14								

基于表7-7各城市制造业31个细分产业区位熵具体数值进行统计分析得到表7-8。

表7-8　　　　　基于制造业31个细分产业的各城市区位熵
大于1的产业的统计分布

经济圈	城市	2014年			2020年		
		数量	均值	和值	数量	均值	和值
省会经济圈	济南	14	2.34	32.77	16	1.78	28.47
	淄博	11	1.60	17.60	12	1.59	19.07
	东营	7	2.87	20.11	8	2.84	22.72
	泰安	10	1.46	14.65	13	1.57	20.35
	德州	14	1.42	19.82	15	1.37	20.56
	聊城	11	1.60	17.65	8	1.76	14.08
	滨州	9	1.95	17.57	10	2.07	20.68
	标准差	2.54	0.54	5.90	3.20	0.49	4.30
胶东经济圈	青岛	15	1.88	28.14	18	1.95	35.02
	烟台	12	1.72	20.61	12	1.56	18.73
	潍坊	14	1.43	20.04	15	1.28	19.14
	威海	11	1.77	19.43	8	2.31	18.48
	日照	8	2.15	17.18	12	1.91	22.87
	标准差	2.74	0.26	4.16	3.74	0.39	7.04
鲁南经济圈	枣庄	17	1.85	31.44	11	1.69	18.59
	济宁	12	1.41	16.92	13	1.46	19.02
	临沂	10	1.76	17.60	9	2.03	18.31
	菏泽	11	1.98	21.83	12	2.16	25.87
	标准差	3.11	0.25	6.69	1.71	0.32	3.63

结合表7-7和表7-8分析可知：

第一，制造业产业专业化发展存在圈内城际的不平衡、圈间城际不平衡和圈际的不平衡。省会经济圈的纺织业具有最大比较优势，但在纺织服装、服饰业上却不如胶东经济圈，也不如鲁南经济圈；青岛的皮革、毛皮、羽毛及其制品和制鞋业在山东半岛城市群遥遥领先；临沂与菏泽在木材加工和木、竹、藤、棕、草制品业上独树一帜；比较优势较大的家具制造业集中在省会经济圈的德州和滨州，胶东经济圈的日照、青岛和潍坊，以及鲁南经济圈的菏泽，其中菏泽市该产业的比较优势最大；造纸和纸制品业具有比较优势的城市主要分布在省会经济圈和鲁南经济圈，比如省会经济圈的聊城，鲁南经济圈的济宁和枣庄；省会经济圈的石油、煤炭及其他燃料加工业在山东半岛城市群中的比较优势也最大，其中东营、淄博的专业化水平最高，此外滨州和鲁南经济圈的菏泽也具有较大比较优势；省会经济圈的化学原料和化学制品制造业在山东半岛城市群中的比较优势也最大，除济南外，其余六市的专业化水平均高于城市群均值；威海、淄博、济南、菏泽的医药制造较强；胶东经济圈的非金属矿物制品业专业化水平总体上看最低；省会经济圈的黑色金属冶炼和压延加工业、有色金属冶炼和压延加工业、金属制品业、通用设备制造业、专用设备制造业、电气机械和器材制造业以及金属制品、机械和设备修理业在山东半岛城市群中领先；胶东经济圈的汽车制造业，铁路、船舶、航空航天和其他运输设备制造业，计算机、通信和其他电子设备制造业，以及其他制造业在山东半岛城市群中比较优势最大；鲁南经济圈的食品制造业相对专业化程度在山东半岛城市群最高，酒、饮料和精制茶制造业与胶东经济圈比肩。

第二，胶东经济圈制造业产业专业化发展的城际不平衡特征更为显著。从极值看，总体上青岛市制造业具有比较优势的细分产业数量不仅在胶东经济圈具有绝对优势，而且在整个城市群中也位居第一；威海与日照的相应产业数量在整个城市群均排名居后。从统计分布看，根据三大经济圈各城市制造业具有比较优势的细分产业的数量的标准差，2020年胶东经济圈制造业具有比较优势的细分产业的城际分布具有最大的不均衡性。计算2014年和2020年三大经济圈制造业具有比较优势的细分产业的区位熵的标准差，得出省会经济圈、胶东经济圈和鲁南经济圈的该标准差分别为2014年的2.54、2.74、3.11和2020年的3.20、3.74、1.71，说明虽然2014年胶东经济圈制造业具有比较优势的细分产业的区位熵的标准差小于鲁南经济圈，但2020年胶东经济圈制造业具有比较优势的细分产业的区位熵却具有最大的离散度，从而 2020 年胶东经济圈制造业具有比较优势的细分产业的"质量"具有最大的离散度。三大经济圈各城市制造业具有比较优势的细分产业的区位熵的均值与和值等两项统计指标的标准差也证明了，2020 年胶东经济圈各城市制造业具有比较优势的细分产业的"质量"具有最大的不均衡性。

7.4.2　山东半岛城市群产业分工特征

根据图 7 - 1、图 7 - 2、表 7 - 5 ~ 表 7 - 8，总结得出山东半岛城市群产业分工具有以下特征：

第一，山东半岛城市群"双核"引领的分工格局已具雏形，但济南、青岛两市具有比较优势的产业类别却不相同。青岛以制造业见长，济南以建筑业与服务业见长，且济南的制造业相比其他城市也具有较大比较优势，具体表现在酒、饮料和精制茶制造业，烟草制品业，黑色金属冶炼和压延加工业，金属制品业，通用设备制造业，仪器仪表制造业等细分产业的专业化水平上。

第二，山东半岛城市群错位发展的分工格局尚未形成。无论是整个城市群还是各经济圈，均存在一定程度的同质化竞争。从产业系统看，2020年电力、热力、燃气及水生产和供应业，教育，卫生和社会工作，公共管理、社会保障和社会组织等细分产业在山东半岛城市群均存在较大程度的同质化；制造业，批发和零售，以及交通运输、仓储和邮政业在胶东经济圈存在较大程度的同质化。从制造业来看，2020 年化学原料和化学制品制造业、造纸和纸制品业、专用设备制造业以及废弃资源综合利用业在省会经济圈同质性竞争程度较大；计算机、通信和其他电子设备制造业，汽车制造业，纺织服装、服饰业，以及农副食品加工业在胶东经济圈形成了较大的同质化竞争；而鲁南经济圈的酒、饮料和精制茶制造业，食品制造业，纺织服装、服饰业，皮革、毛皮、羽毛及其制品和制鞋业，木材加工和木、竹、藤、棕、草制品业，石油、煤炭及其他燃料加工业，以及非金属矿物制品业，均存在较大的同质化发展。

第三，山东半岛城市群三大经济圈产业发展存在短板和弱项。从三次产业来看，以2020年产业系统为例，信息传输、计算机服务和软件业存在比较优势的城市仅有省会经济圈的济南和淄博，科学研究和技术服务业存在比较优势的城市仅有省会经济圈的济南、东营和胶东经济圈的青岛。从制造业来看，2020年铁路、船舶、航空航天和其他运输设备制造业专业化程度高于山东半岛城市群均值的仅省会经济圈的济南和胶东经济圈的青岛、威海，其他制造业专业化水平高于均值的仅有胶东经济圈的青岛和鲁南经济圈的枣庄。此外，计算机、通信和其他电子设备制造业，仪器仪表制造业，有色金属冶炼和压延加工业，文教、工美、体育和娱乐用品制造业，以及木材加工和木、竹、藤、棕、草制品业也仅四座城市具有比较优势。

7.4.3　山东半岛城市群产业分工时空演变

根据图7-1、图7-2、表7-5～表7-8，分析可得以下结论：

第一，"双核"引领的分工格局中出现"双核"发展的不平衡性。从产业系统看，根据表7-6的数据，虽然济南市具有比较优势的产业的数量呈现增多趋势，但这些产业的区位熵的均值与和值却呈现下降态势，即具有比较优势的产业的"质量"出现下行发展；而青岛无论是具有比较优势的产业的数量还是"质量"均呈现上升趋势。从制造业看，根据表7-8的数据，济南市制造业相比除青岛外的其他城市具有相对比较优势，且济南市制造业在发展数量方面呈上升趋势，但发展"质量"却呈下降趋势；而青岛市无论是发展数量还是发展"质量"均呈现上升趋势。

第二，山东半岛城市群各城市具有比较优势的产业的类别"稳中有变"，但不同城市"稳"与"变"的倾向性不同。从产业系统看，济南是"稳"的代表，2008年、2014年、2020年具有比较优势的产业在类别上没有显著变化；青岛相比济南"变"的成分稍大一些，2020年信息传输、计算机服务和软件业退出比较优势产业行列，但新增金融业、住宿和餐饮业以及交通运输、仓储和邮政业等比较优势产业。日照市则是"变"的代表，2008年、2014年、2020年只有批发和零售业始终保持比较优势产业地位；烟台、淄博、枣庄、泰安和滨州相比日照"变"的成分稍小一些。从制造业看，东营是"稳"的代表，其次是滨州、临沂、烟台、威海；枣庄是"变"的代表，其次是淄博、泰安、德州、济宁。另外，从产业发展"质量"看，还存在一些具有持续较高比较优势的产业，比如东营的石油、煤炭和其他燃料加工业，滨州的有色金属冶炼和压延加工业以及纺织业，青岛的铁路、船舶、航空航天和其他运输设备制造业以及皮革、毛皮、羽毛及其制品和制鞋业，威海与潍坊的计算机、通信和其他电子设备制造业，日照的汽车制造业，临沂与菏泽的木材加工和木、竹、藤、棕、草制品业等。

第三，山东半岛城市群各城市具有比较优势的产业的"质量"升降交错。从产业系统看，威海、菏泽和德州的第一产业专业化程度不断提升；枣庄和泰安的采矿业的比较优势逐渐减弱，东营和济宁采矿业比较优势有所增强；青岛制造业专业化水平呈下降趋势，烟台、潍坊和威海制造业专业化水平呈上升趋势，滨州则基本保持不变；建筑业比较优势上升的城市有淄博和泰安，下降的城市有济南；服务业产业"质量"也呈现升降交错趋势。从制造业看，济南市黑色金属冶炼和压延加工业以及金属制品、机械和设备修理业专业化水平出现大幅下降，相反，日照市黑色金属冶炼和压延加工业比较优势大幅提升；青岛与枣庄其他制造业的比较优势出现较大幅度的前升后降。

7.5　结论与建议

7.5.1　研究结论

产业一体化是城市群一体化发展的根基，明确山东半岛城市群产业分工与一体化发展的过去与现在，是推动其未来"发展壮大"的关键。本研究基于方法与方法互补、方法与数据互补的理念，采用产业同构系数与区位熵指数、产业系统19个细分产业与制造业31个细分产业的就业数据，分析了山东半岛城市群产业分工与一体化发展的时空演变，明确了其产业分工与一体化发展的特征，以期助力山东半岛城市群产业一体化对策建议的提出。本研究的具体结论如下：

第一，山东半岛城市群"双核"引领的分工格局已具雏形，但济南、青岛两市产业专业化优势不尽不同。青岛制造业优势凸显，特别是在铁路、船舶、航空航天和其他运输设备制造业，电气机械和器材制造业，皮革、毛皮、羽毛及其制品和制鞋业，纺织服装、服饰业，酒、饮料和精制茶制造业，仪器仪表制造业，家具制造业，以及其他制造业方面。济南建筑业与服务业见长，特别是在信息传输、计算机服务和软件业以及科学研究和技术服务业方面。当然，青岛的服务业与济南的制造业相比其他城市依然存在较大比较优势。如青岛的交通运输、仓储和邮政业，住宿和餐饮业，金融业，科学研究和技术服务业；济南的金属制品、机械和设备修理业，黑色金属冶炼和压延加工业，仪器仪表制造业，印刷和记录媒介复制业等。

第二，山东半岛城市群"三圈"一体化发展渐趋形成生态，但发展不平衡。首先，山东半岛城市群城市间产业结构相似程度总体上呈下降趋势，产业一体化发展总体上趋好，但存在"三圈"发展的不平衡。从产业系统看，济南经济圈与胶东经济圈持续向好，其中胶东经济圈产业错位发展成效显著，但鲁南经济圈存在产业同质化程度先降低后升高的现象；从制造业看，仅胶东经济圈产业一体化发展趋好，省会经济圈和鲁南经济圈的制造业呈现圈内更大程度的同质化发展。其次，无论从整个产业系统看，还是从制造业系统看，一方面鲁南经济圈存在产业同质化竞争加剧问题，另一方面鲁南经济圈短板和弱项产业在"三圈"中最为严重，比如科学研究和技术服务业，信息传输、计算机服务和软件业，仪器仪表制造业，计算机、通信和其他电子设备制造业等。另外，鲁南经济圈缺乏引领"核心"，四市具有比较优势的产业，无论是数量上还是区位熵的均值与和值上，均相差不大。

第三，山东半岛城市群产业专业化发展存在圈际、城际的不平衡，但尚未形成梯度发展格局。首先"双核"引领的分工格局中出现"双核"发展的不平衡性，青岛相比济南在优势产业的发展"质量"方面具有显著优势，即青岛的外向功能量增长显著，带动其他城市发展的能力增长显著。其次，无论是从具有比较优势的产业的类别还是数量、"质量"，山东半岛城市群均存在圈内城际、圈间城际和圈际产业专业化发展的不平衡。从整个产业系统看，"三圈"中省会经济圈产业专业化发展的城际不平衡特征更为显著，从制造业系统看，"三圈"中胶东经济圈产业专业化发展的城际不平衡特征更为显著。城际产业专业化发展的不平衡意味着城市群存在梯度发展的基础，但计算结果显示山东半岛城市群虽然存在一定程度的错位发展，但总体上讲错位发展的分工格局尚未形成，同时存在短板和弱项产业，导致没能形成梯度发展格局。

7.5.2　对策建议

山东半岛城市群产业一体化发展是个系统工程，既需要协同发挥政府-市场两只手的作用，又需要统筹协调产业系统内外各相关要素。本研究基于研究结论，尝试性提出以下推动山东半岛城市群产业一体化发展的对策建议。

第一，加大力度实施强省会战略。济南作为"双核"之一，其产业专业化发展势头相比青岛稍显不足，而济南产业发展关系到省会经济圈一体化发展和山东半岛城市群的一体化发展，因此需要基于现有产业优势，进一步加大强省会战略的实施力度，以"长板"理论为指导，打造区域经济增长极。

第二，加强统筹鲁南经济圈产业布局。鲁南经济圈产业同质化发展程度较大，短板与弱项产业较为突出，非常不利于经济圈产业一体化发展，因此需要加强引导和统筹，构建利于其产业错位发展的分工格局。

第三，以产业链、产业集群为抓手，构建错位发展的空间分工格局。山东是我国工业门类最齐全的省份之一，也是全国产业链最完整的省份之一，宜以产业链为抓手推动产业的空间分工互补化。山东省拥有济南市信息技术服务、青岛市轨道交通装备、青岛市节能环保、淄博市新型功能材料、烟台市先进结构材料、烟台市生物医药、临沂市生物医药等七大首批国家战略性新兴产业集群，集群式发展是各市产业发展的主要形式，如日照的汽车产业集群、枣庄的锂电池产业集群、菏泽的牡丹产业集群，等等，宜以产业集群为载体推动产业的空间分工错位化。

第四，以价值链、供应链为载体，构建梯度发展的空间分工格局。山东省新旧动能转换在于以新技术、新产业、新业态、新模式的"四新"，促进产业智慧化、智慧产业化、跨界融合化、品牌高端化的"四化"，实现传统产业提质效、新兴产业提规模、跨界融合提潜能、品牌高端提价值的"四提"。因此，宜围绕"创新经济－制造经济－销售服务经济"的价值链和"供应－生产－销售"的供应链，逐步构建梯度发展的空间分工格局。

第 *8* 章

国内外城市群经济一体化发展的经验借鉴

8.1　国内城市群经济一体化发展的经验

国内发展较为成熟的城市群主要有三个，分别为长三角、粤港澳大湾区和京津冀。从综合实力看，长三角城市群虽然与世界五大城市群存在明显差距，但作为国内最成熟的城市群和世界第六大城市群，其经济一体化发展的经验必然值得其他城市群借鉴。因此该部分主要介绍长三角城市群经济一体化发展的经验。

长三角城市群由上海市、江苏9市、浙江8市、安徽9市共27座城市构成，经过10多年的发展，逐渐形成以上海为中心城市，包含南京都市圈、杭州都市圈、合肥都市圈、苏锡常都市圈、宁波都市圈等五大都市圈的世界级城市群。长三角城市群地理位置优越，是我国经济基础最为雄厚的地区之一，是"一带一路"和长江经济带的重要交汇地区，是我国第一大城市群和发展最为成熟的城市群，是我国对外开放的重要门户和参与国际竞争的重要平台，是中国式现代化的主引擎和重要载体。《长江三角洲城市群发展规划》① 明确提出，培育更高水平的经济增长极，到 2030年，把长三角城市群全面建成面向全球、辐射亚太、引领全国的具有全球影响力的世界级城市群。为此，长三角区域合作办公室出台了《长三角地区一体化发展三年行动计划（2018－2020 年）》和《长三角地区一体化发展三年行动计划（2021－2023 年）》，力图通过政策实施推动长三角城市群经济一体化发展。主要措施包括：

（1）健全互联互通的基础设施网络。城市群经济一体化发展需要基础设施互联互通先行。长三角城市群着力推进交通、信息、能源、水利等基础设施网络建设，不断提升基础设施互联互通和服务水平。

第一，在交通方面，构筑以轨道交通为主的综合交通网络。城际交通方面，依托国家综合运输大通道，不断完善以上海为核心，南京、杭州、合肥为副中心，以高速铁路、城际铁路、高速公路和长江黄金水道为主通道的多层次城际综合交通网络。交通枢纽方面，确定国际性、全国性、区域性三类综合交通枢纽分别打造，上海定位国际性综合交通枢纽，南京、杭州、合肥、宁波等定位全国性综合交通枢纽，南通、芜湖、金华等定位区域性综合交通枢纽，不断提升其辐射能力与水平。都市圈交通方面，加快上海城市轨道交通网建设，加快构建各都市圈同城化交通网，形成中心城市与周边重要城镇间以轨道交通为骨干、公路交通为基础的交通网络。内外联通方面，统筹协调长三角城市群对外通道建设，围绕航运、铁路、公路畅通对外综合运输通道。

第二，在信息联通方面，构建泛在普惠的信息网络。网络速度方面，加快建设覆盖区域、辐射周边、服务全国、联系亚太、面向世界的下一代信息基础设施，实现高速网络普遍覆盖。数据共享方面，整合政府和社会数据，建立统一的地理信息公共服务平台，统一建设标准，开放数据接口，推动电子政务平台跨部门跨城市横向对接和数据共享，建立城市群政

---

① 《长江三角洲城市群发展规划》于 2016 年 5 月 11 日由国务院常务会议通过，2016 年 6 月 1 日由国家发展改革委和住房城乡建设部印发。

务信息共享和业务协同机制。关于信息安全方面，推动量子通信技术在政府部门、军队和金融机构的应用，在城市群内同步规划、同步设计、同步建设、同步运行基础信息网络和重要信息安全保密防护设施。信息沟通方面，推动实现通信一体化和电信市场一体化，降低信息沟通成本。

第三，在能源联通方面，提高能源保障水平。能源结构和布局方面，统筹推进天然气（LNG）接收站建设，布局大型 LNG 接收、储运及贸易基地，谋划国家级 LNG 储运基地，加强油气输送通道建设，有序发展天然气调峰电站，优化炼油产业结构和布局，推进核电规划建设，积极开发利用清洁能源。能源基础设施互联互通方面，加快皖电东送、浙江沿海东电西送、江苏北电南送电力输送通道建设，与"西电东送""北电南送"主通道实现互联互通，加快区际区内石油管网建设，完善天然气主干管网布局，推动完善沿长江清洁能源供应通道建设。

第四，在水利联通方面，强化水资源安全保障。推进重大引提调水工程建设，比如推进引江济淮工程、太湖流域水环境综合治理骨干引排工程、南水北调东线一期工程；加大应急备用水源工程建设力度，实施管网互联互通工程；完善防洪防潮减灾综合体系。

（2）构建适应资源环境承载能力的空间格局。长三角城市群依据各区域对资源环境的承载能力，不断优化提升核心地区，并培育发展有潜力的地区，逐步推动形成"一核五圈四带"网络化空间格局。

第一，分类开发保护主体功能区。按照土地开发强度、发展方向、人口集聚以及城乡建设规划，将长三角土地空间划分为优化开发区域、重点开发区域、限制开发区域三类。优化开发区域主要指上海、苏南、环杭州湾等地区，因其资源环境承载能力已出现阶段性饱和，所以规定严格控制新增建设用地规模和开发强度，适度扩大农业和生态空间。重点开发区域主要指苏中、浙中、皖江、沿海部分地区，因其资源环境承载能力还具有较大潜力，所以对这些区域采取强化产业和人口集聚能力、适度扩大产业和城镇空间的政策，当然对农村生活空间要继续优化，对绿色生态空间要严格保护。限制开发区域，主要指苏北、皖西、浙西等的部分地区，因其生态敏感性较强、资源环境承载能力较低，所以要严格控制新增建设用地规模，实施城镇点状集聚开发，并加强水资源保护、生态修复与建设。

第二，推动各区域人口平衡发展。政府引导与市场机制相结合，通过产业升级、功能疏解调整人口增量和存量，通过公共服务均等化引导人口向城郊、小城镇流动，通过设置阶梯式落户通道调控落户规模和节奏，从而严格控制上海中心城区的人口规模。不断完善卫星城配套功能，强化与周边中小城市的联动发展，适度控制其他优化开发区域人口的过快增长。重点开发区域要积极发展特色产业，有效承接产业转移，不断提升公共产品和公共服务水平，提高人口吸引集聚能力。

第三，构建"一核五圈四带"的网络化空间格局。"一核"是指上海核心城市和区域中心城市南京、杭州、合肥等，"五圈"是指南京都市圈、杭州都市圈、合肥都市圈、苏锡常都市圈、宁波都市圈，"四带"是指沿海发展带、沿江发展带、沪宁合杭甬发展带、沪杭金发展带。不断提升上海全球城市功能，促进五个都市圈同城化发展和四条发展带聚合发展。

第四，打造一体化城乡体系。培育区域性生产、贸易、高端服务、交通运输、创新、旅游等特色职能，形成以区域中心城市为核心、功能节点城市（镇）为纽带、乡村地域为支撑的功能一体、空间融合的城乡体系。不断推进农村一二三产业融合发展，依托长三角城市群数量众多的特大镇，强化特大镇作为区域生产网络重要节点的作用，支撑城乡一体化发展。

（3）创新一体化发展体制机制。围绕建设统一大市场，创新联动发展机制，推动市场体系一开放、基础设施共建共享、公共服务统筹协调和生态环境联防共治。

第一，推动要素市场一体化建设。产权方面，围绕各类产权，包括实物资产、知识产权、资源使用权、碳排放权等，推动相关产权联网交易、统一信息发布和披露以及跨省交易。金融方面，利用长三角金融协调发展工作联席会议等平台，加快推进金融信息、支付清算、票据流通、信用体系、外汇管理一体化，建立金融风险联合处置机制，推动长三角征信体系互联互通。土地方面，完善城乡建设用地增减挂钩政策，建立健全城镇低效用地再开发激励约束机制和存量建设用地退出激励机制，探索建立城乡统一的建设用地交易市场。资源方面，针对人力资源，出台办法消除城乡户籍壁垒，促进人口有序合理流动；针对网络资源，出台措施健全跨区域资源基础设施网络共享机制，提高网络资源配置效率；针对数据资源，建立安全可信、公开透明的隐私保护和定价交易规则，推动数据资源有序交易。

第二，建立基本公共服务一体化发展机制。运用信息化手段推动养老保险、医疗保险等社会保障服务一体化发展；通过加强教师队伍建设、教育合作、城乡基本公共教育均衡发展、职业教育产教融合和推行高等教育改革创新试点等手段提高教育发展质量和共享水平；通过完善服务网络、运行机制和激励机制，提升区域基层医疗服务能力，鼓励发展医联体或跨区办医，促进医疗卫生服务一体化均衡发展；加强劳动保障监察合作机制建设，探索跨行政区劳动监察执法联动机制；推动食品安全、旅游安全、灾害防治、安全生产等公共事务协同治理。

第三，健全成本共担利益共享机制。研究设立长三角一体化发展投资基金，为解决跨区域重大问题，比如重大基础设施互联互通、创新体系共建、园区合作等，提供保障；减少税收政策洼地，促进要素自由流动，探索建立产业转移税收利益共享机制。

（4）推动一体化发展经济合作。加强跨省市分工合作，建立一体化发展重大平台，运行一体化发展重大项目，开展一体化发展重大活动，加强一体化发展合作建设，促进长三角地区全方位协同联动。

第一，推动协同开放。成立长三角自由贸易试验区联盟，推动长三角自贸试验区联动发展；建设中国—中东欧经贸合作示范区；制定实施"一带一路"伙伴关系计划，加强长三角经贸外事协作；开展国际贸易"单一窗口"合作，推进长三角口岸通关一体化；协同推进更高水平开放，共同办好中国国际进口博览会等展会和活动；将虹桥国际开放枢纽打造成为长三角强劲活跃增长极的"极中极"、联通国际国内市场的"彩虹桥"。

第二，推动协同创新。上海张江、安徽合肥共建国家实验室等重大科技创新基地；建立统一的联合攻关机制和管理信息平台；联合共建国家级科技成果孵化基地和双创示范基地；共同建设长三角区域科创金融改革试验区；三省一市共享共用科技专家库，共建共用共享科技资源和科技平台，联合承担国家重大科技项目，推动重大技术突破；加快建设长三角国家技术创新中心，构建协同创新共同体；围绕成果转化，建设长三角技术市场协同平台，推动长三角技术市场一体化；高水平共建 G60 科创走廊。

第三，推动产业发展与合作。围绕营商环境，依托高频电子证照共享互认，打造"免证照长三角"，推进事项跨省通办；围绕中央商务区建设，打造中央商务区跨区域合作新平台新载体；围绕民营经济发展，推动开展长三角民营经济跨区域发展政策协同试点；围绕产业集群，推动生产性服务业与服务型制造区域合作，打造世界级产业集群；围绕产业链现代化，组建重点产业链联盟，建设长三角"感存算一体化"超级中试中心，成立长三角企业家联盟、长三角一体化发展国资百企合作联盟、各领域产业联盟。围绕消费，协同引导消费，同步实施消费升级行动计划，共同办好各项消费节庆活动；围绕省际毗邻区合作，建设"虹桥－昆山－相城"综合功能走廊，"嘉定－昆山－太仓"协同创新核心圈，金山－平湖、顶山－岔河、浦口－南谯、江宁－博望等新型功能区，以及"溧阳－郎溪－广德苏皖"合作示范区，研究共建"一地六县"长三角合作区，推动盐城大丰飞抵经济示范区建设，鼓励支持跨省城镇圈协同发展；围绕东中西部协调发展，打通东部带动中部以及中心区带动皖北、皖西、苏北、浙西南等相对欠发达地区的路径，推进皖北、浙西南等承接产业转移集聚区的建设。

（5）其他。第一，推动新一代信息技术赋能经济一体化发展。全力建设数字长三角，充分发挥新一代信息技术对一体化发展的推动作用。协同推进 5G 网络建设和量子保密干线环网，联合建设人工智能开源平台等数字平台，打造长三角国家级区域数据中心集群、数据中心资源核心资源集聚区与边缘承载区，高标准布局新型数字基础设施；加速"长三角工业互联网一体化发展示范区"建设和工业互联网平台应用创新体验中心，培育垂直行业工业互联网平台服务商，推动数字赋能经济发展。第二，推动共建长三角区域统一大市场。深化市场体系建设，围绕交通、文化旅游等重点领域，推动研制、实施区域协同标准，加强物流标准化建设，形成跨区域带托运输循环模式，推动出台"沪苏浙皖"计量技术规范，推动实现食品及食用农产品安全信息追溯互联互通。建设信用长三角，用好信用长三角平台信息，完善平台信息归集机制；对于食品药品、产品质量等重点领域基于分类监管制定行业信用评价标准；推动城市间信用合作和公用信用评价，发挥市场作用，提升信用服务行业市场化水平。推动金融协同发展，协同优化区域性股权、债券、产权市场，提升金融服务"同城化"水平，推动跨区域金融信息共享和工作协同。

8.2　国外城市群经济一体化发展的经验

　　世界五大城市群是指美国波士华城市群、北美五大湖城市群、日本东海道城市群、欧洲西北部城市群、英国中南部城市群。其中美国波士华城市群是世界城市群之首，位于美国东北部大西洋沿岸平原，以纽约为中心，以波士顿、纽约、费城、巴尔的摩、华盛顿等一系列大城市为中心地带，北起波士顿，南至华盛顿，几乎涵盖了美国东北部所有大城市。北美五大湖城市群位于美国中部五大湖沿岸地区，以芝加哥、多伦多为中心，东起加拿大的多伦多和蒙特利尔，西至美国的芝加哥，包括：五大湖南岸各城市。日本东海道城市群，又称日本太平洋沿岸城市群，以东京、大阪、名古屋为中心，包括：以东京、横滨为中心的京滨都市圈，以大阪、神户为中心的阪神都市圈，以及以名古屋为中心的名古屋都市圈。欧洲西北部城市群以巴黎、阿姆斯特丹为中心，由大巴黎地区、莱茵－鲁尔、荷兰－比利时三个城市群构成，巴黎、阿姆斯特丹、鹿特丹、海牙、安特卫普、布鲁塞尔、科隆等城市涵盖其中。英国中南部城市群以伦敦为核心，

以伦敦 - 利物浦为轴线，涵盖伯明翰、谢菲尔德、曼彻斯特等大城市。综合看，五大城市群具有以下特点：

第一，交通网络发达，运输快捷便利。美国的交通运输方式主要以高速公路为主，方便快捷，城市群内建立起四通八达的交通网络，支撑了城市间商品和要素的高效流动。波士华城市群中，纽约、波士顿、巴尔的摩、费城等著名港口和航空港与全球保持着畅通的联系，为商品和资金交流的国际流通提供了通道。北美五大湖城市群中，各城市依靠五大湖和密西西比河的水上通道和高度发达的高速公路网，保证了各种生产要素和商品的流动速度，密切了城市间交流合作。日本东海道城市群中，三大都市圈的中心城市东京、大阪、横滨、神户的高速公路与五大干线相连通，利于发挥城市群增长极的辐射带动作用，日本五座中心机场均位于该城市群中，地铁和新干线也十分发达，形成海陆空相辅相成的发达立体交通网络。欧洲西北部城市群中，法国的大巴黎地区城市群依托囊括地区铁路、地铁线路、轻轨线路、公交线路、自行车道、郊区铁路、高速公路、港口、机场体系的发达的综合交通体系，实现了巴黎城区和郊区及其他卫星城市的高效联通；德国的莱茵 - 鲁尔区城市群依托密集的高速公路、铁路、航空和水路等交通体系，不仅实现了鲁尔区域内各城市间车程均在30分钟内，而且实现了城市群与全球的紧密连接；荷兰 - 比利时城市群也建立了国际化交通网络体系，推动了城市群的经济集聚。

第二，中心城市引领，分级辐射带动。美国波士华城市群以纽约为中心城市，以波士顿、纽约、费城、巴尔的摩、华盛顿等城市为地区中心城市。北美五大湖城市群以芝加哥、多伦多为中心城市，以底特律、明尼阿波利斯、匹兹堡为副中心城市。日本东海道城市群以东京、大阪、名古屋为中心，以横滨、神户等城市为副中心城市。欧洲西北部城市群以巴黎、阿姆斯特丹为超级城市群中心城市，以巴黎、阿姆斯特丹、布鲁塞尔、波恩等为各城市群中心城市。英国中南部城市群以伦敦为中心城市，以伯明翰、谢菲尔德、利物浦、曼彻斯特等为地区中心城市。城市群或超级城市群基于中心城市、地区中心城市、副中心城市的引领作用，层层辐射带动整个城市群的发展。

第三，产业分工合理，推动协调发展。一方面各城市基于自身所处不同空间位置，负责不同的职能，承担不同的产业，从而形成不同产业带；另一方面各城市优势产业、特色产业各不相同，通过错位发展、互补发展，形成合理的区域分工结构、相对完整的产业链。日本东海道城市群中，东京的现代化工业、服务业发达，作为国家的政治中枢、经济中枢和信息中枢主要发展第三产业，邻近区域通过承接产业转移形成不同产业的产业带，主要发展第二产业，所生产产品经神奈川地区和千叶地区等物流网络中心运输到全国和世界各地，外层主要负责第一产业，从而实现产业协调发展，推动城市群经济一体化。英国中南部城市群中，伦敦是金融中心、广告产业中心、电影制作中心、国际设计之都，伦敦创意产业也是城市群重要的支柱产业之一；伦敦周边主要城市则分别发展不同的服务业，从而为城市群发展提供不同职能，推动城市群产业协作、功能协调；曼彻斯特主要发展电子产业，印刷业、金融业、旅游业和教育业也很发达，并鼓励发展新兴产业；伯明翰通过承接并升级伦敦疏解的产业，成为英国重要的制造业中心；利物浦是英国的船舶制造中心，重要的支柱产业还有商业和旅游业，并大力发展新兴产业；谢菲尔德市创意产业发达，文化产业是支柱产业。

第四，完善产业链条，推动集聚发展。北美五大湖城市群竞争力和综合实力的提升很大程度上依赖于美国五大湖沿岸地区的制造业集群。依托五大湖地区丰富的煤、铁等矿产资源和便利、低廉的水路运输条件，北美的钢铁工业迅速发展壮大，形成了五大钢铁工业中心，与美国东北部大西洋沿岸城市群共同构成了北美的制造业带，是全球汽车制造中心、机械制造中心。英国中南部城市群中，曼彻斯特是世界纺织工业之都，也是印刷机械、汽车生产制造中心之一，利兹、伯明翰、谢菲尔德等大城市是纺织机械重镇。欧洲西北部城市群中，巴黎城市群的金融、保险、科学研究机构等服务业和科技产业等高附加值行业主要分布在市区，工业主要分布在巴黎西郊，产业聚集发展形成研发设计中心、工业带、销售和服务行业集聚区和完整的产业链

205

条,并不断进行延链、补链、强链,形成巴黎地区的全球竞争力。

第五,推动创新发展,发展新兴产业。各大城市群均非常重视创新,重视发展新兴产业,各中心城市往往是城市群的创新中心。波士华城市群的纽约人才资源丰富、创新氛围浓厚。五大湖城市群人才优势和科技优势显著,先进高新技术产业和新兴产业蓬勃发展。欧洲西北部城市群中,法国巴黎城市群基于便捷的交通、发达的网络信息和自由流动的生产要素,实现了科学研究和科技产业集聚发展。英国中南部城市群中,伦敦依托丰富的创新资源,发展成为创新中心、生命科学中心、创意中心、数字中心、媒体中心和游戏产业中心。

第六,科学制定规划,完善立法,建立协调机制,推动一体化发展。欧洲西北部城市群中,法国巴黎城市群在制定发展规划时,基于长远发展目标,跨越了行政区划的限制,将城市群视作一个整体进行规划。随着城市间共生关系的产生、发展,城市之间彼此依赖、共同成长,削弱了行政区划壁垒和国别壁垒,推动了合作。英国中南部城市群中,伦敦城市群加强立法保障,出台城市群协同发展法案。美国的堪萨斯都市区成立"美国中部区域委员会",促进了堪萨斯州和密苏里州的多方面合作。

8.3 国内外城市群经济一体化发展的启示

(1)政府推动与市场导向相结合。城市群经济一体化发展是政府推动和市场导向相结合的结果,是政府遵循市场规律通过制定相应规划、方案进行统筹引导的结果。

早在 2013 年 5 月,习近平总书记就提出京津"双城记"的发展思路,同年 8 月又提出推进京津冀协同发展。[①] 2014 年 3 月"加强环渤海及京津

---

① 以习近平同志为核心的党中央谋划推动京津冀协同发展五周年纪实 [EB/OL]. (2019 – 02 – 26)[2023 – 03 – 01]. https://www.bjdx.gov.cn/bjsdxqrmzf/dwxx/ywjj/639287/index.html.

冀经济协作"被写入政府工作报告，同年 8 月，国务院成立京津冀协同发展领导小组，开始编制京津冀协同发展规划，同年 9 月，京津冀协同发展领导小组第三次会议审议了京津冀交通一体化、生态环境一体化、产业协同发展三个重点领域率先突破工作方案和支持京津冀协同发展重大改革政策措施。2015 年 4 月 30 日，中共中央政治局会议审议通过《京津冀协同发展规划纲要》，京津冀协同发展成为国家重大战略。2018 年 11 月出台的《中共中央 国务院关于建立更加有效的区域协调发展新机制的意见》强调，以疏解北京非首都功能为"牛鼻子"推动京津冀协同发展，调整区域经济结构和空间结构，推动河北雄安新区和北京城市副中心建设，探索超大城市、特大城市等人口经济密集地区有序疏解功能、有效治理"城市病"的优化开发模式。在政府推动下，京津冀民航一体化、交通一体化、通关一体化、生态环保一体化、一卡通等生活服务一体化等取得良好进展，农业产业一体化、产业园区建设与合作、产业转移与合作等经济一体化水平同步提升。

当然京津冀经济协同发展也是市场化的结果，不能违背市场经济规律。北京是全国政治中心、文化中心、国际交往中心、科技创新中心，天津是全国先进制造研发基地、北方国际航运核心区、金融创新运营示范区、改革开放先行区，河北是全国现代商贸物流重要基地、产业转型升级试验区、新型城镇化与城乡统筹示范区、京津冀生态环境支撑区。北京、天津、河北功能定位不同，因资源、要素、地理位置等方面存在差异，比较优势也存在不同，导致其产业布局虽然存在一定程度的雷同但也存在较高程度的差异，尤其北京非首都功能的疏解，为地理邻近的天津、河北承接北京产业转移、促进与北京的价值链和产业链耦合对接提供了机遇。基于市场导向，经过长期发展，京津冀形成了垂直型分工为主的产业分工模式。《北京市 2021 年国民经济和社会发展统计公报》显示，2021 年北京GDP 中三产占比高达 81.7%，信息传输、软件和信息技术服务业、金融、科学研究和技术服务业、租赁和商务服务业、批发和零售业等现代服务业占比较高，医药制造业、计算机、通信和其他电子设备制造业、汽车制造业、专用设备制造业、通用设备制造业等先进制造业、现代高新技术产业发达，北京产业大部分位于产业链上游和价值链两端，具有研发和销售的传统优势。根据 2021 年数据，天津 GDP 中第三产业占比远低于北京，第二产业占比是北京的两倍多，制造业立市实至名归，重点产业链提质增效，物流产业等生产性服务业发展迅速，产业链现代化水平不断提升。河北省各城市产业相比北京、天津产业较为传统，位于价值链的低端和产业链中下游，形成了对北京、天津产业的互补。[①]

不可否认，京津冀城市群依然存在一些发展不协调的问题。一是由于政府间沟通不够，产业集群在不同城市间分布较为分散，发展较为缓慢；二是由于三地经济发展水平差距较大，产业间难以形成水平合作，产业水平分工不够，高水平的协同不足；三是作为"双核级"的北京和天津经济关联性不强，河北以传统产业发展为主，且产业布局雷同，难以协作；四是政府间交流与合作不够，行政壁垒依然存在，因重点产业雷同，人才竞争、项目竞争、投资竞争、资源竞争激烈，自身发展在前，合作发展在后，竞争大于合作，等等。

从其他城市群一体化发展过程看，经济一体化也都是政府推动和市场导向共同作用的结果。如果没有政府推动，就不会有粤港澳大湾区建设，不会有长三角一体化、珠三角一体化、长江经济带等。如果忽视市场导向，不尊重市场规律，盲目进行规划，也只会是徒劳无功，比如，缺乏中心城市或中心城市带动不强的城市群，经济发展水平总体不高的城市群，创新水平总体不高、难以形成完整产业链的城市群，开放发展水平不高的城市群等。这些类型的城市群虽然出台了规划，但由于违背经济规律，难以实现较好协同发展，经济一体化水平也难以提高。而且，城市群一体化的重要合作途径——共建跨区域产业园区，也是政府推动和市场导向相结合的结果。经济相对发达的地区，有解决土地空间资源限制、产业转型升

---

① 根据《北京市 2021 年国民经济和社会发展统计公报》和《天津市 2021 年国民经济和社会发展统计公报》整理而得。

级等实际需求，有些企业有向周边相对欠发达地区转移发展的意愿；经济相对欠发达地区，拥有较低的土地成本、劳动力成本和生活成本，地方政府有"梯度赶超"的现实诉求。此时，可以通过政府引导和推动，共建跨区域产业园区，实现跨区域合作。另外，经济相对发达的地区和经济相对欠发达地区共建跨区域产业园区，必然存在资源互补优势，能够实现品牌共享，能够助力有转移发展意愿的企业实现规模扩张、成本降低，能够推动经济相对发达地区经济发展腹地不断扩大，从而也是符合市场规律的。

（2）非均衡发展与产业协调发展相结合。实现高水平经济一体化的城市群必然有一个或多个核心城市的辐射带动，即走的是先发展带动后发展的非均衡发展之路，也必然实现城市的协同发展、产业的协调发展、要素的有序流动，是非均衡发展与协调发展的结合。

作为长三角城市群龙头的上海，早在1984年的改革开放之初就被列入我国第一批沿海开放城市，依托优越的地理位置、雄厚的发展基础、有效的政策支持等，不断发展壮大，成为长三角地区的龙头，而且是中国的经济、金融、科技、贸易、会展、工业、交通和航运中心。《上海市2021年国民经济和社会发展统计公报》显示，2021年，上海市第三产业占GDP的比重为73.3%，其中金融业占比为25.2%，金融业是上海支柱产业。上海市科技发达，创新力强，高技术企业、技术先进型服务企业占比高，现代服务业发展领先，新能源、高端装备、生物、新一代信息技术、新材料、新能源汽车、节能环保、数字创意等工业战略性新兴产业占全市规模以上工业总产值比重高达40.6%，是长三角创新高地和高端服务、高端制造聚集地。

江苏省有着良好的制造业基础，尤其苏州是中国最大的制造业城市，江苏一些城市通过承接上海非核心产业转移、对接上海需求，嵌入以上海区域产业链为中心的产业链，实现错位发展和互补发展。资料显示，上海与苏州都发展信息产业，但不存在竞争关系，原因在于，上海发展软件，苏州主攻硬件，从而错位发展；上海大力发展金融业、科学研究与技术服务业等第三产业，苏州依托自身强大的制造能力，大力发展加工业，实现互补发展；上海始终没有放弃高端制造业，苏州则在中低端制造业深耕，从而达到一种平衡，即双方不再靠相互虹吸来填补自身的产业，而是在不断地融合中形成了各自的定位和方向，相互支撑。同制造业一样，江苏旅游业也尤为发达，与上海结合，形成经典旅游线路，实现旅游业协同发展。安徽省拥有相对丰富的自然资源和劳动力资源，是上海"腾笼换鸟"、加快产业转型升级的新空间。依托合肥上海产业园这一重要载体和平台，合肥全面承接上海产业转移，从而复制上海先行园区和自贸区经验，带动安徽相关产业的发展；安徽积极发展代工嵌入上海产业链，比如江淮汽车积极承接上海蔚来新能源汽车整车生产，而品牌设计、销售网络和新能源汽车的核心零部件仍然掌握在上海。浙江省民营经济实力强，人才资源充裕，资本雄厚，拥有对接上海的先天条件，但由于两地发展阶段、区位条件、地理位置、资源禀赋等因素的影响，两地产业发展既有较大的差异性又有一定程度的同构性。浙江基于同构产业积极寻求合作，作为分包商进入上海高端制造体系，比如杭州的西子集团为上海大飞机提供舱门生产服务；同时，浙江龙头企业向上海延伸产业链，形成企业内的地域分工，比如阿里巴巴将其新零售的龙头企业盒马鲜生总部放在上海。

非均衡发展与产业协调发展相结合是较为成熟的城市群的普遍特点。必须优先支持中心城市的发展，形成强有力的增长极，通过产业协作，辐射带动其他城市的发展。所以较大规模城市群都有多个中心城市，或有多个副中心城市或地区中心城市，超级城市群都有多个中心城市，从而形成层层辐射、级级合作的协调协同发展局面。

（3）硬件支撑与软件支撑相结合。城市群经济一体化发展水平的提高有赖于高质量的硬件支撑和软件支撑。硬件支撑主要是指交通、信息、能源等一体化的基础设施支撑，软件支撑主要是指合作平台的搭建、合作体制机制的建立、规则一体化等。

综观国内外各大城市群，无不重视交通、信息等硬件设施的互联互通，或者因为市场导向或者因为政府推动，通过加强基础设施建设为人员、资源、能源、要素的城际畅通流动和开放发展提供保障。以交通网络为例，长三角城市群先后出台了多个关于和涵盖交通网络建设的规划，比如 2019 年 12 月印发的《长江三角洲区域一体化发展规划纲要》提出"共建轨道上的长三角"，明确要"加快建设集高速铁路、普速铁路、城际铁路、市域（郊）铁路、城市轨道交通于一体的现代轨道交通运输体系"。经过多年建设，长三角已形成较为完善的交通网络，其轨道交通网已覆盖上海、南京、杭州、合肥、宁波、温州、苏州、无锡、徐州等 9 个城市，乘客只需打开上海地铁"Metro 大都会"App 和所在城市的地铁 App，直接扫码通过闸机实现往返，十分方便快捷，轨道交通也成为长三角市民出行的主要方式之一，长三角城市间的同城化效应愈加明显。粤港澳大湾区加快交通基础设施建设，密织立体交通网络。港珠澳大桥于 2018 年底实现通车；根据《国家发展改革委关于广东省深圳至中山跨江通道可行性研究报告的批复》，在建的深中通道东起深圳市宝安区鹤洲立交，西至中山市横门枢纽，全长 24 千米，设计时速 100 千米，建成后将成为连接广东自贸区三大片区、沟通珠三角"深莞惠"与"珠中江"两大功能组团的重要交通纽带，同时也是粤东通往粤西乃至大西南的便捷通道；深江铁路将深圳、广州、东莞、中山、江门 5 个地市连接起来，其中的珠江口隧道水下最大埋深 115 米，是我国水下隧道的最深纪录，最大水压 1.06 兆帕，为世界之最。①

合作平台的搭建、合作体制机制的建立、规则的一体化等是实现城市群经济一体化的重要软件支撑。以跨区域共建的产业园区这类城市间合作的重要平台为例，长三角城市群跨区域园区建设已有近 20 年的历史，走过了零星探索阶段、省内区域协调建设阶段、一体化创新融合阶段三个阶段。零星探索阶段始于 2003 年"江阴－靖江工业园"的成立。顾名思义，"江阴－靖江工业园"是江苏省的江阴、靖江两市联合投资建设的跨市跨

---

① 走进中国最大埋深的海底隧道工程［EB/OL］.（2022－07－14）［2023－03－01］. https：//gzdaily. dayoo. com/pc/html/2022－07/14/content_873_798188. htm.

江工业园，不仅是长三角第一个跨区域产业园区，而且也是国内最早的跨区域产业园区。在零星探索阶段，长三角跨区域产业园区数量不多、规模不大，以地方小范围创新探索为主。省内区域协调建设阶段始于 2006 年苏南、苏北 10 个地级市的结对合作，先后成立苏宿工业园、苏通工业园、苏盐合作产业园等省内跨区域产业园区，目的是实现苏南地区劳动密集型产业向苏北转移。随后，上海市从 2008 年起开始与毗邻城市（如海宁、南通等）共建跨区域产业园区，比如上海杨浦（海安）产业园、上海外高桥（启东）产业园、市北高新（南通）科技城等，目的是把传统产业逐步转移到毗邻城市，加快上海产业"腾笼换鸟"。浙江省从 2012 年起在衢州、丽水有条件的县（市、区）启动首批 9 个省级山海协作产业园建设，先后建立松阳－余姚山海协作产业园、莲都－义乌山海协作产业园等。同年，安徽省印发《关于合作共建皖北现代产业园区的实施方案》，推进皖江三城市与皖北三城市"结队合作"，先后建立了亳州芜湖现代产业园、宿州马鞍山现代产业园、蚌埠铜陵现代产业园、寿县蜀山现代产业园、凤阳宁国现代产业园。一体化创新融合阶段始于 2016 年《长江三角洲城市群发展规划》的出台，城市群一体化发展提上日程，跨区域产业园区建设的范围从省内合作走向省际合作，成立了宣城·新塘羽绒产业园、中新嘉善现代产业园、嘉定工业区温州园等。2017 年，国家发改委等八部门联合印发了《关于支持"飞地经济"发展的指导意见》后，"飞地"这种以要素流动为特点的跨区域产业园开始兴起。特别是，以利用上海创新资源为特点的"反向飞地"开始出现并建立，如衢州海创园、嘉善国际创新中心（上海）、温州（嘉定）科技创新园等都是以"研发在上海、转化生产在当地"的模式开展区域共建。另外还存在沪苏大丰产业联动集聚区、中新嘉善现代产业园这类以品牌输出、市场化运作为特点的跨区域合作模式。

（4）竞争与合作相结合。竞争是商品经济的普遍规律。在大部分城市群中，由于城市层级和分工体系尚未良好建立，存在发展水平相似、产业同质化程度较高的一个或多个城市。这些城市在承接中心城市产业转移或面临其他合作机会时，不可避免存在竞争。当城市群发展较为成熟时，城市间针对较为低端产业的竞争会减少，但针对较为高端产业的竞争会加大。作为一个巨型的开放的经济系统，城市群不可能处于完全静态的合作状态，而是在竞争中寻求合作，在合作中获得成长。以长三角城市群为例，上海是科创中心，但浙江科创产业也不弱，为了实现利益最大化，合作发展是必由之路，因此沪浙共建"G60 科创走廊"；上海虽然一直在向外疏解制造业，但也一直把高端制造紧紧把握在自己手中，浙江制造业与上海存在同质情况，两地存在竞争关系，此时，浙江制造业通过分包形式嵌入上海相应制造业就是一种避免恶性竞争的合作。竞争是发展的强大动力，合作则是在这一动力上加个速度，实现更高效更高质量的发展。

第 9 章

山东半岛城市群经济一体化发展的建议

9.1 建立并完善多核心分级带动的城市体系

9.1.1 提升中心城市能级

山东半岛城市群中心城市济南、青岛存在能级不够高的问题。城市能级是衡量城市现代化程度和对周边城市辐射带动能力的重要指标，一般取决于基础条件、商务设施、研发能力、专业服务、政府服务和开放程度等六个层面。相比长三角城市群、珠三角城市群、京津冀城市群的中心城市，济南和青岛城市能级明显偏低。根据我国各省份 2022 年的统计年鉴以及相关城市 2021 年的国民经济和社会发展统计公报，单从城市规模看，基于 2021 年统计数据，济南和青岛在全国 24 个 GDP 过万亿元的城市中，排名分别为第 18 位和第 13 位，均未进入第一梯队。而长三角城市群中，中心城市上海在全国 24 个 GDP 过万亿元的城市中排名第一，苏州、杭州、南京位列第一梯队；珠三角城市群中，中心城市深圳、广州分别位列第 3 位和第 4 位；京津冀城市群中，中心城市北京和天津分别位列第 2 位和第 11 位。另外，作为省会城市的济南还存在首位度不高的问题，基于 2021 年的数据，济南的首位度仅 13.76%，在全国排名第 26 位；青岛作为对外开放的窗口城市，国际影响力不强，国内引领力也不大。

城市群中济南、青岛与其他城市间的经济关联更为强烈和密切，"两心"引领的区域发展格局已然形成。济南作为省会城市和省会经济圈核心城市，不仅因经济关联推动了省会经济圈的经济一体化发展，而且因经济关联促进了济宁、临沂等其他城市的经济发展；济南与省会经济圈其他五座城市直接相连，济南的技术创新、产业升级能够直接辐射带动五座城市的经济发展；济南位于山东半岛城市群相互影响最强路径上，其经济发展极易通过主干城市在城市群传播扩散；济南通过直接关联和二阶间接关联、循环关联对城市群经济发展具有最强的影响力；同时济南位于主核内，处于山东半岛城市群关联最密集的城市子群内，并且经过济南的城市圈最多，从而济南具有最大的循环带动能力。青岛作为副省级城市和胶东经济圈核心城市，对胶东经济圈的潍坊、日照、烟台以及鲁南经济圈的临沂具有较大带动作用。青岛通过直接关联强烈影响着潍坊、烟台、日照、临沂等城市的经济发展，通过二阶间接关联深刻影响着威海、济宁、泰安、潍坊、菏泽、聊城的经济发展。鉴于此，只有提升济南、青岛两座中心城市的能级，才能通过经济关联更好发挥中心城市引领城市群发展的作用。

因此，山东半岛城市群应加大力度实施"强省会"战略，提高济南首位度，提升济南的能级和综合竞争力，充分发挥济南的区域辐射带动作用。以建设国家中心城市为目标，构建"东强西兴南美北起中优"的城市发展新格局，把济南建设成"大强美富通"的现代化国际大都市；集中布局重大科技创新平台，聚力创建综合性国家科学中心，培育未来前沿产业，建设工业强市，建成全国重要的区域经济、科创、金融、贸易和文化中心；以山东自贸区济南片区为载体，以制度创新为抓手，打造对外开放新高地；着力推进政府职能转变，深入推进行政权力清单制度，建设服务型政府；依托济南新旧动能转换起步区建设，高质量打造黄河流域生态保护和高质量发展引领示范区等，在基础条件、商务设施、研发能力、专业服务、政府服务和开放程度等方面取得新成绩新突破。聚焦海洋强省战略，大力实施"强龙头"战略，进一步提升青岛的能级和竞争力，充分发挥青岛的区域辐射带动作用。突出青岛在经略海洋和海洋强国战略中的作用，统筹"海陆空铁"四港联动，打造东部地区转型发展增长极、长江以北国家纵深开放新的重要战略支点、"一带一路"国际合作新平台，把青岛建设成国际门户枢纽城市、国际化创新型城市；推动数字经济与实体经济的结合，大力发展高技术产业、现代服务业，打造世界工业互联网之都、国家战略性新兴产业基地、现代服务经济中心、具有国际影响力的海洋科学城。

9.1.2 明确各城市功能定位

城市功能通常是指城市在特定区域内所承担的有关政治、经济、文化、生态、交通、旅游等方面的任务和在这些方面所发挥的作用。在珠三角城市群中，广州是区域贸易中心、文化、教育、医疗和物流中心，深圳是内地金融中心、科创中心、航运中心，香港是国际金融中心、国际航运中心、贸易中心，佛山、汕头、东莞、中山提供强大的制造能力，珠海是国家生态园林城市、旅游城市。在长三角城市群中，上海是经济中心、科创中心、金融中心、贸易中心、会展中心、航运中心，杭州数字经济发达，是区域经济中心、科教中心、文化旅游中心，南京是区域经济中心、文化旅游中心，苏州是制造强市、旅游城市。京津冀城市群中，北京是科创中心、金融中心、文化旅游中心，现代服务业发达，天津是国际航运中心、先进制造研发基地。城市群的主要城市可能提供相同或相异的功能，这与城市的发展历史及比较优势有关，相异的功能定位促进了互补发展，相同的功能定位也为联合发展提供了条件。

《山东省新旧动能转换综合实验区建设总体方案》中曾明确指出，济南定位打造区域性经济中心、金融中心、物流中心、科技中心、贸易中心、文化中心；青岛定位打造国际先进的海洋发展中心、国家东部沿海重要的创新中心、国家重要的区域服务中心、具有国际竞争力的先进制造业基地、国际海洋名城、国际航运枢纽；烟台定位打造先进制造业名城、国家海洋经济发展示范区、国家科技创新及成果转化示范区、面向东北亚对外开放合作新高地；淄博打造全国老工业城市和资源型城市产业转型升级示范区、新型工业化强市、齐文化传承创新示范区、中国北方预制食品产业发展高地；枣庄打造智慧枣庄和资源型城市创新转型持续发展示范区、国家可持续发展议程创新示范区；东营打造绿色循环高端石化产业示范基地和石油资源型城市转型发展试验区；潍坊打造国家农业开放发展综合试验区、虚拟现实产业基地和国际动力城；济宁打造优秀传统文化传承发展示范区和资源型城市新旧动能转换示范区；泰安打造彰显泰山魅力的国际著名旅游目的地城市和智能绿色低碳发展示范区；威海打造国家区域创新中心、医疗健康产业示范城市和中韩地方经济合作示范区；日照打造全国一流精品钢铁制造基地、临港涉海产业转型升级示范区；莱芜打造高端钢铁精深加工产业聚集区、清洁能源研发制造基地、全国产业衰退地区转型发展示范区；临沂打造国家内外贸融合发展示范区、人才管理改革试验区；德州打造全国重要的新能源产业基地、京津冀鲁科技成果转化基地，建设京津冀协同发展示范区；聊城打造全国领先的铜铝精深加工产业基地、新能源汽车产业基地，建设京津冀协同发展试验区；滨州打造国家级轻质高强合金新材料产业基地和粮食产业融合循环经济示范基地；菏泽打造医养健康示范基地、现代农业发展综合试验区、中国牡丹城。为推动山东半岛城市群经济一体化发展，应基于城市发展基础和优势进一步明确各城市的功能定位，推动城市间互补发展、协同发展。

9.1.3　适度培育次级中心城市，形成梯次发展城市格局

虽然中心城市济南、青岛与其周边城市具有较强的经济关联关系，能够在一定程度上辐射带动周边城市的发展，但受产业结构和空间距离等因素的影响，没能对城市群所有城市发挥较好的引领发展的作用。同时，中

心城市的跨圈影响力明显减弱，且鲁南经济圈缺乏中心城市的核心带动，梯次发展、层层带动的城市格局尚未形成，因此有必要基于各城市发展基础，适时适度培育次级中心城市。

省会经济圈中，济南与东营关联关系相对松散，东营与省会经济圈的滨州和胶东经济圈的潍坊则存在较为密切的经济关联，淄博与潍坊也是连接胶东经济圈和省会经济圈、促进城市群东西合作的重要城市，从而淄博和潍坊具有重要的战略地位。特别是，潍坊位于胶东半岛向山东腹地过渡的区域，是基础设施互联互通以及经济、人力密切往来的边界城市，优越的地理位置决定了潍坊具有更高的经济关联地位。淄博、潍坊是次级中心城市的重要备选城市。烟台是重要港口城市、先进制造业名城、国家创新型试点城市，是连接日韩与城市群的重要纽带和城市群外向型经济发展的重要桥梁，烟台作为城市群第三大城市，是引领山东省新旧动能转换的三核之一，也是次级中心城市的重要备选。济南和青岛对鲁南经济圈的辐射引领作用不突出，鲁南经济圈作为唯一一个联席会议需要轮流召集召开的经济圈，亟须次级中心城市的引领。

9.2　推动形成分工合理协同发展的产业体系

9.2.1　协同制定产业规划

《山东省新旧动能转换综合实验区建设总体方案》明确了各城市重点发展的产业，比如济南重点发展大数据与新一代信息技术、智能制造与高端装备、量子科技、生物医药、先进材料、产业金融、现代物流、医养健康、文化旅游、科技服务等产业，聚力构建京沪之间创新创业新高地和总部经济新高地；青岛重点发展新一代信息技术、轨道交通、智能家电、海洋经济、高端软件、生物医药、航空航天、航运物流、财富金融、影视文化、时尚消费等国内外领先产业，并针对业态、模式创新，大力发展平台经济、分享经济、标准经济、绿色经济等；烟台重点发展海洋经济、高端装备、信息技术、生物医药、高端化工、先进材料、航空航天、金融商务、医养健康、文化旅游、高效农业等优势产业。之所以作出如此布局，很大原因是基于各城市原有的产业基础，因此虽然一定程度上能够突出地方特色，但仍存在重复布局的情况，从而导致产业同构和恶性竞争。比如生命健康产业在济宁、泰安、威海、日照、临沂、德州、菏泽均有布局；新能源产业在淄博、枣庄、东营、潍坊、泰安、临沂、德州、聊城、滨州等均有布局；医养健康在枣庄、烟台、济南、聊城均有布局；生物医药在淄博、济宁、日照、临沂、德州、聊城、菏泽、济南、青岛、烟台均有布局；信息技术在济南、青岛、烟台、淄博、枣庄、潍坊、济宁、泰安、临沂、菏泽均有布局。

山东省发改委 2018 年发布的《山东省生产性服务业发展布局规划》作出"双环先行，两横两纵，多点转型、开放协同"生产性服务业发展布局，济南、莱芜布局发展总部经济、现代金融、软件信息、人力资源等优势产业，重点发展智能制造、工业设计、生物科技、量子技术等科技研发服务业；德州、聊城重点布局发展新能源、航空航天、生物医药、高端装备制造等配套服务业；淄博重点布局发展新能源和新材料配套服务业，助力化工、陶瓷、纺织等传统行业转型升级；泰安重点布局发展人工智能、信息技术、环保服务等现代服务业；青岛重点布局发展新一代信息技术、工业设计、国际金融、现代物流、现代海洋、智能家电、轨道交通装备等相关生产性服务业；烟台重点布局发展海洋经济、高端装备制造、电子信息、高端化工、先进材料、航空航天、高效农业等配套服务业；威海重点布局发展前沿新材料、医疗健康、纺织服装、海洋技术等配套服务业，突出发展商贸物流；日照重点布局发展生命健康、海洋食品、通用航空、钢铁产业升级等配套服务业；潍坊重点布局发展新能源、人工智能、高端装备等相关配套服务业，突出发展农业生产性服务业；菏泽加快发展现代金融、信息技术、电子商务等产业，布局发展高端装备制造、新能源、新材料、现代农业等配套服务业；济宁布局发展第三代半导体、生命健康等配套服务业，大力发展工业设计、环保服务等产业，改造提升工程机械、能源、纺织服装等传统产业配套服务业，壮大新一代信息技术服务业；枣庄布局发展新一代信息技术服务业，重点布局工业设计服务业；滨州布局新能源电池、航空航天新材料等未来产业，发展装备制造、高端化工、有色金属、纺织等优势产业相关的生产性服务业；东营布局发展科技研发、节能环保、现代物流、航空航天等相关生产性服务业产业；临沂布局发展现代物流、商贸服务、电子商务、品牌会展等产业，重点发展生命健康、航空航天、机器人、新能源等配套服务业。生产性服务业的布局虽有引导发展的作用，但大部分还是围绕给各城市优势产业进行配套服务展开的。

事实上，虽然近些年来山东半岛城市群产业错位发展取得一定成效，但仍存在较大程度的产业同构。烟台与青岛，枣庄与泰安，济宁与东营、泰安，临沂与烟台，菏泽与聊城、临沂等城市间 19 个细分行业的同构系数较大；泰安与济南，德州与淄博，滨州与聊城，潍坊与淄博、德州、烟台，枣庄与淄博、德州、潍坊，济宁与淄博、德州、潍坊、枣庄，菏泽与临沂等城市间 31 个细分制造业的同构系数较大。比如，滨州、聊城、德州、潍坊、菏泽等城市的纺织业均有较大相对比较优势，日照、济宁、菏泽、烟台等城市的废旧资源综合利用业优势均较为突出，淄博、东营、泰安、德州、聊城、潍坊、日照、枣庄、济宁等城市的造纸和纸制品业均优势明显，枣庄、济宁、菏泽等布局有现代煤化工产业，潍坊、东营、滨州等布局有高端盐化工产业，非常不利于产业错位发展。因此有必要在尊重市场规律条件下，城市群一盘棋协同制定产业规划，避免产业同质化发展和由此带来的恶性竞争，对于现有同类产业则尽可能通过引导实现错位发展，比如，针对生物医药产业，引导临沂（经济开发区）生物医药产业园区、鲁南（枣庄）大健康产业园、菏泽现代医药港、济宁医养健康产业园区、鲁抗生物医药循环经济产业园、山东省中药材产业园的错位发展。

9.2.2 推动跨区域产业合作

产业合作是经济一体化的重要内容。城市间产业发展的同质化往往会导致互不合作甚至恶意竞争，如何减少过度竞争增强产业合作成为城市群协同发展的关键。对山东半岛城市群而言，可以从以下几个方面加强跨区域产业合作。

第一，完善产业联盟职能，更深层次发挥产业联盟的作用。产业联盟是由隶属同行业或同一产业链的企业基于个人意愿结成的相互协作和资源整合的合作模式。产业联盟的成立一方面利于应对共同竞争，便于共拓市场、协同创新，另一方面对避免恶性竞争、推动合作具有重要意义。山东半岛城市群已经成立了省会经济圈电力装备产业联盟、省会经济圈花卉产业联盟、胶东经济圈工业设计产业联盟、胶东经济圈海水淡化与综合利用产业联盟、山东大运河文化旅游产业联盟、山东预制菜产业联盟、山东省肉类产业联盟、鲁南旅游联盟等，在不同领域推动了跨区域产业合作，避免了恶性竞争。比如鲁南经济圈联合推出6条红色精品旅游线路，台儿庄古城等17个重点景区实施鲁南4市市民同城化政策。未来可以进一步发挥产业联盟在推动合作方面的作用，围绕产业发展推动企业间实质性的跨区域合作。

第二，以产业园区为载体，推动产业跨区域合作。作为区域经济发展的重要载体，产业园区在双招双引、集群发展、产业融合等方面发挥重要作用，同样在推动企业交流、产业合作等方面具有重要价值。莱西、莱阳合作共建汽配产业园，推动了汽车零部件配套产业的集聚发展，实现了对即墨一汽、烟台通用等周边项目的良好配套，形成了胶东新能源汽车"一小时配套圈"。淄博周村区依托新材料产业园，实现了对济南"中国氢谷"的积极对接。乐陵市成功招引山东四季和顺健康产业有限公司投资建设有机金丝小枣培育工程智慧大棚。威海乳山市设立四个特色产业园区，积极承接胶东经济圈加工制造业的辐射和转移，吸引青岛市一批企业到乳山市投资置业，推动了 100 多家规模以上本土配套企业的培育壮大。未来可以产业园区为平台，通过双招双引及其他形式，进一步推动产业跨区域合作与协同发展。

第三，基于总部经济，促进城市间产业协同。总部经济是实现不同区域分工协作的重要经济形态。一般而言，总部经济较为发达的地区往往富集科教、人才等创新资源，能够通过"总部－制造基地"功能链条或者"研发（销售）－制造"产业链条辐射带动生产制造基地所在区域的发展。山东省深入贯彻落实党的二十大精神，加大力度推动总部经济发展，按照《关于进一步做好支持总部经济发展奖励政策落实工作的通知》和《关于开展 2022 年度第一批总部企业（机构）认定及奖励工作的通知》要求，2022 年 12 月 12 日认定了 2022 年第一批 181 家总部企业（机构），并对 2022 年引进的 6 家企业进行扶持奖励。未来可以通过引进企业总部，布局总部企业在省内的业务，推动城市间产业协同发展。

第四，协同招商，共建共享一批合作先行区、示范区和协同区。在双招双引时，同质化的产业布局也会导致城市间的竞争，因此有必要通过协同招商，共建共享产业项目，打造一批合作先行区、示范区和协同区，共同做大做强相关产业，以打破"单打独斗、你争我抢"的旧格局，形成"优势互补、合作共赢"的新默契。开展协同招商时要注意充分整合不同城市的资源，包括龙头资源和配套资源，基于扩展延长产业链和推动产业集聚发展，把优质项目、优质企业引进来，一方面与已有资源形成良好合作互补，另一方面助力提升已有产业的发展水平。

第五，基于梯度发展，推动形成产业链合作。基于中心－外围理论，济南、青岛、烟台等城市总体上处于城市群的中心位置，是技术创新、新经济较早出现的地方，其产业发展与外围城市分属不同梯度，存在合作发展的机会。比如济南市历下区在建的明湖国际细胞医学产业园建成后，依托其公共服务平台、CDMO 平台和产业加速平台等共享产业设施和配套设施，凭借其囊括研发与试验、中试生产、临床试验与应用的医药产业公共创新服务平台，能够吸引从事细胞治疗、基因治疗、新型药物研发等的企业、科研团队入驻，从而打造城市群生物医药产业创新高地，基于"研发－制造"产业链，辐射带动城市群各城市生物医药产业的发展。

9.2.3 依托"两业"融合促进产业一体化发展

"两业"融合是先进制造业与现代服务业的融合共生，涉及先进制造业、现代服务业自身成长和两者耦合交互两个方面，其中，科学技术、新一代信息技术赋能作用的有效发挥是关键，而跨区域、跨领域的技术赋能对于推动产业一体化发展具有重要作用。比如海尔卡奥斯工业互联网平台打造了"点－面－系统"的立体化数字经济赋能新范式，通过技术、资源、生态等全方位赋能为中小企业高效数字化转型提供支撑，破解中小企业数字化转型"不愿转、不敢转、不会转、不能转"的难题；面向家电、化工、能源、电子、模具等行业领域，与大企业共建行业领域平台，与中小企业共享 SaaS 应用，推动从场景到生态的数字化转型。"两业"融合的过程，既是推动制造业高质量发展的过程，也是促进产业协同发展的过程。除第 6 章提出的三方面建议外，还需聚焦以下三个方面推动"两业"融合。

第一，完善政策体系，加快融合发展步伐。"两业"融合发展，升维谋划要先行。山东半岛城市群要坚持高点定位，积极谋划制定"两业"融合政策措施。当前，省级层面已经制定推出《山东省服务业创新发展行动纲要（2017－2025 年）》《山东省服务业数字化转型行动方案（2021－2025）》《山东省智能制造"1＋N"带动提升行动实施方案（2018－2020年）》等一揽子政策措施，并将先进制造业和现代服务业融合发展纳入山东省"十四五"发展规划；研究提出 18 条具体措施，切实贯彻落实国家发展改革委等 13 部门联合印发的《关于加快推动制造服务业高质量发展意见》，推动山东省制造服务业加快发展；山东省工业和信息化厅进一步制定出台了《关于加快促进服务型制造发展的实施意见》，建立制造业重点产业链链长制工作推进机制，围绕新一代信息技术、高端装备等 9 大产业领域 43 条产业链，推动跨界融合、部门协同，带动全产业链优化升级。在国家和省级战略推动下，市级层面也相继推出系列政策和措施，积极贯彻落实"两业"融合行动。比如，济南市出台相关政策支持开展市级"两业"融合试点，培育并发展主导产业鲜明、集聚效应突出的特色产业楼宇经济，推动生产性服务业集聚增长。未来应围绕技术赋能、数字赋能进一步完善政策体系，突出新一代信息技术对现代服务业和先进制造业的乘数效应。

第二，注重典型示范，形成融合发展态势。"两业"融合的工作思路是"典型引领、示范带动、梯次培育、整体推进"。山东半岛城市群非常重视"两业"融合典型的示范引领作用，分批认定了多个国家级"两业"融合试点单位和多个省级试点单位，"两业"融合发展的"领头雁"已然树立。未来应以试点单位为突破口，基于链式思维，着力培育一批产业链控制力强的龙头企业、链主型企业、行业骨干企业，带动当地或跨区域上下游企业分工协作、联动融通。同时为各领域同类型企业提供示范，推动相关企业高质量发展。

第三，坚持创新引领，增强融合发展活力。不断探索形成"两业"融合发展的新业态、新模式、新路径是"两业"融合迸发活力的关键。要加快工业互联网的创新性应用，发展共享生产平台，加强全生命周期管理，优化供应链管理，发展服务衍生制造，提升平台型企业和机构综合服务效能，推动产业协同发展。特别是，大力推进产业数字化和数字产业化，依托济南、青岛、烟台、威海四个国家级工业互联网骨干直连点，鼓励企业通过海尔卡奥斯、浪潮云洲等工业互联网平台整合资源，带动更多企业上云用云，为企业加快生产方式和形态根本性变革提供有力支撑。

9.2.4 基于产业关联推动产业协同联动

一个产业的全要素生产率提升能够通过产业关联带动直接和间接关联

产业的发展。关键产业和关键产业群组内产业以及主要影响路径上的产业能够产生更大的关联效应，比如化学产品、石油、炼焦产品和核燃料加工品、金融、交通运输、仓储和邮政等。党的十八大后，涵盖高端装备、高端化工、信息技术等行业的产业，以及租赁和商务服务、金融、信息传输、软件和信息技术服务、研究和试验发展、综合技术服务等生产性服务业的重要性大幅提升，这些产业的关联效应增大。此外，城市群产业存在波及效应，每个产业的生产受消费、投资、进口、出口、国内省外流入、国内省外流出等最终需求项的诱发程度不同，对最终需求项的依赖程度不同，这为推动城市群产业协同联动提供了依据。因此可以从以下两个方面推动产业协同联动。

第一，以关键产业、主要影响路径、关键产业群组为依托，推动城市群产业一体化发展。城市群中各产业具有不同的节点重要性和影响力，一些城市重要性较强、影响力较大的关键产业（这些产业往往具有较大的区位熵，从而具有较大的外向功能量）通过供给推动、需求拉动、控制产业间产品流动效率等对本城市和其他城市相关产业发展存在较大影响。城市群中存在内外冲击传播扩散的主要影响路径，存在关联最为密切的关键产业群组，主要路径上的产业以及关键产业群组中的产业往往突破了城市边界，因此产业发展能够在城际蔓延，推动城市群产业协同联动发展。

第二，以关键需求为牵引，推动城市群产业发展"质量"的提升。城市群中各产业对消费、投资、进口、出口、国内省外流入、国内省外流出等最终需求项变化的敏感程度不同，依赖程度也不同，因此要推动城市群产业一体化发展需要选择生产诱发系数和生产依赖度系数较大的产业，一方面直接给予政策支持，另一方面通过政策调节并利用市场的力量推动其发展，进而通过跨城市的产业间关联推动城市群产业发展"质量"的提升。

9.3 建立健全软硬兼顾系统完备的保障体系

9.3.1 推动资源要素一体化合作

资源、要素是经济发展的基础。经济一体化发展需要资源、要素的一体化合作。山东的省会经济圈成立了人力资源一体化发展联盟，签订了《省会经济圈人力资源一体化发展战略合作协议》，围绕就业创业、社会保险、人才人事、劳动关系、信息化建设等5个方面开展跨区域交流合作。省会经济圈7市人社部门共同举办多场大型人才线上线下招聘会，有效促进了圈内人才高质量就业和流动集聚。胶东经济圈成立了公共就业与人才服务联盟，推出24项人社一体化合作事项。胶东5市签署了《胶东经济圈一体化金融战略合作协议》，推动胶东经济圈金融资源一体化，更好地服务实体经济。聊城市与浪潮软件共同筹备建设智慧金融服务平台，目的是打通聊城市与省会经济圈其他6市的"信息高速通道"，进一步提升圈内信息资源互联互通水平。下一步山东半岛城市群应进一步加强资源与要素一体化合作，引导资源、要素的合理聚集与流动。同时应该注意到中心城市对外围城市存在资源、要素的掠夺，基于教育、科技、人才是全面建设社会主义现代化国家的基础性、战略性支撑，为推动城市群协调发展，外围城市要加大教育、科技、人才的投资力度，同时积极引导资源要素特别是科技、人才向外围城市流动，推动外围城市的发展。

9.3.2 推动经济事项跨域通办

集中审批、跨域通办是打造一体化发展营商环境的关键。山东半岛城市群在推动"一网通办"方面取得了一定成效。胶东5市签署了《胶东半岛城市群政务服务帮办代办合作协议》，建立了"线上一网通办、线下异地可办"的工作机制，在全省首创政务服务"区域通办"新模式。胶东5市人社网办业务系统也已接入山东省统一用户平台，实现社会保险、公共就业、劳动关系、人事人才业务的应用系统和数据省级集中。胶东5市签署了《胶东经济圈一体化市场监管合作协议》，共建网络监测平台，实现网络监管合作互通，但这些事项涉及经济领域的不多。济南市中区行政审批服务局与省会经济圈其他6市中心城区签约成立"省会经济圈中心区商事登记互认联盟"，负责发出异地营业执照。济南市历城区行政审批服务局与肥城市行政审批服务局签订企业开办"全域通办"框架合作协议，联合开展企业开办"跨域办理"、就近"一次办好"。莱西、莱阳深入学习研究长三角生态绿色一体化示范区"一网、一门、一次、一章"式集中审批机制，在山东省率先开展跨区域帮办代办工作实践，2020年7月，某装饰工程有限公司在烟台市顺利领到莱西市营业执照，成为山东省首家通过胶东5市帮办代办机制注册成立的企业，异地申领营业执照是当前跨域通办的经济事项之一。下一步，山东半岛城市群应通过示范区带动，建立跨域通办事项清单，积极推动企业服务管理一体化，促进跨域市场监管、环保、行政审批等部门信息互联互通、资质互认，建立跨市"一照多址、一证多址"企业注册模式，建设统一开放、标准互认、要素自由流动的营商环境。为此需进一步推进数据共享，打造数字网上政府，实现全服务流程电子化网上自助办理；贯彻落实《深化数据赋能建设"无证明之省"实施方案》，加快建设"无证明之省"，在山东省实施"证照分离"项目，实现全产业社会责任覆盖。

9.3.3 营造城市群协同创新生态环境

创新是第一动力，协同创新是城市群一体化发展的重要内容，也是经济一体化发展的关键支撑。胶东经济圈成立了半岛科创联盟，打通了科技要素的流通渠道，凝聚成强大的创新驱动合力。鲁南经济圈成立科创联盟，各市与长三角高校院所、重点企业就科技创新、拟落地项目、技术需求等方面签署合作协议；鲁南经济圈签订了科创联盟备忘录，4 市科技部门成立工作专班，共建鲁南经济圈科技协同创新中心。省会经济圈成立一体化发展科技创新联盟，为产业融合发展提供智力支撑。三大经济圈协同创新迈出了第一步。未来应对标长三角城市群，推进城市群全面创新改革，推动区域共建创新中心、创新基地、实验室、科技成果孵化基地、双创示范基地等，鼓励人工智能、生物医药、先进材料等关键领域科技联合攻关，推动中小企业共享共用骨干企业的科技设施、科研数据、技术验证中试环境，推进产业链上中下游、大中小企业融通创新，构建开放融合的创新生态系统和环境。

9.3.4 布局搭建互联互通的基础设施网络

信息、能源、交通等基础设施的城际互联互通是经济一体化发展的重要保障。在产业链供应链安全可靠成为制约经济高质量发展的突出问题的背景下，推动 5G 网络全覆盖，加快千兆光网、数据中心规模化部署，建设信息高铁或信息高速公路，推动高铁、高速公路建设，打造高效便捷的交通网络，成为基础设施网络建设的重中之重。5G 是支撑经济社会数字化、网络化、智能化转型的关键新型基础设施，也是保障城市群经济一体化发展的重要硬件。截至 2022 年 5 月底，山东半岛城市群 5G 基站数量达到 12.3 万个，5G 网络实现了对 16 个市的城区和 137 个县城的城区的全覆盖，交通枢纽、医院、大型商超、经济园区等重点场景实现了针对性覆盖，乡镇镇区 5G 覆盖比例达到 100%，行政村 5G 网络通达率超过 30%[①]。截至 2022 年底，山东半岛城市群拥有济南、青岛、日照、威海、德州、滨州、淄博、枣庄、济宁、东营、临沂、烟台 12 个国家级千兆城

---

① 王鹤颖. 山东累计开通 5G 基站 12.3 万个，乡镇镇区 5G 覆盖比达 100% ［EB/OL］. （2022 – 06 – 16）［2023 – 03 – 01］. https：//dzrb. dzng. com/articleContent/1176_1025890. html.

市，信息高铁或信息高速公路建设取得较大成效①。下一步应继续强化5G基站、千兆光网、数据中心建设，构建便捷、绿色、智能、安全的现代化基础设施体系，推动5G基站的城乡协同布局，促进区域有机融合、均衡发展，在此基础上大力推动农村电商发展和工业互联网赋能，建设国家工业互联网示范区。在交通基础设施方面，一方面推动各类交通基础设施建设进一步融合，打造轨道上的山东，完善四通八达的公路网，构建"通江达海"内河水运网，构建综合交通枢纽体系，建设现代化机场群，建设世界一流海洋港口，建立多层次、立体化、跨区域的交通网络体系，加强城镇组团之间公共交通网建设，构建县乡村三级交通网络，强化"毛细血管"交通网络连接，打造通达的物流网络体系，加强现代物流体系硬件、软件、平台、渠道统筹联动，提升多式联运服务能力，构建现代流通体系；另一方面打破行政壁垒和城市边界，在胶东5市成立交通一卡通区域联盟、签署《胶东五市城市通 APP 共享业务合作框架协议》基础上，推动其他城市间交通联通，构建方便快捷的出行环境。

9.3.5　建立健全利益协调机制

行政壁垒的存在限制了不同城市间的经济合作。每个城市往往从自身利益出发考虑问题，关心本地经济发展效益和发展利益分配比例，导致具备互补优势的不同城市间开展合作也存在障碍，遑论存在同质化竞争的城市间的合作，因此建立健全利益协调机制是推动城市群经济一体化的重要保障。

山东半岛城市群中心城市和核心城市是高技术制造业和现代服务业的聚集地，产业具有附加值高、污染小的特点。而外围城市，比如菏泽，由

---

① 产业数字化指数全国第一 山东省发布"2022 年度省数字经济十大突破性亮点"［EB/OL］．（2023－02－17）［2023－03－01］．http：//sd. sdnews. com. cn/yw/202303/t20230310_4194109. htm.

于发展较晚，目前仍处于工业化中期向后期过渡的阶段，其发展通常受到用地、用能指标"一刀切"的限制。外围城市承接中心城市产业转移的同时需要针对相关指标，建立完善中心城市与外围城市的补偿制度，实现城市群各城市公平协调发展。另外，城市群应该作为一个利益共同体存在，各个城市应该尽享一体化发展带来的"红利"，因此对于多方受益的共建共享项目，应经过共同磋商，明确合作的激励和约束措施，基于公平互利原则，确定产权分配标准，约定合作成本分摊比例和收益分享比例，实现成本共担、利益共享。

参 考 文 献

[1] 阿维纳施·K. 迪克希特，约瑟夫·E. 斯蒂格利茨，王涵宇，邵海军，安虎森. 垄断竞争和最优的产品多样化 [J]. 延边大学学报（社会科学版），2005（3）：42－50.

[2] 柴彦威. 中、日城市内部空间结构比较研究 [J]. 人文地理，1999（1）：10－14.

[3] 陈建军. 长江三角洲地区产业结构与空间结构的演变 [J]. 浙江大学学报（人文社会科学版），2007（2）：88－98.

[4] 陈建军. 长江三角洲地区的产业同构及产业定位 [J]. 中国工业经济，2004（2）：19－26.

[5] 陈晓倩，张全景，谷婷，张文平. 山东半岛城市群主要城市辐射能力研究 [J]. 地域研究与开发，2012，31（6）：65－69.

[6] 崔向阳，王玲侠. 江苏省三大城市圈的产业分工研究——基于区位商分析法 [J]. 西安财经学院学报，2017，30（6）：50－55.

[7] 大卫·李嘉图. 政治经济学及赋税原理 [M]. 北京：商务印书馆，1962.

[8] 杜霞，孟彦如，方创琳，李聪. 山东半岛城市群城镇化与生态环境耦合协调发展的时空格局 [J]. 生态学报，2020，40（16）：5546－5559.

[9] 段七零，毛建明. 基于引力模型与0－1规划模型的省域经济区划——以江苏省为例 [J]. 经济地理，2011，31（8）：1239－1245.

[10] 方创琳. 中国城市群研究取得的重要进展与未来发展方向 [J].

地理学报，2014，69（8）：1130 - 1144.

[11] 高亚男，崔树强. 区域经济政策对区域经济发展的影响——以山东半岛城市群为例 [J]. 资源开发与市场，2008（11）：1027 - 1030.

[12] 戈银庆. 中国区域经济问题研究综述 [J]. 甘肃社会科学，2004（1）：57 - 60.

[13] 耿鹏，赵昕东. 基于 GVAR 模型的产业内生联系与外生冲击分析 [J]. 数量经济技术经济研究，2009，26（12）：32 - 45.

[14] 顾朝林，于涛方，陈金永. 大都市伸展区：全球化时代中国大都市地区发展新特征 [J]. 规划师，2002（2）：7 - 20.

[15] 顾朝林. 城市群研究进展与展望 [J]. 地理研究，2011（5）：771 - 783.

[16] 郝修宇，徐培玮. 基于百度指数和引力模型的城市网络对比——以京津冀城市群为例 [J]. 北京师范大学学报（自然科学版），2017，53（4）：479 - 485.

[17] 洪群联. 中国先进制造业和现代服务业融合发展现状与"十四五"战略重点 [J]. 当代经济管理，2021，43（10）：74 - 81.

[18] 胡国，陈传明，侯雨峰，等. 基于百度指数的黑龙江省城市网络研究 [J]. 地域研究与开发，2018，37（1）：58 - 64.

[19] 吉亚辉，程斌. 生产性服务业与先进制造业的互动与融合——基于甘肃省投入产出表的实证分析 [J]. 西安财经学院学报，2014，27（1）：20 - 24.

[20] 蓝宏，荣朝和. 日本东海道新干线对城市群人口和产业的影响及启示 [J]. 经济地理，2017，37（8）：93 - 98.

[21] 冷炳荣，杨永春，黄幸，等. 1990 年代以来基于重力法的中国城市网络结构复杂性分析 [J]. 地域研究与开发，2011，30（5）：66 - 71.

[22] 李博雅. 基于修正引力模型的山西省城市经济联系分析 [J]. 经济问题，2018（7）：116 - 122.

［23］李丹．东亚一体化的进程与特点［J］．学术评论，2014（2）：57－63．

［24］李娣．欧洲西北部城市群发展经验与启示［J］．全球化，2015（10）：15，41－52，134．

［25］李国平，崔丹．我国城市群人口和经济承载力及其提升策略［J］．改革，2022（7）：37－48．

［26］李俊玮．城市群发展的国际经验［J］．中国集体经济，2015（22）：162－163．

［27］李荣欣．日本东海道城市群建设启示录［J］．前线，2018（4）：76－78．

［28］李学鑫，苗长虹．关中、中原、山东半岛三城市群产业结构与分工的比较研究［J］．人文地理，2006（5）：94－98．

［29］刘辉，申玉铭，孟丹，等．基于交通可达性的京津冀城市网络集中性及空间结构研究［J］．经济地理，2013（8）：37－45．

［30］刘兆德，杨琦．山东半岛城市群地区空间极化及其影响因素研究［J］．长江流域资源与环境，2011，20（7）：790－795．

［31］陆大道．2000我国工业生产力布局总图的科学基础［J］．地理科学，1986（2）：110－118．

［32］陆大道．关于"点－轴"空间结构系统的形成机理分析［J］．地理科学，2002（1）：1－6．

［33］陆大道．国土开发与经济布局的"T"字型构架与长江经济带可持续发展［J］．宏观经济管理，2018（11）：43－47，55．

［34］陆大道．论区域的最佳结构与最佳发展——提出"点－轴系统"和"T"型结构以来的回顾与再分析［J］．地理学报，2001（2）：127－135．

［35］马学广，唐承辉．基于功能性联系的山东半岛城市群空间范围划定实证研究［J］．经济地理，2020，40（5）：106－117．

［36］迈克尔·波特．国家竞争优势［M］．李明轩，邱如美，译．北

京：中信出版社，2007.

［37］宁越敏，石崧．从劳动空间分工到大都市区空间组织［M］．北京：科学出版社，2011.

［38］帕特里克·格迪斯．进化中的城市——城市规划与城市研究导论［M］．李浩，等译．北京：中国建筑工业出版社，2012.

［39］彭邦文，曹洪华．城市群产业分工与结构趋同演进研究以滇中城市群为例［J］．资源开发与市场，2015，31（10）：1169－1173.

［40］石森昌．城市内部区县产业分工水平评价指标构建及实证分析［J］．未来与发展，2015，39（9）：55－57，62.

［41］宋德勇，李东方．国家级城市群高质量平衡增长研究——基于产业分工的视角［J］．经济经纬，2021，38（1）：5－14.

［42］苏东水，苏宗伟．产业经济学［M］．北京：高等教育出版社，2021.

［43］苏梽芳，渠慎宁，陈昌楠．外部资源价格冲击与中国工业部门通胀的内生关联研究［J］．财经研究，2015，41（5）：14－27.

［44］孙久文，罗标强．基于修正引力模型的京津冀城市经济联系研究［J］．经济问题探索，2016（8）：71－75.

［45］孙中伟，路紫，贺军亮．世界互联网信息流的空间格局及其组织机理［J］．人文地理，2009（4）：43－49.

［46］唐承辉，马学广．山东半岛城市群协调发展评价与合作策略研究［J］．地理与地理信息科学，2020，36（6）：119－126，133.

［47］王春萌．山东省制造业分工与空间优化研究［M］．长春：吉林大学出版社，2020.

［48］王富喜．山东半岛城市群人口－土地城镇化质量测度与协调发展研究［J］．地理科学，2020，40（8）：1345－1354.

［49］王佳，王文周，张金水．部门冲击和整体冲击的经济影响分析——基于改进的中国7部门DSGE模型的数值模拟［J］．中国管理科学，2013，21（5）：15－22.

［50］王姣娥，王涵，焦敬娟．"一带一路"与中国对外航空运输联系［J］．地理科学进展，2015，34（5）：554-562.

［51］王欣，吴殿廷，王红强．城市间经济联系的定量计算［J］．城市与区域，2006（3）：55-59.

［52］王永刚，吴治忠．基于服务业增加值的长三角城市网络关系分析——借助引力模型的实证研究［J］．中国流通经济，2015（3）：78-85.

［53］尉华，李娟文．山东半岛城市群等级规模结构的分形研究［J］．资源开发与市场，2008（1）：40-42.

［54］魏后凯．区域开发理论研究［J］．地域研究与开发，1988（1）：16-19.

［55］吴传清，刘陶，李浩．城市圈区域一体化发展的理论基础与协调机制探讨［J］．经济前沿，2005（12）：26-30.

［56］吴康，方创琳，赵渺希．中国城市网络的空间组织及其复杂性结构特征［J］．地理研究，2015，34（4）：711-728.

［57］相雪梅，赵炳新，李敬凯．新常态下大国间经济波动相互影响强度的量化研究——基于世界投入产出数据［J］．经济问题探索，2018（4）：18-25.

［58］相雪梅，赵炳新．基于 k-壳结构的产业波动区域间扩散效应研究——以中国30省区市区域间投入产出数据为例［J］．华东经济管理，2018，32（1）：77-86.

［59］相雪梅．产业发展波动的区域间扩散——基于超网络视角的研究［M］．北京：人民出版社，2021.

［60］肖汝琴，陈东景．山东半岛蓝色经济区城市群空间联系定量研究［J］．经济地理，2014，34（8）：75-80.

［61］肖雯雯，赵炳新，于振磊．"丝绸之路经济带"中国段区域协同网络核结构效应研究［J］．经济管理，2016（8）：29-38.

［62］徐长乐，吴梦．基于修正引力模型的成渝城市群空间联系分析

[J]．环境与社会，2018（3）：85－87.

[63] 亚当·斯密．国民财富的性质及其原因的研究 [M]．北京：商务印书馆，1997.

[64] 闫丽霞，韩盼盼．先进制造业与现代服务业融合模式的国外经验借鉴 [J]．市场论坛，2021（4）：11－15，26.

[65] 杨佩，杨永春，卢红．中国西北地区城市网络体系分析——基于民营企业布局 [J]．地域研究与开发，2014，33（5）：55－58.

[66] 杨小凯．当代经济学与中国经济 [M]．北京：中国社会科学出版社，1997.

[67] 杨小凯．经济学原理 [M]．北京：中国社会科学出版社，1998.

[68] 姚士谋，朱英明，陈振光．中国城市群（第二版）[M]．合肥：中国科学技术大学出版社，2001.

[69] 尹征，卢明华．京津冀地区城市间产业分工变化研究 [J]．经济地理，2015，35（10）：110－115.

[70] 于光妍，周正．城市群产业分工、结构升级与经济增长 [J]．技术经济与管理研究，2021（11）：116－120.

[71] 于洪俊．试论城市地域结构的均质性 [J]．地理学报，1983（3）：241－251.

[72] 于谨凯，马健秋．山东半岛城市群经济联系空间格局演变研究 [J]．地理科学，2018，38（11）：1875－1882.

[73] 于洋，杨明月，肖宇．生产性服务业与制造业融合发展：沿革、趋势与国际比较 [J]．国际贸易，2021（1）：24－31.

[74] 袁纯清．共生理论兼论小型经济 [M]．北京：经济科学出版社，1998.

[75] 袁锋．从波士顿看美国城市公共交通建设 [J]．江苏交通，2001（8）：9－11.

[76] 允春喜，上官仕青．公共服务供给中的地方政府合作——以山

东半岛城市群为例 [J]. 东北大学学报（社会科学版），2013，15（5）：489－494.

[77] 曾鹏，李洪涛. 中国十大城市群产业结构及分工比较研究 [J]. 科技进步与对策，2017，34（6）：39－46.

[78] 张宏乔. 基于信息流的中原城市群城市网络空间特征及演化分析 [J]. 地域研究与开发，2019，38（1）：60－70.

[79] 张衔春，刘泉，陈守强，王伟凯，栾晓帆. 城市区域经济一体化水平测度：基于深莞惠次区域的实证研究 [J]. 城市发展研究，2019，26（7）：18－28.

[80] 赵炳新，陈效珍，陈国庆. 产业基础关联树的构建与分析——以山东、江苏两省为例 [J]. 管理评论，2013，25（2）：35－42.

[81] 赵炳新，杜培林，肖雯雯，张江华. 产业集群的核结构与指标体系 [J]. 系统工程理论与实践，2016，36（1）：55－62.

[82] 赵炳新，肖雯雯，殷瑞瑞. 关于新动能的内涵与启示 [J]. 经济研究参考，2018（2）：72－76.

[83] 赵新正，冯长安，李同昇，等. 中国城市网络的空间组织特征研究——基于开发区联系的视角 [J]. 地理研究，2019，38（4）：898－910.

[84] 赵映慧，高鑫，姜博. 东北三省城市百度指数的网络联系层级结构 [J]. 经济地理，2015（5）：32－37.

[85] 郑国，赵群毅. 山东半岛城市群主要经济联系方向研究 [J]. 地域研究与开发，2004（5）：51－54，96.

[86] 钟炎君. 美国城市群的发展及启示 [J]. 武汉轻工大学学报，2021，40（2）：80－86.

[87] 周美玉，李琴，张文兵. 功能分工对区域一体化发展的影响研究——以山东半岛城市群为例 [J]. 科技和产业，2022，22（10）：172－175.

[88] 周荣国. 经济全球化和区域经济一体化为我国提供的机遇及提

出的挑战 [J]. 世界经济与政治, 1997 (11): 8-11.

[89] 朱玲玲. 双循环背景下"两业"融合的国际经验与启示 [J]. 现代营销 (学苑版), 2022 (1): 1-4.

[90] 宗会明, 黄言, 胡伴伴. 基于多元城际客流的成渝城市群城市网络特征研究 [J]. 地域研究与开发, 2018, 37 (5): 60-82.

[91] Abramson B D. Internet globalization indicators [J]. Telecommunications Policy, 2000, 24 (1): 69-74.

[92] Acemoglu D, Carvalho V M, Ozdaglar A & Tahbaz-Salehi A. The network origins of aggregate fluctuations [J]. Econometrica, 2012, 80 (5): 1977-2016.

[93] Borge-Holthoefer J, Rivero A, Moreno Y. Locating privileged spreaders on an online social network [J]. Physical Review E, 2012, 85 (6): 066123.

[94] Canright G S, Engø-Monsen K. Spreading on networks: A topographic view [J]. Complexus, 2006, 3 (1-3): 131-146.

[95] Chen D, Lü L, Shang M S, et al. Identifying influential nodes in complex networks [J]. Physica A: Statistical Mechanics and its Applications, 2012, 391 (4): 1777-1787.

[96] Foley L D. An Approach to Metropolitan Spatial Structure [C] // Webber M M. Exploration into Urban Structure. Philadelphia: University of Pennsylvania Press, 1964.

[97] Friedmann J. Regional Development Policy: A Case Study of Venezuela [M]. Cambridge: MIT, 1966.

[98] Glaeser E L, Ponzetto G A M, Zou Y M. Urban networks: Connecting markets, people and ideas [J]. Papers in Regional Science, 2016, 95 (1): 17-59.

[99] Gottmann J. Megalopolis or the urbanization of the Northeastern Seaboard [J]. Economic Geography, 1957 (3): 189-200.

[100] Hall P, Pain K. The Polycentric Metropolis: Learning from Megacity Regions in Europe [M]. London: Earthscan Publications, 2006.

[101] Hirschman A. The Strategy of Economic Development [M]. New Haven: Yale University Press, 1958: 380 – 387.

[102] Jean G. Megalopolis: the Urbanized Northeastern Seaboard of the United States [M]. New York: The Twentieth Century Fund, 1961.

[103] Keller W. Geographic localization of international technology diffusion [J]. American Economic Review, 2002, 92 (1): 120 – 142.

[104] Kitsak M, Gallos L K, Havlin S, et al. Identification of influential spreaders in complex networks [J]. Nature Physics, 2010, 6 (11): 888 – 893.

[105] Krugman P R. Increasing returns and economic geography [J]. Journal of Political Economy, 1991, 99 (3): 483 – 499.

[106] Lü L, Zhang Y C, Yeung C H, et al. Leaders in social networks, the delicious case [J]. PloS one, 2011, 6 (6): e21202.

[107] Macdonald B, Shakarian P, Howard N, et al. Spreaders in the network SIR model: An empirical study [J]. arXiv Preprint arXiv: 1208. 4269, 2012.

[108] McGee T G. The emergence of desakota regions in Asia: Expanding a hypothesis [J]. The Extended Metropolis: Settlement Transition in Asia, 1991: 3 – 25.

[109] Meijers E. Polycentric Urban Regions and the quest for synergy: Is a network of cities more than the sum of the parts? [J]. Urban Studies, 2005, 42 (4): 765 – 781.

[110] Perroux F. Economic space: The theory and under application [J]. Quarterly Journal of Economics, 1950 (64): 44.

[111] Plater T, Ginsburg N, Koppel B, McGee T G. The extended metropolis: Settlement transition in Aisa [J]. Journal of Asian Studies, 1991,

51 (4): 866 – 867.

[112] Tanaka G, Morino K, Aihara K. Dynamical robustness in complex networks: The crucial role of low-degree nodes [J]. Scientific Reports, 2012 (2): 232.

[113] Taylor P J. World City Network: A Global Urban Analysis [M]. London & New York: Routledge, 2004.

后　记

　　作为一名服务山东的土生土长的山东人，笔者对山东满怀深深的热爱，这种热爱驱使笔者去探究她，以期能够更好地建设她。认真研究山东那些事儿开始于 2017 年 3 月，从彼时起工作性质提供了诸多观察她、倾听她的便利，曾经因开办乡镇长班，了解了乡镇的工作，学习了先行乡镇的典型做法，因准备精准扶贫、乡村振兴、新旧动能转换、习近平经济思想、高质量发展等课程，赴基层和省直相关部门进行了大量调研，对山东省精准扶贫、乡村振兴和新旧动能转换、高质量发展、城镇化建设、区域经济布局等工作的开展、存在的问题、取得的成效有了相对全面的把握。随着对她了解的不断深入和我国城市群战略的不断推进，特别是 2018 年 11 月 18 日《中共中央　国务院关于建立更加有效的区域协调发展新机制的意见》印发后，笔者加强了对城市群的关注和研究。在研究过程中，笔者发现经济一体化是最难以推动的，也是最难以实现的，因此笔者把研究的着力点放到了城市群经济一体化发展上。

　　城市群经济一体化是个囊括多个方面、涉及多个维度的综合体系，比如，实现人才、技术、资源、资本、市场等经济要素的城际循环流通；实现创新要素城际有序流动和合理配置、原始创新与成果市场化应用协同发展；实现城市间产业互补协同发展；实现城市群先进制造业与现代服务业的融合发展；实现城市群产业结构优化升级；实现城市群简政放权和营商环境的市场化、法治化；实现产权保护、市场准入、公平竞争、社会信用等市场基础制度的规范统一；实现基础设施网络的互联互通，建设现代流通网络，完善市场信息交互渠道，推动交易平台优化升级；形成梯度发展

的城市体系，等等。因能力限制，本研究未能深入分析所有维度和层面，而仅选择其关键层面深入探讨，其他方面点到为止或一带而过，这是本研究的缺陷，也是未来努力的方向。

文献的搜集整理是研究的基础，数据和资料的获取是研究的前提，时间是研究写作的保证。感谢山东省直相关部门给予的大力支持，特别是山东省统计局和山东省发展和改革委员会的相关处室给予的帮助。感谢笔者的两位硕士研究生冯晗飞和罗兰，两位为第1章、第2章和第8章的文献搜集和整理做了大量工作。感谢笔者的家人，承担了大量家务，使笔者在工作之余能有精力完成写作。

经济一体化是山东半岛城市群一体化发展的重要内容，与交通一体化、行政一体化、生态文明建设一体化、公共服务一体化等共同构成一体化发展综合体系。经过三年的不断推进，当前山东半岛城市群经济圈一体化发展已取得较大成效，但对标先行城市群，仍"路漫漫"需"上下求索"。唯愿保持本心，因热爱而坚持、而守护、而执着、而奋斗！

相雪梅

2023 年 1 月 17 日